新时代跨境电子商务
新形态系列教材

跨境电子商务物流

彭静 主编

Cross-border E-commerce Logistics

清华大学出版社
北京

内 容 简 介

本书共 9 章,分别为绪论、跨境电商物流系统、跨境电商运输、跨境电商仓储与包装、跨境电商通关、跨境电商物流信息技术与智慧物流、跨境电商进口物流模式、跨境电商出口物流模式和跨境电商平台店铺物流综合业务操作。通过学习本书,读者可以了解跨境电商物流的基本理论,掌握跨境电商物流模式,熟知跨境电商物流中的信息技术和通关流程,熟练掌握跨境电商平台店铺物流的操作,学会运用相关理论和方法分析并解决实际问题。

本书可作为普通高等院校及高职院校的国际贸易、电子商务、跨境电商、商务英语、国际商务等专业相关课程的教材,也可作为跨境电商行业从业人员了解行业发展、提升技能的参考书。

本书封面贴有清华大学出版社防伪标签,无标签者不得销售。

版权所有,侵权必究。举报: 010-62782989, beiqinquan@tup.tsinghua.edu.cn。

图书在版编目(CIP)数据

跨境电子商务物流 / 彭静主编 . —北京:清华大学出版社,2023.10
新时代跨境电子商务新形态系列教材
ISBN 978-7-302-64654-9

Ⅰ.①跨… Ⅱ.①彭… Ⅲ.①电子商务－物流管理－高等学校－教材 Ⅳ.① F713.365.1

中国国家版本馆 CIP 数据核字(2023)第 182371 号

责任编辑:张 伟
封面设计:李召霞
责任校对:王荣静
责任印制:宋 林

出版发行:清华大学出版社
网　　址: https://www.tup.com.cn, https://www.wqxuetang.com
地　　址: 北京清华大学学研大厦 A 座　　　邮　　编: 100084
社 总 机: 010-83470000　　　　　　　　　邮　　购: 010-62786544
投稿与读者服务: 010-62776969, c-service@tup.tsinghua.edu.cn
质 量 反 馈: 010-62772015, zhiliang@tup.tsinghua.edu.cn
课 件 下 载: https://www.tup.com.cn, 010-83470332

印 装 者: 北京同文印刷有限责任公司
经　　销: 全国新华书店
开　　本: 185mm×260mm　　　印　张: 12.25　　　字　数: 279 千字
版　　次: 2023 年 10 月第 1 版　　　　　　　　印　次: 2023 年 10 月第 1 次印刷
定　　价: 45.00 元

产品编号: 093078-01

丛书编写指导委员会

（按姓氏拼音排序）

主　任：覃　征
副主任：陈德人　陈　进　贺盛瑜　彭丽芳　孙宝文　章剑林
委　员：曹　杰　陈　曦　郭卫东　胡　桃　华迎琚春华
　　　　　刘业政　倪　明　帅青红　孙建红　孙细明　王刊良
　　　　　魏明侠　武长虹　熊　励　杨兴凯　姚卫新　叶琼伟
　　　　　尹建伟　于宝琴　张李义　张润彤　张玉林

丛书序

在新冠肺炎疫情冲击下，跨境电子商务进出口逆势高速增长。《2021年度中国跨境电商市场数据报告》显示，2021年中国跨境电子商务市场规模超14万亿元，近5年增长近10倍。为了发挥跨境电子商务助力传统产业转型升级、促进产业数字化发展的积极作用，2022年国务院在全国105个跨境电子商务综合试验区的基础上又新增27个，达到132个，已经基本覆盖全国。这既是国家对跨境电子商务的扶持，也表明作为新兴贸易业态，跨境电子商务为稳外贸外资基本盘发挥了重要作用。

行业的发展离不开人才培养，尤其是跨境电子商务作为新兴行业，发展时间短，人才紧缺且良莠不齐，因此，如何又快又好地培养出新型人才，成为行业发展的重要任务。2019年，教育部在本科专业目录中新设立跨境电子商务专业，第一批批准设立该专业的院校有7所。浙江外国语学院成为第一批设立该专业的唯一公办院校。2016年，浙江外国语学院在小语种专业基础上开设了跨境电商"3+1"实验班和电子商务（跨境电商）复合型应用型人才培养课程，是国内最早开设跨境电子商务人才培养课程的学校。通过几年来的实践，浙江外国语学院摸索出一套校政企协同育人的新举措，推动了跨境电子商务专业本科人才培养的进程，为行业、企业输送了合格的跨境电子商务人才。时至2022年底，跨境电子商务专业设立时间只有短短的3年，在课程体系的合理性、教学方法的适应性、教材建设的完整性、培养方案的稳定性等方面都尚待完善。因此，浙江外国语学院作为第一批设立跨境电子商务专业的本科院校，在总结已有的教学与实践经验的基础上，编写一套专业课程体系相对比较全面的教材，不仅有重要的现实意义，也有深远的历史意义。本系列教材包括《跨境电子商务概论》《跨境电子商务速卖通运营》等。

本系列教材具有以下几个特点。

第一，这是一套产学研融合一体的学科交叉与复合型教材，经过多年校政企协同育人实践检验。丛书编写指导委员会成员和作者均来自电子商务领域及跨境电子商务综合试验区在内的政府部门、30余所高等院校、10家知名跨境电子商务平台企业。

第二，教材编写主要负责单位浙江外国语学院曾与全球领军跨境电子商务平台成功合作系列跨境电子商务人才培养项目，项目的研发和实施为教材编写打下了坚实的基础。

第三，体现新时代、新形态特征。教材内容嵌入二维码链接的各类扩展资源，融入课程思政元素，配备多媒体课件和测试题。既重视学科和专业理论的建树，又践行校政企协同一体化的育人使命。

第四，在案例教学中融入人文交流的理念，教材每一章开头配套导学型案例，章节中插入丰富的内容解读型案例。很多案例选材蕴含中国文化，讲解严谨而生动，引领学习者理解理论、探讨热点问题、辨析难点知识，从而达到行之有效的学习效果。

在当今的互联网和移动学习时代，知识碎片化程度高，易学但难以致用。本系列教材将从知识的整体性和连续性上，给学习者构建一个理论系统和实践体系。无论是专业教师、跨境电子商务专业或相关专业的大学生，还是对跨境电子商务感兴趣的读者，通过学习，都将会有所收获。希望通过本系列教材的出版，能带动国内外更多跨境电子商务教材的出版，为国内外跨境电子商务领域培养出更多、更好的栋梁之材。

本系列教材是教育部产学合作协同育人项目配套教材。

2022 年 7 月 15 日

前言

2023年5月4日，网经社电子商务研究中心发布了《2022年度中国电子商务市场数据报告》（以下简称《报告》）。《报告》显示，2022年中国跨境电商市场规模达15.7万亿元，较2021年的14.2万亿元同比增长10.56%。随着跨境电商的快速发展，消费者关注的焦点已不仅是产品的价格，还对跨境电商物流的服务质量和服务效率提出了更高的要求。

跨境电商的快速发展，带动了跨境物流的发展。跨境电商的物流成本直接关系到跨境电商的销售成本，跨境电商物流送达范围的广度决定跨境电商的销售区域，跨境电商物流的通畅度和时效性反映了跨境贸易的便利度与客户的体验感。跨境电商物流是指分属不同关境的交易主体，通过电子商务平台达成交易、进行支付结算，并将物品从供应地发送到不同国家地域范围接收地的实体流动过程，包含境内物流、跨境运输、境外仓储、境外本地配送、退换货等多元化的服务，是决定跨境电商行业发展的关键性因素。

跨境电商物流是电子商务专业和跨境电子商务专业的一门核心课程。本书注重专业知识的系统性、全面性并突出教材的应用性。通过学习该门课程，学生可了解跨境电商物流的基本理论，掌握跨境电商物流的功能要素，熟悉跨境电商物流的模式，掌握跨境电商物流平台的操作，学会运用相关理论和方法分析并解决实际问题。本书结合具有代表性的案例对理论进行了深入探讨，使读者更容易做到理论联系实践，提高解决实际问题的能力。

本书可用作高等院校跨境电子商务专业、电子商务专业等经济管理类专业的教材和参考书，也可用作从事相关专业管理和研究工作人员的参考书。与其他同类图书相比，本书的特色主要体现在以下几个方面。

（1）系统性强。本书旨在使学生了解和掌握从物流实践中总结出来的日趋成熟的理论及基础知识，包括物流与物流管理概述、跨境电商物流概述和跨境电商物流系统等，同时特别强调学生对跨境电商物流主要功能的业务运作（运输、仓储与包装、通关）和跨境电商物流主要形式（进口物流模式和出口物流模式）的业务流程的掌握，并注重理论联系实际。要求学生熟悉跨境电商物流的基本概念，把握跨境电商物流的发展趋势，全面掌握跨境电商物流的基础知识与基本技能，融会贯通，学以致用，学会运用相关理论和方法分析并解决实际问题，为今后从事跨境电商物流工作打下坚实的基础。

（2）时效性强。本书的案例大多为2021年以来的，同时又涵盖了大量2022年的新生事件，案例时效性强。

（3）应用性强。本书每一章都包含学习目标、案例导入、即测即练等内容，通过扫描本书中的二维码，读者还可以获取配套的拓展阅读等数字教学资源。

本书由彭静担任主编，负责全书的框架设计并拟定编写提纲。在写作过程中，编者参考了许多著述和资料，特向这些作者表示由衷的感谢。跨境电商物流行业及其政策变化快，加上编写时间有限，教材中难免出现不足、疏漏等情况，真诚欢迎各界人士批评指正，以便再版时予以修正，使本书日臻完善。

编　者

2023 年 3 月

目 录

第1章 绪论 … 1
1.1 物流与物流管理概述 … 2
1.2 跨境电商物流概述 … 14
1.3 我国跨境电商物流行业发展阶段与面临的问题 … 16
即测即练 … 20

第2章 跨境电商物流系统 … 21
2.1 跨境电商物流系统的构成与运作模式 … 22
2.2 跨境电商物流结点及连线 … 28
2.3 跨境电商物流网络 … 29
即测即练 … 31

第3章 跨境电商运输 … 32
3.1 跨境电商运输概述 … 32
3.2 海洋运输 … 34
3.3 航空运输 … 41
3.4 铁路运输 … 51
3.5 集装箱运输 … 57
即测即练 … 64

第4章 跨境电商仓储与包装 … 65
4.1 跨境电商货物仓储概述 … 66
4.2 仓储管理的流程 … 67
4.3 仓储的方法、原则 … 70
4.4 仓储合理化 … 72
4.5 跨境电商货物包装 … 74
即测即练 … 79

第5章 跨境电商通关 … 80
5.1 通关概述 … 82
5.2 跨境电商通关模式 … 91
即测即练 … 104

第6章 跨境电商物流信息技术与智慧物流 ········· 105

- 6.1 跨境电商物流信息技术 ········· 107
- 6.2 智慧物流 ········· 118
- 即测即练 ········· 120

第7章 跨境电商进口物流模式 ········· 121

- 7.1 跨境电商进口物流模式演变 ········· 122
- 7.2 直邮进口与保税备货进口 ········· 123
- 7.3 跨境电商综合税计算 ········· 127
- 即测即练 ········· 133

第8章 跨境电商出口物流模式 ········· 134

- 8.1 国际邮政物流 ········· 135
- 8.2 国际商业快递 ········· 144
- 8.3 专线物流 ········· 149
- 8.4 海外仓 ········· 154
- 即测即练 ········· 174

第9章 跨境电商平台店铺物流综合业务操作 ········· 175

- 9.1 B2C平台店铺运费模板设置——以亚马逊为例 ········· 176
- 9.2 B2B平台店铺运费模板设置——以阿里巴巴国际站为例 ········· 180
- 即测即练 ········· 183

第 1 章

绪　论

【本章学习目标】
1. 了解什么是物流，对物流有一个全面、清晰的认知；
2. 了解主要的物流观点和学说；
3. 熟悉和掌握跨境电商物流的概念，了解跨境电商物流与国际物流的关系；
4. 理解我国跨境电商物流行业发展阶段与面临的问题。

 案例导入

物流不成熟苦了玩家，跨境电商集体发起物流攻坚战

中国跨境电商交易规模近年来持续攀升，海关总署数据显示，2020年我国跨境电商进出口1.69万亿元，增长了31.1%。

物流对于跨境电商来说一直如鲠在喉，有着难以言说的痛楚。面对万亿元级别的进口消费市场，天猫、京东、苏宁易购等传统电商纷纷强势进入，洋码头、海蜜、蜜芽、小红书等创业型跨境电商也携巨额资本争相分羹市场。然而，不成熟的国际物流体系让众多玩家叫苦不迭。大家或是加码自营，或是联合物流巨头提升效率，处于"青春期"的跨境电商在躁动与不安中极速向前。

物流之殇

据《北京商报》联合第三方调查机构问卷网的调查数据，消费者购买境外商品依然以天猫、京东、苏宁易购等传统电商渠道为主，该部分人群占比为66%。相比而言，14%的消费者更青睐洋码头、海蜜等新兴跨境电商平台。

此外，调查的结果显示，44%境外购物消费者认为，收货时间长是境外购物的最大痛点，也有33%的消费者认为，跨境电商平台针对易损的境外商品保护措施不力，导致商品变质；同时也有14%的消费者认为，境外物流信息不透明是消费体验变差的原因。

加码自营

新兴的进口跨境电商行业发生上述问题，与物流及整个供应链管控弱有很大关系。为应对上述问题，各大平台纷纷寻找不同的出路。天猫国际和京东全球购选择境外知名品牌商、渠道商等入驻平台，为消费者提供更加丰富且相对品质有保障的产品。

与上述平台型电商相比，以苏宁海外购为代表的跨境电商平台更注重自营模式。苏宁海外购业务已覆盖中国香港、日本、美国、韩国、德国、澳大利亚、荷兰等多个国家和地区。同时，截至2015年，其在境外已经有53家实体门店和独立仓储，拥有

三大境外自营基地,依托苏宁境外采购公司供应链优势,通过自建采购团队和物流体系,向当地厂商、零售商直接采购,从采购到运输都是自建体系,保证商品品质和供应链管理。

此外,为了快速丰富商品、满足消费需求,苏宁海外购面向境外企业针对全品类开放招商合作,优先招商类目为母婴奶粉、美妆个护、食品保健,重点和全球知名品牌零售商、零售企业与电商平台展开合作,打造一站式的全球购物平台。

跨境电商自营模式不仅能够有效地把控上游供应链,确保商品为优质正品,同时也能强化供应链管理,提高物流效率。

联合巨头

不过,加码自营并非解决行业顽疾的万能解药。自营优势明显但也存在运营成本高、资源需求多、运营风险高等劣势,这样的特点也使得该种模式复制难度大,可以树立相对较高的行业壁垒,但在各路玩家都纷纷跑马圈地的时间节点上,不断加码自营仅靠一己之力快速拓展市场并不现实,在行业内联合专业、知名企业并对各个环节进行资源整合是未来发展的趋势之一。

近年来苏宁在海外购方面持续发力。除了持续加大在日免税店乐购仕方面的投资外,据知情人士透露,目前苏宁已在美国、韩国成立独资或合资企业,为跨境电商铺路。中外运空运发展股份有限公司(以下简称"中外运")则在跨境电商物流领域具备优势资源。

苏宁易购与中外运签署战略合作框架协议。双方将在保税仓代运营、海外仓储租赁及代运营、境内外清(转)关、境外本地配送服务、国际(国内)运力资源获取及运输等跨境物流项目上展开战略合作。据悉,中外运核心优势在跨境物流上,不仅与DHL(敦豪)有近30年的战略伙伴关系,覆盖全球200多个国家和地区,同时也是国内唯一在七个跨境电商试点城市均有布局的跨境物流公司。

资料来源:雨果跨境.物流不成熟苦了玩家,跨境电商集体发起物流攻坚战[N].北京商报,2015-10-30.

1.1 物流与物流管理概述

1.1.1 物流的定义

物流活动的产生远早于物流概念的提出及物流学科的形成。自从人类出现生产与交换,物流活动也就产生了。经济运行由生产、流通和消费组成,在生产和消费之间存在着所有权阻隔(生产者和消费者不同)、空间阻隔(生产地和消费地不同)、时间阻隔(生产时间和消费时间不同)。解决所有权阻隔方面的问题形成了"商流",解决时间和空间两个阻隔方面的问题便形成了"物流",如图1-1所示。人们对物流的最早认识是从流通领域开始的。

物流活动伴随着人类的发展走过了几千年的历程,直到20世纪初,人们才将长期以来积累的物流观念进行了总结和升华,提出了物流的概念。作为一门新兴的学科,物流概念的内涵仍在不断地丰富,外延在不断地延伸。截至目前,物流还没有一个统一的定义,各国的专家学者和相关组织机构从不同的角度给出了不同的定义。同时,物流还

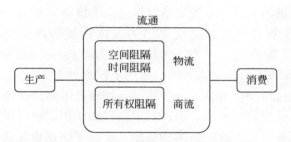

图 1-1 流通、物流和商流的关系

是一个发展中的概念，随着理论和实践的发展，物流的定义也将不断地发生变化。下面主要介绍物流概念的起源和几个比较有代表性的物流定义。

1. 物流概念的起源

物流概念起源于军事领域，当时被称为"后勤"（logistics）。第二次世界大战期间，美国军队为了全球作战的需要，围绕战略物资的供应，对军粮、军火等军用物资的运输、补给、调配等进行全面管理，以保证战略物资以最快的速度、最高的效率、最低的成本安全、及时地供应到作战前线，从而为战争的胜利提供物资保障。要做到这一点，就必须有一整套科学、高效的军队后勤供应管理系统，包括各种军用物资的订货、生产、储存、运输、分配等一系列活动。各项活动的有效运转与衔接，在很大程度上决定了军用物资的供给保障程度。

第二次世界大战后，军事后勤管理的思想被推广到企业中，在企业的采购、生产、流通等诸多领域得到广泛运用，从而形成了供应物流、生产物流、销售物流等几大物流领域。

2. 美国不同时期物流的定义

在物流管理发展的早期阶段，物流的英文用词为 physical distribution（PD），译成汉语是"实物分配"或"实物分拨""货物配送"。1935 年，美国市场营销协会最早从销售的角度对 PD 进行了定义："物流是包含于销售之中的物质资料和服务从生产地到消费地流动过程中所伴随的种种经济活动。"很显然，物流一开始出现是与商品流通和市场密切相关的。此时，人们从有利于商品销售的愿望出发，探讨如何进行"物资的配给"和怎样加强对"物资分布过程"的管理。

20 世纪 60—70 年代是物流发展的重要阶段，世界上第一本介绍物流管理的教科书《物流管理》于 1961 年出版，标志着物流理论体系开始形成，物流的范围不再限于商品流通，而是扩大到生产和消费等有关领域。1963 年，美国实物分配管理协会（National Council of Physical Distribution Management，NCPDM）成立，首次从管理的角度对实物分配或者称为物流管理（physical distribution management）进行了定义。根据美国实物分配管理协会的定义，物流管理是为了计划、执行和控制原材料、在制品库存及制成品从起源地到消费地的有效率的两种或多种活动的集成。这些活动包括顾客服务、需求预测、采购、运输、库存控制、搬运、退货处理、废弃物回收等若干具体的物流活动内容。

20 世纪 80 年代以来，物流实践活动出现飞跃性的发展。传统的分销物流理论不能适应新的物流活动发展的需要，物流实践发展的需求推动了物流理论的革命性变化。

1985年，美国实物分配管理协会更名为美国物流管理协会（Council of Logistics Management，CLM），重新定义了物流的概念，用"logistics"（物流）代替"physical distribution"。logistics 与 physical distribution 的不同之处在于：logistics 已经突破了商品流通的范围，并把物流活动扩大到了生产领域。物流已不是简单地从产品出厂开始的运输过程，而是包括了从原材料采购、生产加工到产品销售、售后服务，直到废旧物品回收等整个物理性的流通过程。这一新的物流定义反映了企业物流活动中的集成化和一体化的时代特征。

1998年，CLM 再次更新了对 logistics 的定义（简称"98定义"）："物流是供应链活动的一部分，是为了满足顾客需要对商品、服务及相关信息从产地到消费地的有效率、有效益地流动和储存进行计划、执行和控制的过程。"（Logistics is the part of the supply chain process that plans, implements, and controls the efficient, effective flow and storage of goods, services, and related information from the point of origin to the point of consumption in order to meet customers' requirements.）供应链成为物流管理的最新理念。

CLM 于 2002 年 1 月进一步修订了物流定义，在"98定义"的基础上增加了"正向和反向"两个词。修订后的定义（简称"02定义"）为："物流是供应链活动的一部分，是为了满足顾客需要对商品、服务及相关信息从产地到消费地的有效率、有效益地正向和反向流动和储存进行计划、执行和控制的过程。"该定义不仅将物流纳入供应链的范畴，强调物流的有效性，也把逆向物流视为物流的一个活动内容。由于市场竞争的加剧、消费者地位的日益上升、全球环保意识的兴起与环保法规的建立健全、电子商务模式下退货率的显著提高以及企业减少浪费和挖掘新利润源泉的驱动，越来越多的企业开始关注商品从消费者向生产者的反向流动。美国物流管理协会对物流这一新的定义及时反映了这种实践中的新趋势。

在物流实践中，市场经济的快速发展、信息技术日新月异、质量理念不断创新、合作伙伴和战略联盟等新型市场组织形式的发展推动了物流的发展，使物流管理发展到供应链管理的新阶段。在这一阶段，物流管理理念由单个企业物流一体化和综合化发展到不同企业间的物流整合，使物流管理上升到供应链管理的新高度。2005年1月1日，CLM 正式更名为供应链管理专业协会（Council of Supply Chain Management Professionals，CSCMP），这意味着全球物流进入供应链时代。

3. 日本各界对物流的定义

20世纪50年代，日本流通技术考察团从美国引进物流的概念，在日本，不同的学者对物流有不同的定义，不同行业、不同企业对物流的定义也有所不同。下面介绍几种较有代表性的定义。

日本通运综合研究所对物流的定义是：物流是指商品由供应者向需求者的物理性转移，从而创造时间与空间价值的经济活动，包括包装、装卸、保管、库存管理、流通加工、运输、配送等各种活动。

日本统计审议会流通统计分会将物流定义为：物流是指有关"物"的物理性流动的所有经济活动，这些活动包括物资流通和信息流通。这里所说的"物"，既包括有形物，也包括无形物，其中的无形物主要是指信息。

日本产业结构审议会流通分会对物流的定义是：物流是指有形及无形商品由供给者向需求者的实体流动过程，具体包括包装、装卸、运输、保管及信息等。

由这些定义我们可以看出，美国供应链管理专业协会对物流的定义更强调物流活动的有效性，物流与物流管理无严格区分，物流即物流管理，物流管理也就是物流。而日本各界对物流的定义主要侧重于描述物流是一系列有关有形与无形商品从供给者到需求者的实体转移过程，并不涉及这一过程是否有效，是将物流与物流管理相区别的。

4. 我国对物流的定义

众所周知，我国于20世纪80年代初从日本引入"物流"概念，当时，将"物流"解释为"物质资料或商品的实体运动过程"，是与商品的价值运动过程（简称"商流"）相对应的概念。

物流概念引入我国20多年后，中国物流与采购联合会和国家质量技术监督局数易其稿的中华人民共和国国家标准《物流术语》于2001年正式实施。现行版本为2021年版，其于2021年12月1日开始实施。其对物流给出了如下定义："根据实际需要，将运输、储存、装卸、搬运、包装、流通加工、配送、信息处理等基本功能实施有机结合，使物品从供应地向接收地进行实体流动的过程。"

这个定义既参考了美国、日本的物流和物流管理的定义，又充分考虑了我国物流发展的现实。这一定义重点强调了物流是一个物的实体的流动过程，包括一系列具体的活动，在流通过程中创造价值，满足顾客及社会性需求。也就是说，物流的本质是服务。

从物流的产生过程来看，运输、储存、包装、装卸、配送、流通加工功能等由彼此独立到相互统一成物流概念，其间经历了漫长的社会和经济发展过程。在简单的商品生产阶段，物流和商流是同时进行的，即"一手交钱，一手交货"，物流的各个功能几乎由商品生产者完全承担。随着社会经济的发展以及生产、交通运输、仓储保管技术的进步，物流逐步从商流中分离出来。因此，物流的产生是社会分工进一步细化和更加专业化的结果，是商品经济高度发达以至于发展到市场经济的产物。到了现代市场经济阶段，市场高度发展，商品流通速度大大加快，尤其是在消费需求引导生产的新时代，为了更好地满足消费者的需求，能够以最小的费用和最短的时间将物质资料从供应者送达需求者手中，原来看起来关系并不紧密的各个实物流通环节出现了一体化的趋势，从而统一为物流。

物流的产生是社会经济进步的结果，物流的发展同样随着社会经济的发展而不断深化。它的内涵非常丰富，外延也极其广阔。物流所涉及的范围涵盖社会经济的方方面面，可以说物流是无所不在、无所不有的。不同行业、不同企业、不同学者对物流的解释不一样，从不同的角度、处于不同的历史时期对物流的认识也难以一致，这使物流的概念很难用准确的文字和语言表述清楚。特别是人类社会跨入21世纪和面临知识经济挑战之时，流行的物流概念将来可能会得到全面更新，那么对物流的认识同样会更新。比如，随着电子商务和网络经济的兴起，出现了定制物流、虚拟物流等新的物流概念，其中，定制物流是根据用户的特定要求而为其专门设计的物流服务方式；虚拟物流是以计算机网络技术进行物流运作与管理，实现企业间物流资源共享和优化配置的物流方式。随着环境保护的呼声越来越高，又出现了绿色物流的概念，即在物流过程中抑制物流对环境造成危害的同时，实现对物流环境的净化，使物流资源得到最充分的利用。

但是无论高新技术和知识经济给物流技术和物流管理带来多么巨大的变化，物流为用户提供服务的本质特征是不会改变的。也就是说，物流与为用户提供服务的旅游、金融等性质相同，能满足社会经济、生活中不同消费者的需求，因而具有使用价值，同时物流本身又具有服务所创造的价值，物流所创造的服务产品在任何社会经济条件下都是不可或缺的。这样，未来的物流或许变为其他完全不同的概念和解释，但是目前物流所具有的本质特征——服务将永久保存下去。

总之，物流是一个发展的或者说是动态的概念，它将随着社会经济的不断进步向更高层次扩展，但无论怎样扩展都将永远围绕全方位服务于用户这一核心功能。

1.1.2 物流的功能要素

物流的基本功能是指物流活动应该具有的基本能力，以及通过对物流活动最佳的有效组合，形成物流的总体功能，具体包括运输、仓储、信息处理、配送、流通加工、包装和装卸搬运七大功能。其中，运输与仓储分别解决了供给者和需求者在空间和时间上的分离，分别创造了物流的"空间价值"和"时间价值"。信息处理起到支持物流运作的支撑平台作用，是促使物流合理化的功能要素。配送最能体现物流系统的最终的总体服务功能，可以说是完善服务功能的要素。流通加工是物流过程中形成物流增值效应的主要功能要素。包装、装卸搬运在物流过程中更多的是增加成本的功能要素，它们的存在对于完善物流系统、完善物流活动必不可少，但是也必然增加成本支出，是影响物流成本的功能要素。

本小节将对运输、仓储、流通加工、包装、装卸搬运、配送与信息处理七项基本功能要素进行简要介绍。

1. 运输

运输是物流系统中最为重要的功能因素之一。运输和仓储被称为物流的两大支柱，其中，运输承担着改变物流空间状态的任务。运输是指"运用载运工具、设施设备及人力等运力资源，使货物在较大空间上产生位置移动的活动"（GB/T 18354—2021）。运输是将商品进行空间的位置移动。物流部门依靠运输解决供应地和需求地之间的空间距离问题，创造商品的空间效用。任何产品从生产出来到最终消费，都必须经过一段时间、一段距离，甚至是多环节、多次数的运输活动。因此说运输是物流的核心，是社会物质生产的必要条件之一，是实现"第三利润"的主要源泉之一，在社会物流活动中占据着非常重要的地位。

运输活动包括供应销售中的用车、船、飞机等方式的输送，生产中管道、传送带等方式的输送。对运输活动的管理要求选择技术与经济综合效果最好的输送方式及联运方式，合理地确定输送路线，以达到运输的安全、迅速、准时、廉价的要求。

如果将原材料供应商、工厂、仓库以及客户看作物流系统中的固定节点，那么，商品的运输过程正是连接这些节点的纽带，是商品在系统中流动的载体。因此，人们把运输称为物流的"动脉"。

2. 仓储

仓储与运输一样，也是物流系统中最为重要的功能要素之一。作为物流的两大支柱之一，仓储承担着改变物品时间状态的任务。仓储是指"利用仓库及相关设施设备进行物品的入库、储存、出库的活动"（GB/T 18354—2021）。仓储可以调节生产与消费在时间上的差别，是商品生产和流通中供求矛盾的集中体现。

卡尔·马克思（Karl Marx）曾把仓储称为社会再生产这条大河中的"商品流"的"蓄水池"。当大河上游供给的"商品流"远远超过下游的消费需求时，就关闭这一"蓄水池"的闸门，从而避免造成下游的"河流泛滥"；相反，当上游供给的"商品流"不能满足下游的消费需求时，就打开这一"蓄水池"的闸门，从而避免造成下游的"河流干涸"。当供大于求时，将物品储存起来，当供小于求时，再将储存的物品投放市场，从而起到流通调控的作用。因此说仓储能够创造物品的时间效用。同时，这种对于供需的调控还能起到调整价格的作用，避免供过于求或供不应求造成价格波动。

另外，仓储在物品的流通过程中还能起到集散的作用，即把不同单位生产的产品汇集起来，形成一定的规模，然后再根据需要分别发送到消费地。通过一集一散，不仅衔接产需，还能实现产品运输、装卸搬运等物流活动的规模效应，从而降低物流成本。

3. 流通加工

流通加工是在物品进入流通领域后，按照客户的各种要求对物品进行的加工活动，即在物品从生产领域向消费领域流动的过程中，为了促进销售、维护商品质量和提高物流效率，而对物品进行的加工，诸如包装、分割、计量、分拣、组装、价格贴付、商品检验等活动。中华人民共和国国家标准《物流术语》（GB/T 18354—2021）对流通加工的定义是："根据顾客的需要，在流通过程中对产品实施的简单加工作业活动的总称"，简单加工作业包括包装、分割、计量、分拣、刷标志、拴标签、组装、组配等。通过这些加工活动，使物品在形态或理化性质上发生变化，从而满足消费者的多样化、个性化的需求。

跟生产加工相比，流通加工大多是简单加工，加工的对象主要是进入流通领域的商品，其主要目的在于提高商品的附加价值或为流通创造条件，从而起到方便消费、促进销售的作用。

4. 包装

包装是指"为在流通过程中保护产品、方便储运、促进销售，按一定技术方法而采用的容器、材料及辅助物等的总体名称"，"也指为了达到上述目的而采用容器、材料和辅助物的过程中施加一定技术方法等的操作活动"（GB/T 18354—2021）。

包装是生产的终点，同时又是物流的起点，具有保护商品、方便流通、促进销售、便于消费等功能。

包装包括产品的出厂包装，生产过程中在制品、半成品的包装以及在物流过程中换装、分装、再包装等活动。按照功能的不同，可以把包装分为商业包装（销售包装）和运输包装（工业包装）两种。商业包装是直接接触商品并随商品进入零售店和消费者直接见面的包装，也称为小包装或内包装，其主要作用是保护商品、促进销售、方便消费；运输包装是"以满足运输、仓储要求为主要目的的包装"（GB/T 18354—2021），也称为大包装或外包装，其主要作用是方便运输，便于储运，提高装卸效率、装载率。包装与物流的其他功能有密切的关系，对于推动物流合理化有重要作用。

5. 装卸搬运

装卸和搬运是发生在同一地域范围内的活动。装卸是指"在运输工具间或运输工具与存放场地（仓库）间，以人力或机械方式对物品进行载上载入或卸下卸出的作业过程"（GB/T 18354—2021）。搬运是指"在同一场所内，以人力或机械方式对物品进行空间移动的作业过程"（GB/T 18354—2021）。可以看出，装卸是指改变物品的存放、支承状态的活动，而搬运则是指改变物品的空间位置的活动。在实际操作中，装卸与搬运这两种活动是密不可分的，往往相伴发生。

装卸搬运是随运输和仓储等其他物流活动而产生的必要活动。在物流过程中，装卸搬运活动是不断出现和反复进行的，出现的频率高于其他物流活动。而其他各项物流活动在相互过渡时，都是通过装卸搬运来衔接的。因此，装卸搬运是一种衔接性的活动，是物流各项活动之间能否有效衔接的关键因素。对装卸搬运活动的管理包括选择适当的装卸搬运方式，合理配置和使用装卸搬运机具，减少装卸搬运事故和损失等内容。

6. 配送

配送是指"根据客户要求，对物品进行分类、拣选、集货、包装、组配等作业，并按时送达指定地点的物流活动"（GB/T 18354—2021）。

配送活动是按照用户的订货要求，在物流据点进行分货、配货工作，并将配好的货物送交给收货人（consignee）的物流活动。需要强调的是，配送活动是以配送中心为始点，且配送中心本身具备储存功能。分货和配货工作是为满足用户要求而进行的，因为在必要的情况下要对配送货物进行流通加工。

配送的最终实现离不开运输，运输可以分为长距离的干线运输和短距离的支线运输。通常情况下，我们把长距离的干线运输称为"运输"，而把面向城市内和区域范围内、短距离的支线运输称为"配送"。但实际上，所有物品的移动都是运输，配送只是其中的一种，专指短距离、小批量的运输。

7. 信息处理

物流信息是随企业的物流活动发生的，是"反映物流各种活动内容的知识、资料、图像、数据的总称"（GB/T 18354—2021）。物流信息包括订货信息、库存信息、生产指示信息、发货信息、物流管理信息等，是物流系统的中枢神经，能够将运输、仓储、装卸搬运、流通加工等其他各种活动有机地结合起来，从而在很大程度上提高物流效率，降低物流成本。

在物流活动中大量信息的产生、传送、处理活动为合理组织物流活动提供了可能性。信息处理就是收集及传递与物流活动相关的各种信息，根据信息安排各项物流活动，使各项物流活动能够顺利、有效地衔接和进行。

1.1.3 物流的分类

不同领域的物流活动，虽然其功能要素基本相同，但是提供物流服务的主体、物流对象、物流范围、物流性质、物流的作用和功能因物流活动的具体情况而有所不同，可以按照不同的标准来对物流进行分类。

1. 按物流的研究范围分类

按物流的研究范围，物流可分为宏观物流、中观物流和微观物流。

1）宏观物流

宏观物流是指社会再生产总体的物流活动，是从社会再生产总体的角度认识和研究的物流活动。这种物流活动的参与者是构成社会再生产总体的产业和集团，因此，宏观物流可以理解为研究产业或集团的物流活动和物流行为。另外，从空间范畴的角度来理解，宏观物流是指在很大空间范畴的物流活动，往往带有宏观性；相反，在很小空间范畴的物流活动则往往带有微观性，属于微观物流。宏观物流也指物流全体，是从总体上看物流，而不是从一个环节、一个局部来看物流。其主要特点是具有综观性和全局性，研究的主要内容是物流的总体构成、物流在社会中的地位及其与社会的关系、物流与经济发展的关系、社会物流系统与国际物流系统的建立及运作等。如社会物流、国民经济物流等都属于宏观物流。

2）中观物流

中观物流是指社会再生产过程中的区域性物流活动，是从区域经济社会的角度认识和研究的物流活动。另外，从空间范畴的角度来理解，中观物流一般是指在较大空间范畴的物流活动。

3）微观物流

微观物流是指生产企业、流通企业或消费者所从事的具体的、实际的物流活动，或针对某一种具体产品所进行的物流活动，或整个物流活动中的一个局部、一个环节等具体的物流活动，是从局部角度认识和研究的物流活动。另外，从空间范畴的角度来理解，微观物流是指在很小空间范畴的物流活动，即在一个小的地域空间发生的具体的物流活动，其主要特点是具有具体性和局部性，是更贴近具体企业的物流。如企业物流、供应物流、生产物流、销售物流、回收物流、废弃物物流、生活物流等都属于微观物流。

2. 按物流的地域范围分类

按物流的地域范围，物流可分为国际物流和区域物流。

1）国际物流

国际物流是指"跨越不同国家（地区）之间的物流活动"（GB/T 18354—2021）。国际贸易是国际物流的前提。具体来说，当生产和消费分别在两个以上国家（地区）进行时，为了克服生产和消费之间的空间阻隔和时间阻隔，将会产生对物资进行物理性移动的国际贸易或交流活动。但由于不同国家（地区）在物流环境上存在较大的差异性，如适用法律、人文、语言、物流技术与设施等的差异性，以及物流服务范围的广阔性，国际物流的难度、复杂性和风险较国内物流更大。

2）区域物流

区域物流是相对于国际物流而言的，是指发生在一定区域范围内的物流活动。如一个国家范围内的物流活动、一个经济区域内的物流活动或一个城市里的物流活动都适用于相同的法律和规章制度，都受相同的文化和社会因素的影响，都具备相同水平的物流技术和设施设备，都具有独特和区域的特点，因而都属于区域物流。

3. 按物流活动的范围和性质分类

按物流活动的范围和性质，物流可分为供应物流、生产物流、销售物流、回收物流和废弃物物流。

1）供应物流

供应物流是指"为生产企业提供原材料、零部件或其他物料时所发生的物流活动"（GB/T 18354—2021）。供应物流是企业为组织生产所需要的各种物资供应而进行的物流活动，它包括组织物品生产者送达本企业的企业外部物流和本企业仓库将物资送达生产线的企业内部物流。

供应物流的好坏直接决定着企业生产能否正常、高效地运转，因此，供应物流不仅要保证所供应物资的数量和质量，而且还要以最低的成本、最少的消耗、最高的可靠性来组织供应物流活动，从而实现保障供应的目标。一般情况下，保证供应物资的数量和质量比较容易做到，而要做到以最低的成本实现保障供应的目标就成为供应物流的难点所在。

2）生产物流

生产物流是指"生产企业内部进行的涉及原材料、在制品、半成品、产成品等的物流活动"（GB/T 18354—2021）。生产物流活动伴随着整个生产工艺过程，实际上已经构成了生产工艺过程的一部分，因此也可以把生产物流理解为发生在生产工艺过程中的物流活动。通常情况下，生产物流是以原材料、零部件的供应为起点，经过加工制成半成品进入半成品仓库，然后按照生产工艺和流程，将半成品加工成产成品，再经过检验、分类、包装、装卸搬运等作业环节，最后进入成品仓库的整个过程。

过去人们在研究生产活动时，主要关注一个又一个的生产加工过程，而忽视了将每一个生产加工过程连接在一起，并且又和每一个生产加工过程同时出现的物流活动，结果导致在一个生产周期内，物流活动所占用的时间远远多于实际加工的时间。因此，企业生产物流的研究重点包括：物流的速度，即物品停顿的时间尽可能短、周转尽可能快；物流的质量，即物资损耗少、搬运效率高；物流的运量，即物品的运距短、无效劳动少等方面的内容。

3）销售物流

销售物流是指"企业在销售商品过程中所发生的物流活动"（GB/T 18354—2021）。销售物流是企业为实现产品销售，组织产品送达用户或市场供应点的外部物流。商品生产的目的在于销售，能否顺利实现销售物流是关系到企业经营成果的大问题。

在现代社会中，当前的市场环境以买方市场为主，因而，销售物流活动带有极强的服务性，必须满足消费者的要求，才能实现销售。在这种市场前提下，销售物流不再是单纯地把商品送达用户，还需要为用户提供必要的售后服务，这样才能占领市场，提高企业竞争力，从而实现企业的销售利润。因此，销售物流的空间范围很大，也使销售物流活动更具有难度。

4）回收物流

回收物流是指不合格物品的返修、退货以及周转使用的包装容器从需方返回到供方所形成的物品实体流动。任何企业在采购、生产和销售的过程中都会或多或少地产生一些边角余料和废料，同时也不可避免地产生一些不合格物品，这些废料的回收、不合格物品的返修或退货，以及其他可再利用物资的回收都需要伴随物流活动。回收物流实际上就是企业在采购、生产和销售过程中产生的各种可再利用物资的回收活动，它的应用不仅有助于改善环境，更有助于降低企业的生产成本或销售成本，减少浪费现象。

5）废弃物物流

废弃物物流是指"将经济活动或人民生活中失去原有使用价值的物品，根据实际需要进行收集、分类、加工、包装、搬运、储存等，并分送到专门处理场所的物流活动"（GB/T 18354—2021）。任何企业在生产和销售的过程中都会不可避免地产生废水、废气等各种废弃物，这些废弃物如果处理不当，就会影响人类的生产环境和生活环境，严重时还会危及人们的身体健康。因此，如何对这些废弃物进行有效处理已经引起了全社会的广泛关注。废弃物物流就是对企业生产和销售过程中产生的各种废弃物进行收集和适当处理的物流活动。

4. 按物流的经营模式分类

按物流的经营模式，物流可分为自营物流、第三方物流和第四方物流。

1）自营物流

自营物流是指企业利用自有的物流设施和人员自行组织和经营的物流模式。这种企业通常是一些生产制造型企业或销售型企业，而不是专业的物流公司。自营物流要求企业必须具有较大的规模和雄厚的实力，拥有必要的物流资源和物流人才，并且有能力承担各种物流活动，对企业的要求比较高。但是，自营物流具有较大的灵活性，由于企业自身是物流的组织者，所以可以按照企业的要求和产品的特点对物流进行设计和布局。

2）第三方物流

第三方物流（third-party logistics，3PL）通常又称为"契约物流"或"物流联盟"，是指由供方与需方以外的物流企业通过签订合作协定或结成物流联盟，在特定的时间段内按照特定的价格向客户提供个性化的物流代理服务。这是把企业自身的物流活动，以合同方式委托给专业的物流服务商的一种物流运作模式。这种物流服务商就是我们通常所说的第三方物流企业，是专业的物流公司，它们通常具备丰富的物流资源和物流人才、完善的物流网络及强大的物流运作能力。因此，这种物流模式不仅有助于企业集中精力做好主业，还能使其获得比自营更加专业、更加快速高效，甚至更低成本的物流服务。

3）第四方物流

第四方物流（fourth-party logistics，4PL）是一个供应链的集成商，它对公司内部和具有互补性的物流服务提供者所拥有的不同物流资源、能力和技术进行整合和管理，提供一整套供应链解决方案，以此获取一定的利润。

与第三方物流注重实际操作相比，第四方物流更多地关注整个供应链的物流活动，这种差别主要体现在以下两个方面。

第四方物流提供一整套完善的供应链解决方案。和第三方物流不同，它不是简单地为企业客户的物流活动提供管理服务，而是通过对企业客户所处供应链的整个系统或行业物流的整个系统进行详细分析后提出具有中观指导意义的解决方案。第四方物流服务供应商本身并不能单独地完成这个方案,而是要通过物流公司、技术公司等多类公司的协助才能将方案实施。

第三方物流服务供应商能够为企业客户提供相对于企业的全局最优,却不能提供相对于行业或供应链的全局最优,因此第四方物流服务供应商就需要先对现有资源和物流运作流程进行整合和再造,从而达到解决方案所预期的目标。

第四方物流的前景非常诱人,但是成为第四方物流的门槛也非常高。欧美国家的经验表明,要想进入第四方物流领域,企业必须在一个或几个方面具备很强的核心竞争力,并且有能力通过战略合作伙伴关系顺利进入其他领域。

5. 其他物流分类

(1)按物流的对象,物流可分为农产品物流、煤炭物流、钢铁物流和医药物流等。

(2)按对物流环境和运作有无特殊要求,物流可分为军事物流、危险品物流、冷链物流、集装箱物流和托盘物流等。

1.1.4 主要的物流观点和学说

物流这一概念的形成和物流管理学科的建立只有几十年的历史,引入中国也只有几十年的时间。因此,物流这门新兴学科在理论上尚不成熟,相关理论还在不断地修正和完善。下面介绍几种国内外主要的物流观点与学说。

1. "黑大陆"学说

1962年,美国管理学家彼得·F.德鲁克(Peter F. Drucker)在美国《财富》杂志上发表《经济的黑暗大陆》一文,他将物流比作"一块未开垦的处女地",强调流通及流通过程中的物流管理、物流的价值。

"黑大陆"学说主要是指人们尚未了解和认识清楚物流的"经济"意义,是对20世纪经济学界愚昧认知的批驳和反对,指出在市场经济繁荣和发达的情况下高度重视物流的必要性。

2. "物流冰山"学说

日本早稻田大学的西泽修教授提出来的"物流冰山"学说从物流成本核算的角度,具体地说明了德鲁克的物流"黑大陆"学说。他在研究物流成本时发现,利用现行的财务会计制度和会计核算方法核算出来的只是企业向外支付的物流成本,而企业内部消耗的物流成本却很难核算出来,使得企业不能掌握物流费用的真实情况。因此可以说,人们对物流费用的了解还是一片空白,甚至有很大的虚假性。于是他把物流成本比作一座"冰山",如图1-2所示,企业内部消耗的物流费用如同冰山那样大部分沉在水平面以下,是我们看不到的黑色区域,我们所能看到的仅仅是露出水面的冰山一角,即企业支付给外部企业的物流费用。

西泽修教授通过对物流成本的具体分析论证了德鲁克的"黑大陆"学说,黑大陆和冰山的水下部分,对我们而言尚未了解和认识清楚,是物流尚待开发的领域,同时也是物流的潜力所在。

3. "第三利润源"学说

"第三利润源"学说也是由日本早稻田大学的西泽修教授提出来的。从历史的发展

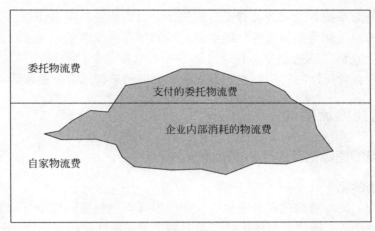

图 1-2　物流冰山示意图

来看，人类社会经济的发展中曾经出现过两个比较重要的提供大量利润的领域：物质资源与人力资源领域、销售领域。

在物质资源与人力资源领域，企业通过降低制造成本来谋求利润的提高。这两者习惯性地被人们称为"第一利润源"。

使用先进的营销技术来提高企业的销售额，从而为企业带来丰厚的利润，成为企业经营的"第二利润源"。

随着科学技术、营销手段的不断进步以及市场机制的日臻完善，第一利润源和第二利润源已经日趋枯竭，这时，人们把目光从生产领域转向流通领域。从物流活动中挖掘利润，使其成为继降低制造成本和提高销售额之后企业创造利润的第三条途径，因此把物流称为"第三利润源"。

把物流作为"第三利润源"，实际上就是通过物流合理化来降低物流成本，进而为企业创造更多的利润。

4. "效益背反"学说

"效益背反"指的是物流系统的各功能要素之间存在交替损益的矛盾，即某一个功能要素发生优化的同时，必然会使另一个或另几个功能要素的利益遭受损失。这种此消彼长、此盈彼亏的效益背反现象在许多领域都存在着，但在物流领域中，更为常见和普遍。

物流系统的"效益背反"包括物流成本与服务水平的交替损益及物流各功能要素之间的效益背反。以物流成本与服务水平为例，高水平的物流服务在带来企业业务量和收入增加的同时，也带来了企业物流成本的增加，即高水平的物流服务必然伴随着高水平的物流成本；反之亦然。这是一对相互矛盾的对立关系。物流合理化，不但需要反映企业物流系统的合理化，还要反映企业整体目标的合理化。

再如运输成本和仓储成本之间也具有效益背反性，仓储的设立往往会增加仓库建设费、仓储保管费等仓储成本，但通过仓储可以将不同的产品汇集起来进行统一运输，从而极大地提高了运输效率，降低了运输成本。把物流看成由多个效益背反的功能要素构成的系统，避免为了片面达到某单一目的，而损害企业整体利益。

在认识到物流系统存在"效益背反"的规律之后，物流科学也就迈出了认识各物流功能要素、寻求解决和克服物流各功能要素之间的效益背反现象这一步。人们把物流系统细分为运输、仓储、流通加工、包装、装卸搬运、配送、信息处理等几大功能要素，通过协调具有效益背反性的功能要素的投入量，可以追求物流系统整体效益的最优化。

1.2 跨境电商物流概述

1.2.1 物流的国际化及国际物流的含义

1. 物流的国际化

由于国际分工的日益细化和专业化，任何国家都不能包揽一切专业分工，因而必须有国际的合作与交流。随之而来的国际商品、物资的流动便形成了国际物流。

物流的国际化至少表现为两个方面的内容：一方面，生产经营的国际化产生了国际物流需求，要求国际化的物流；另一方面，物流领域本身的国际化。随着经济全球化的发展，越来越多的跨国物流企业开展综合物流业务，从而实现国内物流和国际物流的一体化，或者进口物流和出口物流的一体化。

经济全球化的最大特点就是越来越多的生产经营活动和资源配置过程开始在整个世界范围内进行，这就构成了物流国际化的重要基础。全球化的商品生产和流动带来了越来越大的国际物流需求；全球化的信息网络和金融资本市场为国际物流提供了良好的基础，把当代国际物流带入了一个高效率、便利化的新时代。

2. 国际物流的含义

广义的国际物流的研究范围包括国际贸易物流、非贸易国际物流、国际物流合作、国际物流投资、国际物流交流等领域。其中，国际贸易物流主要是指组织货物在国际的合理流动；非贸易国际物流典型的有国际展览与展品物流、国际邮政物流等；国际物流合作是指不同国别的企业共同完成重大的国际经济技术项目的国际物流；国际物流投资是指不同国别的物流企业共同投资组建国际物流企业；国际物流交流则主要是指在物流科学、技术、教育、培训和管理方面的国际交流。

本书所提及的国际物流是指狭义的国际物流。其定义为：国际物流是指原材料、在制品、半成品和制成品在两个或者两个以上国家（地区）间的流动和转移，是国内物流的延伸和进一步扩展，是跨国界的、流通范围扩大了的物的流通。

国际物流实质上是按国际分工协作的原则，依照国际惯例，利用国际化的物流网络、物流设施和物流技术，实现货物在国家（地区）间的流动和交换，以促进区域经济的发展和世界资源的优化配置，国际物流的总目标是为国际贸易和跨国经营服务，即选择最佳的方式和路径，以最低的费用和最小的风险，保质、保量、适时地将货物从某国（地区）的供给方运到另一国（地区）的需求方。

1.2.2 跨境电商物流的概念

电子商务作为近些年新型的互联网商务模式，具有便利性、准确性、高效性等优点，成为国际贸易新模式。跨境电商作为推动经济一体化、贸易全球化的技术基础，具有非常重要的战略意义。近年来，随着经济全球化、信息化深入发展，以电子商务与物流、金融融合发展为显著特点的新型全球贸易方式——跨境电商正高速发展。我国近年来也推出一批跨境电商试点城市（如郑州、上海、广州、杭州等），促进跨境电商健康快速发展。一些电商平台和出口企业通过建设海外仓，布局境外物流体系。

扩展阅读 1.1　关境与国境的三种关系

跨境电商，是电子商务应用过程中一种较为高级的形式，是指分属不同关境的交易主体，通过电子商务平台达成交易、进行电子支付结算，并通过跨境电商物流及异地仓储送达商品，从而完成交易的一种国际商业活动。跨境电商实际上就是把传统国际贸易加以网络化、电子化的新型贸易形式。

跨境电商的概念涉及几个关键词：关境、电子商务平台、跨境电商物流、国际商业活动。关境是"海关境界"的简称，亦称"关税国境"，是执行统一海关法令的领土范围。在通常情况下，关境与国境是一致的，而有些国家和地区的关境同国境并不完全一致。如一国境内自由港或自由区，即不属于该国关境范围之内，在此情况下，关境小于国境。在缔结关税同盟的国家，它们的领土成为统一的关境，在此情况下，关境则大于国境。关境与国境的三种关系如图 1-3 所示。

图 1-3　关境与国境的三种关系

跨境电商中买卖双方分别处于不同关境内，通过电子商务平台达成交易后，支付过程中牵涉结汇问题，交货过程中牵涉跨境物流及海关（customs）通关等环节，整个交易才能圆满完成。所以，跨境电商与境内电商的主要差别在物流和结汇两个方面，而影响交易时间和客户满意度的则主要是物流过程。

为适应碎片化订单的高速增长，中国海关进行了监管创新。海关针对跨境电商 B2C（指电子商务中企业对消费者的交易方式）业务推出的"三单对碰"模式，为海关通关监管提供了依据，提高了通关效率，成为各国（地区）海关针对跨境电商 B2C 业务的监管模板。跨境电商物流随着各国（地区）监管制度的完善和创新，在通关日益便利化的同时正引领跨境电商更加本土化、规范化、合规化发展。国际物流业正迎来一个新的发展阶段——跨境电商物流。

跨境电商物流是伴随着跨境电商的发展而产生的。随着跨境电商的发展，跨境电商物流迅速成长。跨境电商物流是一种相对于传统国际物流而区分出来的物流方式，跨境电商物流包括由跨境 B2C/C2C（指电子商务中消费者对消费者的交易方式）交易所产生的物流，它是整个跨境零售交易链的实物交付过程，其显著特征是实物的包裹化和服务触及 C（客户）端，与境内物流不同的是，存在通关、法规及地理等固有屏障；另外，跨境电商物流也是国际贸易框架下的物流分支，与传统国际物流共享很多环节，如在资源和运营等方面相通，比如跨国公司通过阿里巴巴国际站［B2B（指电子商务中企业对企业的交易方式）]大批量地订货等，都是传统的国际物流方式，一般都是针对大B（企业）客户。

需方，国际贸易格局正被互联网重塑，消费者成为供应链的主导者，末端配送成为争夺要地。全球贸易放缓，欧美市场原先的大额贸易采购开始变成多频小额采购，交易方式也转向线上跨境电商。目前，我们正在积极发展三大外贸新业态，即跨境电商、市场采购贸易、外贸综合服务。整个贸易形态的大变化，对国际物流形态的演变影响深刻。跨境电商对物流的新需求、高体验、低价格，改变了传统国际物流的服务水平。

供方，即现代物流服务业，正从工业化时代走向数字化时代，其运营既有刀耕火种式的"手拎肩扛"，也有一座座自动化智能工厂互联的超级网络。"包裹经济"中的信息流和资金流都可以在网上完成，唯独物流需要在线下运作，跨境物流涉及的主体、流程和中间环节较多，基础物流仍是长链条的中流砥柱。大量境内卖家涌入跨境电商，有些卖家对不同国家（地区）的海关政策和产品准入条件缺经验，存在外贸专业度水准参差不齐的问题。跨境物流服务正处于提质增效阶段，国际运输及仓储方案已从初期的粗放发展阶段进入集约发展阶段。

1.3　我国跨境电商物流行业发展阶段与面临的问题

1.3.1　我国跨境电商物流行业发展阶段

我国的跨境电商物流产业从萌芽到不断发展壮大历经了10年左右。每一次的物流模式以及产品渠道都伴随着平台政策、税务、关务以及商流的变化而不断进化演变。从大的行业周期角度来划分，发展阶段可以分为以下三个。

1. 第一阶段（2008—2015年）：以邮政小包为主导的直发物流时代

从2008年eBay（亿贝）电商平台兴起，到2010年阿里巴巴全球速卖通（AliExpress）的迅猛发展，从中国直接发货到境外终端买家手中的直发类物流小包需求不断攀升，中国邮政小包是跨境直发类物流的主力军。后续大量的外国邮政通过代理模式也陆续进入中国揽收货物。比如新加坡邮政、荷兰邮政、瑞典邮政、比利时邮政等数十家外国邮政都先后进入了中国市场。

随着跨境电商卖家对于物流时效和物流体验的要求不断提升，原有的万国邮政联盟（Universal Postal Union，UPU）体系内的国际邮政小包平邮和挂号类产品时效已不能完全满足客户的需求。中国邮政从2011年开始陆续推出了基于两国邮政之间双边协议的e邮宝类商业专线产品，并获得了不错的市场口碑，在一定时期内中美跨境直发物流市场的50%以上的份额被中国邮政所占据。

2. 第二阶段（2015—2020年）：直发专线与海外仓的双轮驱动时代

从2015年开始，随着Wish（易物趣）、Joom、Lazada（来赞达）、Shopee（虾皮）、Vova等越来越多的以直发物流和铺货模式为主的国外跨境电商平台进入中国市场招商，小包跨境直发物流模式需求迅猛增长。在此阶段孕育和壮大了以云途物流、递一物流等为典型代表案例的跨境小包专线头部企业。集商业快递和邮政资源整合而成的专线小包类产品，让跨境电商直发类物流渠道的产品形态日益完善。

也正是从 2015 年开始，亚马逊的全球开店项目在中国的招商力度不断加大，吸引了越来越多的跨境电商卖家开始做亚马逊。亚马逊的 FBA（亚马逊物流）物流模式需要卖家自行将货物先备货至境外指定的亚马逊官方 FBA 仓库，由此催生了一大批从事 FBA 头程运输（从境内卖家仓库把货物发往境外 FBA 仓库）的跨境电商物流企业。这其中的典型代表比如佳成国际、九方通逊、大森林物流等。据晓生研究院不完全统计，截至 2021 年 10 月，以 FBA 物流为主营业务的跨境电商物流企业占据整个中国跨境电商物流企业数量的 50% 以上。

随着跨境电商整个链条服务体系的不断完善，跨境电商卖家的销售品类逐步往高货值、大件的方向发展。越来越多的卖家对热销品类采用海外仓发货模式，大大提高了跨境电商境外买家的购物体验，跨境电商的发展逐步呈现出了本土化运营的趋势。海外仓企业的头部典型代表案例比如谷仓海外仓、万邑通、出口易等。

扩展阅读 1.2　菜鸟、顺丰、京东全球化布局追逐战

3. 第三阶段（2020 年至今）：全球化跨境网络与供应链协同时代

鉴于跨境电商的服务和交付都在境外完成，全球化的跨境物流履约服务网络体系的搭建至关重要。比如阿里巴巴旗下菜鸟网络所倡导的 eWTP（世界电子贸易平台）全球物流骨干网络，以及菜鸟收购递四方，以递四方为抓手，积极完善全球境外仓储网络及直发物流体系。再比如纵腾集团通过并购云途物流，形成了谷仓海外仓与云途直发专线相互协同的跨境物流服务网络体系。这也是该行业内仅有的两家能够实现海外仓与直发业务并重且规模领先的企业。

跨境电商物流企业在未来的发展过程中，全球化的服务能力和本土化的运营能力的结合是重点。跨境电商物流从直发小包到海外仓，再到仓配一体化，最终形成跨境供应链综合解决方案，是一个点、线、面、体的进化过程。全球化的服务能力的延展以及供应链体系稳定性的提升，都是未来跨境电商物流企业必须面对的课题。

1.3.2　我国跨境电商物流发展面临的问题

我国跨境电商物流的快速发展有效地推动了国内产品出口多样化，帮助更多小微企业加入跨境电商服务行列中，反过来也增加了跨境电商物流业务量。但是，我国跨境电商物流也存在以下问题。

1. 物流链条长、作业复杂

由于跨境电商物流由物流服务商提供全程物流服务，商品经历卖家、发件国集货、发件国海关、跨境运输、目的国海关、目的国分拣配送、买家七个物流环节。跨境电商物流的整个链条比普通物流的链条长、环节多，且涉及电商、海关、国检、商检、税务、外汇等众多主体，各项信息需互联互通，其物流运作自然更为复杂，难度更大。各国和地区海关的通关政策不统一，每个国家和地区都有各自的政治、法律、宗教、通信等环境，与国内统一稳定的市场环境区别很大。

2. 跨境电商物流货损高

在跨境电商物流系统中，揽件以后货物往往需要经过四五次甚至更多次的转运才能最终送达客户。由于中转环节多，非常容易出现包裹破损的情况。在运输途中，快递公司的暴力分拣导致包裹内容物破损，这是消费者投诉的主要内容之一。由于监管不到位，第三方物流配送员在素质上的差异也容易造成问题，许多快递人员为追求效率，对邮递包裹进行暴力分拣，容易造成包裹内商品损坏，而导致消费者请求退换货的主要原因便是商品出现破损。

3. 自动化、信息化程度不高

跨境电商物流涉及海量订单及海量 SKU（物理上不可分割的最小存货单位），订单商品分散，并且要快速完成订单拣选、配送以及退换货处理，因此，对物流系统自动化程度的要求较高。而目前多数跨境电商企业发展时间短，自身积累不足，物流信息系统不够先进，自动化物流设备及技术引入较少，因此订单处理滞后、效率低且错误率高、库存管理混乱，甚至丢件等现象已成为困扰跨境电商发展的主要问题。

4. 物流信息难以实现全程追踪

在中国境内，得益于国内电商物流业近年来的高速发展，已经基本实现包裹的实时追踪查询。然而，跨境电商物流包括境内段和境外段，很多包裹出境后，由于每个国家信息化水平不同，很难对其进行继续追踪。在物流发达且语言较为方便的英国、美国、澳大利亚等国家情况会稍微好些，在拿到单号后可以去相关的外文网站查询；在一些小语种国家以及俄罗斯、巴西等物流业不发达的国家，就算拿到单号，打开各种俄语、西班牙语、葡萄牙语网站，也未必能查到包裹的投递信息。由于国内物流服务商无法与其他国家物流服务商构建起物流信息共享网络，所以对出境的货物难以进行全程追踪服务。要解决包裹的跨境全程追踪，一方面境外段物流本身必须处于高度信息化水平，另一方面需要将境内段配送方和境外段配送方的信息系统对接起来，以实现一站式全程追踪。这是一项长期的大工程。

跨境电商物流各环节的信息系统没有彻底打通，造成不同物流环节之间的物流数据不可追溯，运输过程不透明，出现丢货影响买家购物体验。

5. 跨境电商物流服务水平参差不齐

目前大型电商平台和第三方物流企业服务比较专业、运作比较规范，但中小物流企业的服务还存在诸多问题。例如，部分物流企业缺乏服务与诚信意识。有的物流企业承诺使用快捷、价格高昂的空运方式，收取空运的费用，实际却使用成本低廉但耗时长的海运方式，以获取更大的价差；有的物流企业在假日无人服务，客户服务电话或投诉电话形同虚设，对物流进程无法实时掌控；还有的物流企业存在员工调包货物、货损拒不赔偿等问题。

6. 退换货等逆向物流问题严重

在跨境物流过程中，多种原因会导致货损率高，使消费者产生退换货需求。此外，欧美等一些发达国家和地区存在着"无理由退货"的消费习惯与文化，使得退换货的现象更加普遍。跨境电商退换货问题是难题。由于跨境电商的逆向物流涉及两个或两个以上的国家和地区，商品的退换就必然牵涉过程烦琐造成的时间漫长问题及商品退税问题。在我国，就商品的退换所引发的退税问题，海关还没有统一的政策和解决方案，只能依据各个口岸海关自己出具的一些暂行政策来解决。绝大多数境外消费者因高退换成本及麻烦程度，最终放弃了退换货的念头，从而产生了不好的购买体验。

1.3.3 "一带一路"背景下的跨境电商物流

"一带一路"（the Belt and Road，B&R）是"丝绸之路经济带"和"21世纪海上丝绸之路"的简称，2013年9月和10月，国家主席习近平分别提出建设"新丝绸之路经济带"和"21世纪海上丝绸之路"的合作倡议。依靠中国与有关国家既有的双多边机制，借助既有的、行之有效的区域合作平台，"一带一路"旨在借用古代丝绸之路的历史符号，高举和平发展的旗帜，积极发展与沿线国家的经济合作伙伴关系，共同打造政治互信、经济融合、文化包容的利益共同体、命运共同体和责任共同体。

自2015年以来，我国对于"一带一路"倡议的重要性认知不断加深，"一带一路"相关产业发展以及战略实行工作也随之有序进行。2015年3月，在亚洲博鳌论坛上，国家主席习近平就"一带一路"倡议进行了演讲。其中，"一带一路"倡议的愿景以及相关文件得以制定；同年，国家发改委以及外交部、商务部就"一带一路"倡议的相关文件内容制定了《推动共建丝绸之路经济带和21世纪海上丝绸之路的愿景与行动》。

"一带一路"倡议是国家实施新一轮扩大开放、营造有利周边环境的重大举措。截至目前，我国与"一带一路"相关国家及地区的经济贸易活动频率依旧在不断加大，与"一带一路"相关的国家及地区受这一政策的扶持，自身双边贸易额度不断增长的同时，出口额度也在逐年提升。随着经济全球化发展趋势不断明确，经济发展的区域范围不断扩大，可以说，"一带一路"倡议作为双赢的发展倡议之一，使我国对外贸易频率不断提升，与对外贸易相关的行业类型，诸如跨境电商以及跨境电商物流行业获得了更为广阔的发展空间，尤其是"一带一路"倡议的主要辐射国家及地区，跨境电商的发展较为明显，也面临着前所未有的发展机遇。

就此看来，"一带一路"背景下的跨境电商物流体系建设具有较为重要的实际意义，对我国对外经贸相关倡议的实施存在着较高的协同价值。"一带一路"叠加跨境电商发展，跨境电商物流的发展空间更为广阔，表现在以下几个方面。

1. 交通运输基础设施日益完善，综合运输支撑跨境物流运行[①]

重视港口建设，航线覆盖全球。中国港口与世界200多个国家和地区、600多个港口建立航线联系。

中国与沿线36个国家及东盟、欧盟分别签订了双边海运协定（河运协定），覆盖47个国家。参与希腊比雷埃夫斯港、斯里兰卡汉班托塔港、巴基斯坦瓜达尔港等34个国家、42个港口的建设经营。

海运服务覆盖沿线所有沿海国家。国家交通运输物流公共信息平台实现与全球31个港口的信息互联共享，海运互联互通指数世界第一。签署航空协定，增加航班航线。

---

① 财经豹社. 一带一路倡议叠加跨境电商发展，跨境物流空间广阔 [EB/OL]. (2020-09-27). https://rmh.pdnews.cn/Pc/ArtInfoApi/article?id=16101454.

中国已与沿线62个国家签订了双边政府间航空运输协定，增加国际航线403条；与沿线43个国家实现直航，每周约4 500个直航航班。

跨境铁路完工，中欧班列（CHINA RAIL WAY Express，CR Express）便利交通。铁路建设推进，铁路方面，建成了蒙内铁路、亚吉铁路等境外铁路，推动实现了中老、中泰等跨境铁路开工建设。启动了中尼铁路前期工作，并建立双方政府部门间沟通协作机制。新建公路设施，开通客货运输线。公路方面，中巴经济走廊"两大"公路、中俄黑河公路桥等重大基础设施项目已开工建设。

中国与乌兹别克斯坦、土耳其等国签署了6个运输便利化协定，相关协定总数达到18个。国际道路客货运输线路开通356条，跨境道路运输便利化水平不断提高。

2. 跨境电商深度发展，刺激跨境物流需求大幅提升

电子商务和快递物流的协同发展，在"一带一路"倡议的大背景下显得更为重要。"一带一路"建设对跨境电商的关、检、税、汇等监管政策，仓储、物流及支付等配套服务都给予了许多便利，并选取了部分城市作为跨境电商试验区，为跨境电商的发展和突破打下基础。

艾媒咨询的数据显示，2022年我国跨境电商市场规模达15.7万亿元，巨大的市场增量将持续带动跨境物流业务的发展。跨境电商物流占跨境电商交易成本的比例为20%～30%，若按照2022年中国跨境电商15.7万亿元规模来测算，则跨境电商物流市场体量在3.14万亿～4.71万亿元之间，空间广阔。

---- 即测即练 ----

第 2 章

跨境电商物流系统

【本章学习目标】
1. 了解跨境电商物流系统构成的功能要素有哪些;
2. 掌握跨境电商物流系统的运作流程和核心节点;
3. 熟悉跨境电商物流网络的建设。

 案例导入

全国首个跨境电商海外仓运营与管理服务标准实施

"单未下,货先行"。随着跨境电商的蓬勃发展,海外仓因为具备清关快、配送快、周转快、服务快、成本低等比较优势,成为跨境电商的"出海利器"和企业拓展国际市场的新型外贸基础设施。与此同时,我国海外仓建设也存在主体多元分散、发展水平参差不齐以及本地化经营服务水平不高等短板和痛点,不同企业海外仓缺乏经营管理和服务规范等方面的标准规范,与客户、服务商和平台的兼容性差,运营效率普遍偏低,标准化、规范化程度亟待提升。

2022年4月,由中国服务贸易协会、浙江省电子商务促进中心、广州市商务局、宁波市商务局、宁波跨境电商综试区及海外仓相关企业等共同起草编制的《跨境电子商务海外仓运营与服务管理规范》团体标准(以下简称《标准》)公布实施。

据悉,这是我国第一个针对跨境电商海外仓运营与服务管理的标准,充分吸收了跨境电商海外仓企业、跨境电商物流服务商、跨境电商平台企业等业内有代表性的企业好的做法和意见建议。其中,《标准》首次规定了跨境电商海外仓企业的运营与服务管理范围、服务管理要求及服务管理规范等内容,对海外仓的关键概念、海外仓关键作业流程及规范等进行了厘定与明确,为企业海外仓建设提供了统一规范,有助于为企业海外仓建设和运营管理提供指导,提升海外仓经营与管理的标准化、规范化水平。

中国服务贸易协会常务副秘书长田国锋表示,《标准》发布后,协会还将组织相关机构、企业成立"《标准》应用联盟",推进《标准》的应用与评价,不断提升海外仓行业发展水平。

浙江省电子商务促进中心主任陈巧艳认为,海外仓是跨境电商供应链、产业链、价值链提升优化和核心竞争力培育的重要内容,标准化建设对于推动我国海外仓由"点"到"线"延伸服务功能、由"线"到"面"网络化、平台化发展具有重要意义。

作为外贸大省,浙江早在2015年就率先在全国开展公共海外仓培育工作。海外仓布点越来越密,浙江又将目光瞄准信息化建设、智能化发展方面。2021年8月,在商务部指导下,由浙江省商务厅建设的海外智慧物流平台(海外仓服务在线)上线运营,

吸引了全国数百个海外仓入驻，为外贸企业、跨境电商企业和海外仓企业搭建了一条高效、便捷、智能的"数字桥梁"。

推动海外仓高质量发展，浙江再度先行。2021年5月，浙江率先在全国省级层面出台《推进海外仓高质量发展行动计划》，提出到"十四五"末，力争在全球设立海外仓总数超千个，努力打造促进外贸高质量发展的重要平台。浙江省商务厅出台《浙江省对外贸易主体培育行动计划（2022—2025）》，其中，明确提出培育一批在信息化建设、智能化发展、多元化服务、本地化经营方面特色鲜明的代表性海外仓。

高质量发展海外仓、培育代表性海外仓，及时总结海外仓在运营与服务方面好的做法，从而面向行业进行复制推广，引导行业健康发展，促进外贸稳健有力，浙江将不断探索，引领出新，力求在海外仓标准化建设、高效率运营、本土化发展等方面，贡献更多"浙江经验""浙江样本"。

资料来源：全国首个跨境电商海外仓运营与管理服务标准实施［EB/OL］．（2022-05-31）．https://m.huanqiu.com/article/48EVgo5XN9o．

2.1 跨境电商物流系统的构成与运作模式

2.1.1 跨境电商物流系统构成的一般要素

物流系统是指在一定时间和空间，由所需位移与服务的物、提供服务的设备（包括包装设备、装卸搬运机械、运输工具、仓储设施）、组织服务的人和信息等若干相互制约的动态要素所构成的具有特定功能的有机整体。物流系统是由运输、仓储、包装、装卸搬运、配送、流通加工、信息处理等子系统组成的复杂大系统。系统输入的是运输、仓储、装卸搬运、包装、信息处理、流通加工等环节所消耗的人力、设备、材料等资源，经过处理转化，变成系统的输出即物流服务。

当前，跨境电商企业大多使用跨境电商ERP（企业资源计划）系统来对企业运营业务进行管理。跨境电商ERP系统把传统ERP系统中的采购、生产、销售、库存管理等物流及资金流模块与电子商务中的网上采购、网上销售、资金支付等模块整合在一起，以电子技术为手段，以商务为核心，打破国家与地区有形与无形的壁垒，让企业从传统的注重内部资源管理利用转向注重外部资源管理利用，从企业内的业务集成转向企业间的业务协同。

跨境电商物流系统构成的一般要素分为物质基础要素和物流系统的支撑要素。

1. 物质基础要素

跨境电商物流系统的建立和运行，需要大量的技术装备手段，这些手段的有机联系对跨境电商物流系统的运行具有决定意义。具体而言，物质基础要素主要有以下几个。

1）物流设施

物流设施是指从事物流活动所需的物质空间的集聚体，包括物流场站、物流中仓库、运输线路、公路、铁路、口岸（如机场、港口、车站、通道）等。物流设施具有空间固定性。

2）物流装备

物流装备是从事物流活动的各种机器设备与技术的总称，包括仓库货架、进出库设备、配送车辆、装卸机械、冷藏设备、流通加工设备、包装设备等。物流装备不具有空间固定性。

3）物流工具

物流工具是物流系统运行的物质条件，包括包装工具、维护保养工具、办公设备等。

4）信息技术及网络

信息技术及网络是采集和传递、处理物流信息的信息技术、设备、系统的总称，包括信息技术、通信设备和线路、计算机及网络、信息管理系统等，是物流信息系统的基础要素。

2. 物流系统的支撑要素

跨境电商物流系统的运行需要许多支撑要素，尤其是处于复杂的社会经济系统中，要确立跨境电商物流系统的地位，要协调与其他系统的关系，这些要素就更加必不可少。

1）体制和制度

物流系统的体制和制度决定物流系统的结构、组织、领导、管理方式，体制和制度是物流系统的重要保障，有了这个支撑条件，物流系统才能确立其在宏观经济和微观经济中的地位。

2）法律和规章

物流系统的运行不可避免地会涉及企业或人的权益问题。法律和规章一方面限制和规范物流系统的活动，使之与更大的系统协调；另一方面对物流系统给予保障。合同的执行、权益的划分、责任的确定都需要靠法律、规章维系。

3）规范和标准

物流环节的协调运行需要统一、规范的技术标准、作业标准、支撑体系，这些规范与标准是物流系统与其他系统在技术上进行区别的重要特征。

2.1.2　跨境电商物流系统构成的功能要素

跨境电商物流的过程包括运输、仓储、通关、包装、装卸搬运、流通加工、配送、物流信息等环节，如图2-1所示。它们相互联系，构成了跨境电商物流系统的功能要素：跨境电商物流系统的起点——包装；跨境电商物流系统的动脉——运输；跨境电商物流系统的中心——仓储；跨境电商物流系统的接点——装卸搬运；跨境电商物流系统的后勤保障——配送；跨境电商物流系统的中枢神经——物流信息；跨境电商物流与传统电商物流的主要区别点——通关；跨境电商物流的辅助功能——流通加工。

2.1.3　跨境电商物流系统的运作模式

跨境电商物流系统的一般运作模式包括系统的输入部分、系统的输出部分及系统输入与输出的转换部分（图2-2）。在系统运行过程中或一个系统循环周期结束时，有外界信息反馈回来，为原系统的完善提供改进信息，以使下一次的系统运行有所改进。如此循环往复，使系统逐渐达到有序的良性循环。

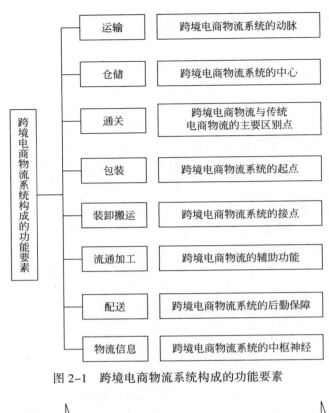

图 2-1 跨境电商物流系统构成的功能要素

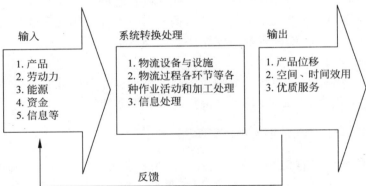

图 2-2 跨境电商物流系统的运作模式

2.1.4 跨境电商物流系统的运作流程和核心节点

跨境电商物流系统通过其所联系的各子系统发挥各自的功能，包括运输功能、仓储功能、装卸搬运功能、包装功能、流通加工功能、商品检验功能以及信息处理功能等。它们相互协作，以实现跨境电商物流系统所要求达到的低物流费用和高客户服务水平，从而最终达成跨境电商物流系统整体效益最大的目标。

跨境电商物流系统是以实现跨境电商交易总体目标为核心的。买家下单后的订单履行过程，就是跨境电商物流系统的实施过程。跨境电商物流系统的整体运作流程可以用图 2-3 来简单表示。

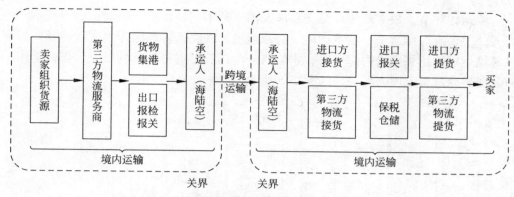

图 2-3　跨境电商物流系统的整体运作流程

跨境电商物流系统在信息流系统的支撑下，借助运输和仓储等作业的参与，在进出口中间商、国际货代及承运人的通力协助下，借助国际物流设施，完成一个遍布境内外、纵横交错、四通八达的物流运输网络。下面详细介绍跨境电商物流系统的运作流程。

1. 跨境电商物流系统的运作流程

跨境电商物流实现了商品从卖家流向买家，借助各种运输方式，实现了商品的跨境空间位移。不同的跨境电商模式又产生了不同的跨境电商物流系统的运作流程。从整体上看，跨境电商物流系统的运作流程表现为当卖家接到订单后，安排相应的物流服务商，进行卖家所在地境内物流与通关、跨境运输、买家所在地通关与境内物流等活动，直到商品配送到买家手中。因此，跨境电商物流系统运作流程可细分为卖家境内物流运作流程、跨境运输运作流程和买家境内物流运作流程，各物流环节都具有各自的运作流程与核心节点。

1）卖家境内物流运作流程

根据跨境商品流动方向，首先涉及卖家境内物流环节，主要从卖家到物流服务商再到海关，如图 2-4 所示。其中，关键节点表现为卖家的仓储环节，商品从卖家到物流服务商的物流运输环节，物流服务商所属的仓储与分拣环节，商品从物流服务商到海关分拣中心的物流运输环节，商品在海关的报关与报检环节，以及商品在海关分拣中心的分拣环节等。跨境电商物流与境内电商物流最大的区别在于跨境，成交商品需要通过海关进出境，商品进出境的方式决定了跨境物流的运作方式和复杂程度。

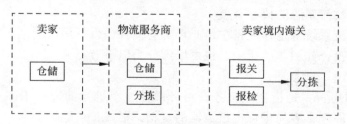

图 2-4　卖家境内物流运作流程

2）跨境运输运作流程

商品完成卖家境内物流运作流程后，会通过海路、陆路或机场口岸出境，然后进入跨境运输运作环节。根据跨境商品交易涉及国家的不同，跨境运输运作会涉及不同的运输方式，主要有海洋运输、航空运输、公路运输、铁路运输和国际多式联运等。当商品通过跨境运输抵达买家境内海关时，物流服务商还需要进行商品的报关与报检工作，以便商品能够通过买家境内海关，如图2-5所示。

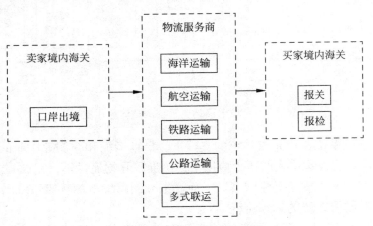

图2-5　跨境运输运作流程

3）买家境内物流运作流程

商品通过买家境内海关后，会在海关分拣中心先进行分拣，再运输到买家境内物流服务商的仓储中心，然后根据购买商品的消费者具体所在地进行分拣、配送等。与境内电商物流运作流程相似，跨境电商物流也有配送环节，将商品运送到买家手中，从而完成跨境电商物流所有的运作流程，如图2-6所示。

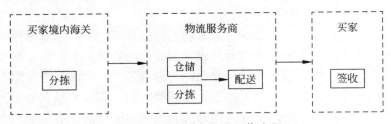

图2-6　买家境内物流运作流程

2. 跨境电商物流系统的核心节点

跨境电商物流系统的运作流程中核心环节有揽件→发件国（地区）运输→到达目的国（地区）→妥投，如图2-7所示，也可以细分为以下节点。

1）前端揽收

前端揽收即集货，是指物流服务商将分散的、小批量的货物集中在一起，经过集货中心处理，将原来不容易进行批量运输的货物，形成批量运输的起点，从而实现大批量、高效率、低成本、高速度的快递运作。因此，集货是运输和配送的基础工作。

2）跨境运输

跨境运输即干线运输，是指用一种或多种运输工具，把货物从一个国家（地区）的

图 2-7　递一物流（CNE）公司跨境包裹跟踪信息

某一地点运到另一个国家（地区）的某一地点的运输。跨境运输的方式很多，包括跨境陆路（公路、铁路）运输、跨境海洋运输、跨境航空运输和多式联运等。多式联运是在集装箱（container）运输的基础上产生和发展起来的一种综合性的连贯运输方式，一般以集装箱为媒介，把海、陆、空各种传统的单一运输方式有机地结合起来，组成几种连贯的运输。

3）通关

通关即结关、清关，是指进出口货物和转运货物，进出入一国海关关境或国境必须办理的海关规定手续。只有在办理海关申报、查验、征税、放行等手续后，货物才能放行，放行完毕称为通关。同样，载运进出口货物的各种运输工具进出境或转运，也均需向海关申报，办理海关手续，得到海关的许可后才能放行。货物在结关期间，不论是进口、出口或转运，都处在海关监管之下，不准自由流通。

4）仓储

狭义的仓储可以描述为静态仓储，是指在仓库等相关场所实现对物品的储存与保管，可形象地比喻为储存水的水池。广义的仓储除了具备最基本的物品保管和储存功能外，还包括物品在仓库期间的拣选、配货、装卸搬运、分类等作业，是一种过程性的动态存储，可形象地比喻为流动的江河。

跨境物流仓储不仅具有多品种小批量、多批次小批量的特点，还有附加标签、重新包装等流通加工的功能。高质量、高效率的仓储对保障跨境电商物流的质量和效率起着至关重要的作用。

5）配送

物流企业通过运输解决商品在生产地点和需求地点之间的空间距离问题，从而创造商品的空间效益，实现其使用价值，以满足社会需要。配送是由运输派生出来的功能，随着配送的发展，它包括物流的所有职能，成为物流的一个缩影，体现了物流、资金流和信息流的集成。末端配送就是俗称的"最后一公里"配送问题，在跨境电商物流体系中属于最后一个环节，是直接接触到消费者的环节。由于末端配送的服务范围较广、需求具有较大的随机性、价值的附加值较小等，因此，末端配送是跨境电商物流体系中最难控制的环节，也是最容易引起消费者不满的环节。

2.2 跨境电商物流结点及连线

2.2.1 跨境电商物流结点

整个跨境电商物流过程是由多次的运动—停顿—运动—停顿所组成的。与这种运动相对应的国际物流网络是由执行运动使命的线路和执行停顿使命的结点这两种基本元素组成的。线路与结点相互关联，组成了不同的跨境电商物流网络。跨境电商物流网络水平的高低、功能的强弱则取决于网络中这两个基本元素的配置。由此可见，跨境电商物流结点对优化整个跨境电商物流网络起着重要作用。它不仅执行着一般的物流职能，而且越来越多地执行着指挥调度、信息处理等神经中枢的职能，因而日益受到人们的重视。所以人们把跨境电商物流结点称为整个物流网络的灵魂。

物流结点是物流网络中连接物流线路的结节之处，所以又被称为物流结节点。在物流过程中，如包装、装卸、保管、分拣、配货、流通加工等，都是在物流结点上完成的。所以说，物流结点在物流系统中居于非常重要的地位。

跨境电商物流结点是指那些从事与跨境电商物流相关活动的物流结点，如制造厂仓库、中间商仓库、口岸仓库、境内外中转点仓库以及流通加工配送中心和保税区仓库、物流中心、物流园区等，跨境贸易的商品通过这些仓库和中心收入与发出，并在中间存放保管，实现跨境电商物流系统的时间效益，克服生产时间和消费时间上的分离，促进跨境贸易系统顺利运行。

跨境电商物流结点一般采取以下手段来衔接物流：①通过转换运输方式，衔接不同运输手段；②通过流通加工，衔接干线物流及配送物流；③通过储存，衔接不同时间的供应物流与需求物流。

2.2.2 跨境电商物流连线

物流连线是指连接境内外众多收发货结点的运输线，如各种海运航线、铁路线、飞机航线以及海、陆、空联合运航线。这些网络连线是库存货物的移动（运输）轨迹的物化形式；每一对结点间有许多连线，表示不同的运输路线、不同产品的各种运输服务；

各结点表示存货流动的暂时停滞，其目的是更有效地移动（收或发）。国际物流连线实质上也是国际物流流动的路径。它主要包括：国际远洋航线及海上通道，国际航空线，国际铁路运输线与大陆桥等。

国际物流连线的作用是使货物产生空间位移，实现货物的空间效益。

1. 国际远洋航线及海上通道

航路是世界各地水域在港湾、潮流、风向、水深及地球球面距离等自然条件的限制下，可供船舶航行的一定径路。航线是承运人在许多不同的航路中根据主客观条件为达到最大的经济效益所选定的营运航路。航线形成的决定因素包括安全、货运、港口、技术、政治和经济政策等。

航线从不同角度可以分为：定期航线和不定期航线；远洋航线、近洋航线和沿海航线。世界主要大洋航线有太平洋航线组、大西洋航线组、印度洋航线组。

世界集装箱海运干线有：

远东—北美航线；

北美—欧洲、地中海航线；

欧洲、地中海—远东航线；

远东—澳大利亚航线；

澳大利亚、新西兰—北美航线；

欧洲、地中海—西非、南非航线。

2. 国际航空线

世界上最繁忙的航空线有西欧—北美间的北大西洋航空线、西欧—中东—远东航空线、远东—北美间的北太平洋航空线，此外，还有北美—南美、西欧—南美、西欧—非洲、西欧—东南亚—澳新、远东—澳新、北美—澳新等重要国际航空线。

3. 国际铁路运输线与大陆桥

1）国际铁路运输线

国际货物运输的主要铁路干线有：西伯利亚大铁路；加拿大连接东西两大洋的铁路；美国连接东西两大洋的铁路；中东—欧洲铁路。

2）大陆桥

大陆桥是指把海与海连接起来的横贯大陆的铁路。大陆桥运输则是利用大陆桥进行国际集装箱海陆联运的一种运输方式。主要的大陆桥有：西伯利亚大陆桥；新亚欧大陆桥（又名第二亚欧大陆桥）；美国大陆桥；美国小陆桥；美国微型陆桥。

2.3 跨境电商物流网络

要实现跨境物流系统的目标，保证为跨境贸易货物流动提供快速、全方位的物流支持，跨境物流需要完善、健全的物流网络体系。跨境电商物流网络是由多个物流结点和它们之间的连线所构成的抽象网络。经济全球化的加强使得物流企业参与国际竞争的生命力在于其网络优势。

扩展阅读2.1 马士基宣布2022年第一笔收购

跨境贸易和经营的竞争要求跨境物流系统的物流费用低、客户服务水平高。为实现这一目标，建立完善的物流网络十分重要。在讨论物流网络时，这里的网络有两种含义，或者说人们对网络有两种理解：一种是指物理网络或实体网络；另一种是指信息网络，即利用信息网络技术进行物流信息交换，根据物理网络的发展需要，企业应用网络技术建立起来的网络。跨境电商物流网络是指由多个收发货的"结点"和它们之间的"连线"所构成的物理网络，以及与之相伴随的信息网络组成的有机整体。

分散的物流单体只有形成网络才能满足国际化生产与流通的需要。网络上点与点之间的物流活动保持系统性、一致性，这样可以保证整个物流网络有最优的库存总水平及库存分布，运输快速、灵活，既能铺开，又能收拢。建设和优化物流物理网络，有利于扩大国际物流量，提高企业的物流竞争能力和成本优势。

2.3.1 跨境电商物流物理网络

跨境电商物流物理网络是由执行物流运动使命的线路和执行物流停顿使命的结点两种基本元素组成的，如图 2-8 所示。跨境电商物流物理网络一般由物流园区、配送中心、货站、港口、仓库等结点和运输线路构成，并通过运输子系统、商品检验子系统、报关子系统、信息子系统、流通加工子系统等连接起来，形成相互作用的网络系统。

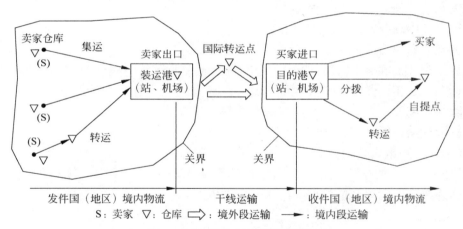

图 2-8 跨境电商物流物理网络

2.3.2 跨境电商物流物理网络的建设

整个跨境电商物流过程中线路与结点相互关联组成了不同的跨境电商物流物理网络。跨境电商物流物理网络水平的高低、功能的强弱则取决于网络中这两个基本元素的配置。跨境电商物流物理网络建设的中心问题是确定进出口货源点（或货源基地）和消费者的位置，各层级仓库的位置、规模和数量，从而解决跨境电商物流系统的合理布局和合理化问题。在合理布局跨境电商物流物理网络的前提下，商品由卖方向买方实体流动的方向、规模和数量就确定下来了。同时，跨境贸易的贸易量、贸易过程（流程）的重大战略问题，进出口货物的卖出和买进的流程、流向、物流费用，跨境贸易经营效益等，也就一一得到了确定。完善和优化跨境电商物流物理网络，有利于扩大跨境电商物流量，提高企业的物流竞争能力和成本优势。

跨境电商物流企业在全球物流网络的构建中，一般通过资本投资方式和合作方式来扩张网络建设。跨境电商物流企业以资本投资的方式构建物流网络是指它们筹措资金在世界各地建立自己的分支机构、扩大自己的船队规模、投资物流设施和并购其他公司。

例如，海运物流公司在跨国经营的初期，一般是在班轮航线所挂靠的东道国，特别是在世界重要的航运中心投资设立自己的公司或办事处，从事为母公司船队揽货、接受货主订舱（booking）和为母公司船舶在东道国停泊期间服务。中国外运股份有限公司早在1980年就在美国纽约正式注册了"华运公司"，成为我国与美国建交后最早在美国开办的独资企业之一。随着事业的发展，根据美国海岸线长、主要港口多、幅员辽阔、货源分散的特点，华运公司先后又在新泽西、休斯敦、洛杉矶、旧金山、芝加哥和凤凰城等地设立了子公司和办事处，形成了一个布局合理的海运服务网络。纵观世界著名的前20家航运企业，几乎没有哪一家不是利用兼并或并购的方式发展起来的。例如，马士基海陆公司收购全球第三大班轮公司铁行渣华；德国赫伯罗特的母公司TUI（途易集团）收购加拿大太平洋轮船；法国达飞轮船收购达贸公司。从产业链上看，国际物流企业既使用横向一体化战略以扩大公司的经营规模，也使用纵向一体化战略以扩大公司的业务范围。

— 即测即练 —

第 3 章

跨境电商运输

【本章学习目标】
1. 了解主要的跨境电商运输方式；
2. 掌握海洋运输的特点、主要航线、港口及海洋运输的经营方式；
3. 掌握航空运输的特点、主要当事人、经营方式和主要业务流程；
4. 熟悉中欧班列运输通道、业务流程；
5. 熟悉集装箱运输的特点、运输的主要当事人；
6. 掌握集装箱运输的装箱、交接方式及出口操作的流程。

我国跨境电商综合试验区首列跨境电商班列开行

据海关总署网站消息，2022年2月27日，我国跨境电商综合试验区首列跨境电商班列从新疆阿拉山口口岸发出。这是自2022年2月国务院在27个城市和地区设立跨境电商综合试验区以来，我国发出的首列跨境电商班列。

据了解，此次班列运载的货物主要是来自江苏、浙江等地的太阳能配件、钢铁配件、布料、纺织用品、卫浴产品、厨房用品、小家电等，货值约88.4万美元。

乌鲁木齐海关为跨境电商包裹运输搭建绿色通道，提供"7×24小时"通关服务，设立跨境电商专门窗口和企业联络人，及时与企业对接通关事宜，确保跨境电商出口包裹高效通关。

"我们加强与铁路和跨境电商企业沟通协作，积极落实推动跨境电商发展各项措施，在货物到达后第一时间办理通关手续。"阿拉山口海关综合业务一科副科长杨倩说。

阿拉山口跨境电商大数据平台数据显示，截至2022年2月26日，阿拉山口跨境电商累计出口7 919万票，贸易额16.03亿元，服务50.8万家企业。

资料来源：王震. 我国跨境电商综合试验区首列跨境电商班列开行［EB/OL］.（2022-03-01）.http://finance.people.com.cn/n1/2022/0301/c1004-32362711.html.

3.1 跨境电商运输概述

3.1.1 跨境电商运输的定义及特点

1. 跨境电商运输的定义

在现代物流诞生之前，许多人将运输等同于物流，其原因是物流很大一部分功能是由运输承担的,运输是物流的主要组成部分。运输自身的特点决定了运输业的服务特性:运输业提供的劳动不是去制造有形的物质产品,而是通过提供运输服务直接去满足人们的某种需求。

跨境电商运输按照地域可划分为境内段运输和国家或地区之间的干线运输。跨境电商干线运输是指为了实现跨境贸易,通过国际海洋运输、国际航空运输、国际公路运输、国际铁路运输或多式联运的方式把跨境电商的商品从一个国家或地区的某一地点运至境外收货人所在国家或地区的运输。

2. 跨境电商运输的特点

1)跨境电商运输是中间环节很多的长途运输

跨境电商运输是国家与国家、国家与地区之间的运输,一般运距较长。在运输过程中,往往需要使用多种运输工具,通过多次装卸搬运,交换不同运输方式,经由不同的国家和地区,中间环节很多。

2)跨境电商运输涉及面广,情况复杂多变

货物在国家和地区间运输的过程中,需要与不同国家、地区的货主、交通部门、商检机构、保险公司、银行、海关以及各种中间代理人打交道。同时,各个国家、地区的政策法律规定不同,金融货币制度不同,贸易运输习惯和经营做法也有差别,再加上各种政治、经济形势和自然条件的变化,都会对跨境电商运输产生较大的影响。

3)跨境电商运输的风险较大

跨境电商运输由于运距长、中间环节多、涉及面广,情况复杂多变,因而风险也就比较大,为了转嫁运输过程中的风险损失,各种进出口货物都需要办理运输保险。

4)跨境电商运输涉及国际关系问题

在组织跨境电商运输的过程中,需要经常同国外发生广泛的联系,这种联系不仅仅是经济上的,也会牵涉国际政治问题。对于各种运输业务问题的处理,常常也会涉及国际关系问题,是一项政策性很强的工作。因此,从事跨境电商运输的人不仅要有经济观念,而且也要有国家政策观念。

3.1.2　主要的跨境电商运输方式

目前,跨境电商运输方式主要包括海派运输、空派运输、铁派运输等。

1. 海派运输

跨境电商海派运输是传统海洋运输和商业快递派送的结合,是承运人按照海上货物运输合同的约定,以船舶为运载工具,以收取运费(transportation charges)作为报酬,将托运人(shipper)托运的货物经海路由一国(地区)港口运送至另一国(地区)港口,抵达目的国(地区)进行清关清税后,后段再用邮政或快递[如 UPS(联合包裹运送服务公司)/FedEx]派送的方式送到海外仓库(如 FBA 库房)或者买家私家地址的一种运输方式。

从收货人的角度看,一般贸易的货物一般一个集装箱的货物是 1 个收货人且具备的单品数量很少,但对于海派货物而言,一个集装箱内可能包含多种货物且对应多个收货人。

跨境电商海派运输与传统贸易海洋运输在货物运输出口的整个流程中使用的单据

是一致的，业务操作流程也是一样的。物流公司根据跨境电商卖家提供的信息，完成订舱、做箱、装箱、报检报关、签发提单（bill of lading，B/L）等一系列的出口操作。

2. 空派运输

跨境电商空派运输即航空运输加派送，指的是从发件国（地区）机场通过航空运输到目的国、地区、机场（头程），清关后再由末端物流商派送到门或者派送到仓的运输方式。

航空运输是指利用飞机运送货物的现代化运输方式。近年来，各大快递公司都在发展航空运输这一业务，可见，提升快递的运输效率是未来快递行业发展的重要方向之一。

3. 铁派运输

铁派运输与海派运输类似，主要的区别在于载体工具、运转流程和一些文件操作细节。铁派运输包括整柜和散货两种集货类型。铁派运输和海派运输这两种物流模式的货物运转方面有很多相似点，只是海派运输的载体是集装箱和货船，而铁派运输的载体是集装箱和火车。伴随着国家"一带一路"倡议的发展，铁派运输近些年来在跨境电商物流市场的起量非常明显。

3.2 海洋运输

经济全球化促进了我国国际贸易总量的增加，海运物流行业也随之进入高速发展阶段。海洋运输是指使用船舶通过海上航道在不同国家和地区的港口之间运送货物的一种方式，是利用天然航道进行的运输。海洋运输的特点使海上货物运输基本上适应绝大多数货物的运输，使海洋运输成为最主要的运输方式，国际贸易总运量中的2/3以上通过海运方式来完成。海洋运输具有成本低、能耗省、过程长、运量大等特点，与其他几种运输方式相比较有明显优势。

对于发展初期的跨境电商企业而言，海运并不是首选的物流方式，原因在于国际海运物流较商业快递、专线物流、小包产品而言时效性较差，无法满足终端消费者对产品时效性的要求。随着跨境电商的发展、海外仓应用的普及，海运将是国际货物运输的重要手段之一。

海洋运输成为国际贸易中最主要的运输方式，是由海运的基本特点所决定的。

第一，运输量大。船舶货舱可以供作货物运输的舱位及载货量均比陆运和空运庞大。

第二，单位运输成本低。海运是最低廉的运输方式，适用于大宗货物的运输。

第三，能耗低。对运输1吨货物至同样距离而言，海运所消耗的能源是最少的。

第四，续航能力大。一艘商船出航，所携带的燃料、粮食及淡水，可历时数十日，是其他运输工具难以企及的。且商船具有独立生活的各种设备，如发电、制造淡水、储藏大量粮食的粮仓、油槽等。

第五，劳动生产率高。由于船舶载运量大，配备船员少，因而其劳动生产率高。一艘20万吨的油轮一般只需要配备20名左右的船员，平均每人运送货物1万吨。但海洋运输速度慢，受港口、水位、季节、气候影响较大，因而一年中中断运输的时间较长，且海上风险较大。

水路运输需要其他运输方式的配合和衔接，才能实现"门到门"（door to door）运输。

3.2.1 海洋运输的主要航线

世界主要海运航线包括太平洋航线、大西洋航线、印度洋航线、北冰洋航线以及通过巴拿马运河或苏伊士运河的航线等，这些航线贯穿一个或多个大洋，因而又称国际大洋航线。目前，国际大洋航线密如蛛网，其中主要的国际海运航线包括以下几条。

1. 太平洋航线

（1）远东—北美西海岸航线。该航线包括从中国、朝鲜、日本、俄罗斯远东海港到加拿大、美国、墨西哥等北美西海岸各港口的贸易运输航线。从我国的沿海各港出发，经大禹海峡南下东海；向北，经台湾海峡穿过日本海，或经金青海峡或宗谷海峡进入太平洋，穿过鄂霍次克海，进入北太平洋。

（2）远东—加勒比海、北美东海岸航线。该航线经常从北到南穿过夏威夷群岛，到达巴拿马运河。从中国北方沿海港口出发的船只，大多经由大隅海峡或琉球奄美大岛出东海。

（3）远东—南美西海岸航线。从我国北方沿海各港出发的船只多经琉球奄美大岛、硫磺列岛、威克岛、夏威夷群岛之南的莱恩群岛穿越赤道进入南太平洋，至南美西海岸各港。

（4）远东—东南亚航线。该航线是中、朝、日货船去东南亚各港，以及经马六甲海峡去印度洋、大西洋沿岸各港的主要航线。东海、巴士海峡、南海是该航线船只的必经之路，航线繁忙。

（5）远东—澳大利亚、新西兰航线。远东至澳大利亚东南海岸分两条航线。从中国北方沿海港口经朝、日到澳大利亚东海岸和新西兰港口的船只，需走琉球库米岛和加罗林群岛的雅浦岛进入所罗门海和珊瑚海；中国和澳大利亚之间的集装箱船需在香港装货或转船后经南海、苏拉威西海、班达海、阿拉弗拉海，后经托雷斯海峡进入珊瑚海。中国、日本至澳大利亚西海岸航线经菲律宾的民都洛海峡、望加锡海峡以及龙目海峡进入印度洋。

（6）澳新—北美东西海岸航线。由澳新至北美海岸多经苏瓦、火奴鲁鲁等太平洋上重要航站；至北美东海岸则取道社会群岛中的帕皮提，过巴拿马运河。

2. 大西洋航线

（1）西北欧—北美东海岸航线。该航线是西欧、北美两个世界工业最发达地区之间的原燃料和产品交换的运输线，两岸拥有全世界1/5的重要港口，运输极为繁忙，船舶大多走偏北大圆航线。该航区冬季风浪大，并有浓雾、冰山，对航行安全有威胁。

（2）西北欧、北美东海岸—加勒比航线。西北欧—加勒比航线多半出英吉利海峡后横渡北大西洋。它同北美东海岸—加勒比航线一样，一般都经莫纳、向风海峡进入加勒比海。除去加勒比海沿岸各港外，还可经巴拿马运河到达美洲太平洋沿岸港口。

（3）西北欧、北美东海岸—地中海、苏伊士运河—亚太航线。西北欧、北美东海岸—地中海、苏伊士运河航线属世界最繁忙的航段，它是北美、西北欧与亚太海湾地区间贸易往来的捷径。该航线一般途经亚速尔、马德拉群岛上的航站。

（4）南美东海岸—好望角—远东航线。这是一条以石油、矿石运输为主的运输线。该航线处在西风漂流海域，风浪较大。一般西航偏北行，东航偏南行。

3. 印度洋航线

印度洋航线以石油运输线为主，此外有不少是大宗货物的过境运输。

（1）波斯湾—好望角—西欧、北美航线。该航线主要由超级油轮经营，是世界上最主要的海上石油运输线。

（2）波斯湾—东南亚—日本航线。该航线东经马六甲海峡（20万载重吨以下船舶可行）或龙目海峡、望加锡海峡（20万载重吨以上超级油轮可行）至日本。

（3）波斯湾—苏伊士运河—地中海—西欧、北美运输线。该航线目前可通行载重大约30万吨级的超级油轮。

3.2.2 海洋运输的经营方式

按照船公司对船舶经营方式的不同，海洋运输可分为班轮运输（liner shipping）和租船运输两种方式。根据装载器具技术的不同，班轮运输可分为杂货班轮运输（或称普通海运）和集装箱班轮运输。本节阐述杂货班轮运输的相关情况，集装箱班轮运输在3.5节介绍。

1. 班轮运输的定义与特点

班轮运输又称定期运输，是指在既定的航线上、以既定的港口顺序，按照事先公布的船期表航行，并按班轮运价表的规定计收运费的一种营运方式。班轮运输适合于货流稳定、货种多、批量小的杂货运输。班轮运输具有如下特点。

（1）由于船舶具有固定航线、固定港口、固定船期和相对固定的运价，因此，"四固定"是班轮运输最基本的特点。

（2）船、货双方的权利、义务与责任豁免，以船方签发的提单条款为依据。

（3）承运人对货物的责任期间是"船舷至船舷"或"钩至钩"，即从货物装上船起至货物卸下船止。

（4）承运人负责装货作业、卸货作业和理舱作业及全部费用。

（5）班轮承运货物的品种、数量比较灵活，货运质量较有保证，且一般在码头仓库交接货物，故为货主提供了较便利的条件。

2. 班轮船期表

班轮船期表（liner schedule）是班轮运输营运组织工作中的一项重要内容。班轮公司制定并公布班轮船期表有多方面的作用：首先是招揽航线途经港口的货载，既满足货主的需要，又体现海运服务的质量；其次是有利于船舶、港口和货物及时衔接，以便船舶在挂靠港口的短暂时间内取得尽可能高的工作效率；最后是有利于提高船东航线经营的计划质量。

班轮船期表的主要内容包括：航线，船名，航次编号，始发港、中途港、终点港的港名，到达和驶离各港的时间，其他有关的注意事项等。典型的班轮船期表如表3-1所示。

表 3-1 班轮船期表

Vessel Name	EVER FEAT	Vessel Name	EVER FRONT	Vessel Name	EVER FINE	Vessel Name	EVER FUTURE
Vessel/Voyage	ETT/004	Vessel/Voyage	FRO/009	Vessel/Voyage	ENE/005	Vessel/Voyage	EFU/005
Port	Arr—Dep	Port	Arr—Dep	Port	Arr—Dep	Port	Arr—Dep
Taipei	11—11 Dec	Taipei	17—17 Dec	Taipei	21—21 Dec	Taipei	01—02 Jan
Xiamen	14—14 Dec	Xiamen	19—19 Dec	Xiamen	23—23 Dec	Xiamen	05—05 Jan
Hong Kong	17—17 Dec	Hong Kong	22—22 Dec	Hong Kong	26—26 Dec	Hong Kong	07—07 Jan
Yantian	20—20 Dec	Yantian	23—23 Dec	Yantian	27—27 Dec	Yantian	09—10 Jan
Los Angeles	23—23 Jan	Los Angeles	28—28 Jan	Los Angeles	03—03 Feb	Los Angeles	16—Feb
Oakland	30—30 Jan	Oakland	04—Feb	Oakland	10—Feb	Oakland	25—Feb
Taipei	15—Feb	Taipei	19—Feb	Taipei	25—Feb	Taipei	11—Mar

各班轮公司根据具体情况，编制公布的船期表是有所差异的。通常，近洋班轮航线因航程短且挂港少，船东能较好地掌握航区和挂靠港的条件，以及港口装卸效率等实际状况，可以编制出时间准确的船期表，船舶可以严格按船期表规定的时间运行。远洋班轮航线由于航程长、挂港多、航区气象海况复杂，船东难以掌握航区、挂靠港、船舶在航线上运行可能发生的各种情况，在编制船期表时对船舶运行的时间必然会留有余地。

3. 班轮运输的主要当事人

1）班轮公司

班轮公司是指运用自己拥有或者自己经营的船舶，提供国际港口之间班轮运输服务，并依据法律规定设立的船舶运输企业。班轮公司应拥有自己的船期表、运价本、提单或其他运输单据，根据各国的管理规定，班轮公司通常应有船舶直接挂靠该国的港口。班轮公司有时也被称为远洋公共承运人。在从事国际物流业务的实践中，应了解有关班轮公司的情况，以便在必要时从中选择适当的承运人。

2）船舶代理人

船舶代理人是指接受船舶所有人、船舶经营人或者船舶承租人的委托，为船舶所有人、船舶经营人或者船舶承租人的船舶及其所载货物或集装箱提供办理船舶进出港口手续、安排港口作业、接受订舱、代签提单、代收运费等服务，并依据法律规定设立的船舶运输辅助性企业。

中国最大的国际船舶代理公司是成立于 1953 年的中国外轮代理公司。20 世纪 80 年代末，中外运船务代理公司成立，成为第二家从事国际船舶代理业务的国际船舶代理公司。现在，我国对外开放的港口都有多家国际船舶代理公司。实践中，国际货运代理人经常会与船舶代理人有业务联系。

3）海上货运代理人

海上货运代理人，也称远洋货运代理人，是指接受货主的委托，代表货主的利益，为货主办理有关国际海上货物运输相关事宜，并依据法律规定设立的提供国际海上货物运输代理服务的企业。海上货运代理人除可以从货主那里获得代理服务报酬外，因其为班轮公司提供货载，所以还可以从班轮公司那里获得奖励，即通常所说的"佣金"。但是，根据各国的管理规定（如果有的话），国际海上货运代理人通常无法与班轮公司签订协议运价。

4）托运人

托运人，是指本人或者委托他人以本人名义或者委托他人为本人与承运人订立海上货物运输合同的人；本人或者委托他人以本人名义或者委托他人为本人将货物交给与海上货物运输合同有关的承运人的人。

5）收货人

运单上所指的收货人情况较为复杂，有时，由于进口管制的原因，最终收货人（如代理商）并不体现在运单上。运单上的收货人往往是进口商，而在"通知人"——notify party 上显示的可能才是真实的收货人。

4. 班轮运费

班轮公司运输货物所收取的运送费用，是按照班轮运价表的规定计收的。不同的班轮公司会有不同的班轮运价表。班轮运价表一般包括货物分级表、各航线费率表、附加费率表、冷藏货及活牲畜费率表等。目前，我国海洋班轮运输公司使用的是"等级运价表"，即将承运的货物分成若干等级（一般分为20个等级），每一个等级的货物有一个基本费率（rates）。其中，1级费率最低，20级费率最高。

班轮运费包括基本运费和附加费两部分。前者是指货物从装运港到卸货港所应收取的基本运费，它是全程运费的主要部分；后者是指对一些需要特殊处理的货物，或者由于突然事件的发生或客观情况变化等原因而需另外加收的费用。在班轮运价表中，根据不同的商品，对运费的计收标准通常采用下列几种。

（1）按货物毛重，又称重量吨（weight ton）计收运费，运价表内用"W"表示。

（2）按货物的体积/容积，又称尺码吨（measurement ton）计收，运价表中用"M"表示。

（3）按毛重或体积计收，由船公司选择其中收费较高的作为计费吨，运价表中以"W/M"表示。

（4）按商品价格计收，又称为从价运费，运价表内用"A.V."或"Ad.Val."表示（according to value）。从价运费一般按货物的FOB（离岸价）的百分之几收取。

（5）在货物重量、尺码或价值三者中选择最高的一种计收，运价表中用"W/M or Ad.Val."表示。

（6）临时议定价格，即由货主和船公司临时协商议定。其通常适用于承运粮食、豆类、矿石、煤炭等运量较大、货值较低、装卸容易、装卸速度快的农副产品和矿产品。议价货物的运费率一般较低。

在实际业务中，基本运费的计算标准以按货物的毛重（"W"）和按货物的体积（"M"）或按毛重、体积选择（"W/M"）的方式为多。贵重物品较多的是按货物的FOB总值计收。

班轮运费的具体计算方法是：先根据货物的英文名称从货物分级表中查出有关货物的计费等级和其计算标准；然后再从航线费率表中查出有关货物的基本费率；最后加上

各项须支付的附加费率,所得的总和就是有关货物的单位运费(每重量吨或每尺码吨的运费),再乘以计费重量吨或尺码吨,即得该批货物的运费总额。如果是从价运费,则按规定的百分率乘 FOB 货值即可。

5. 班轮货运程序

1)货物出运

班轮公司的货物出运工作包括揽货、订舱及确定航次货运任务等内容。货运代理人的货物出运工作则包括安排货物托运手续、办理货物交接等内容。

船东为使自己所经营的船舶在载重量和载货舱容两方面均能得到充分利用,获得最好的经营效益,会通过各种途径从货主那里争取货源、揽集货载——揽货。其通常的做法是:在所经营的班轮航线的各挂靠港口及货源腹地通过自己的营业机构或船舶代理人与货主建立业务关系;通过报纸、杂志刊登船期表,邀请货主前来托运货物,办理订舱手续;通过与货主、无船承运人或货运代理人等签订货物运输服务合同(service contract)或揽货协议来争取货源。货运代理人应根据货物运输的需要,从运输服务质量、船期、运价等方面综合考虑后,选择适当的班轮公司。

订舱是托运人(包括其代理人)向班轮公司(即承运人,包括其代理人)申请货物运输,承运人对这种申请给予承诺的行为。托运人申请货物运输可视为"要约",即托运人希望和承运人订立运输合同意思的表示,根据法律规定,合同订立采取要约-承诺方式,因此,承运人一旦对托运人货物运输申请给予承诺,则货物运输合同订立。

确定航次货运任务就是确定某一船舶在某一航次所装货物的种类和数量。承运人承揽货载时,必须考虑各票货物的性质、包装和每件货物的重量及尺码等因素。因为不同种类的货物对运输和保管有不同的要求,各港口的有关法律和规章也会有不同的规定。例如,重大件货物可能会受到船舶及装卸港口的起重机械能力影响和船舶舱口尺寸的限制。而对于货物的数量,船东也应参考过去的情况,预先对船舶舱位在各装货港间进行适当的分配,定出限额,并根据各个港口情况的变化,及时进行调整,使船舶舱位得到充分和合理的利用。托运人和货运代理人应充分认识到船方在确定船舶航次货运任务方面所会考虑的问题,否则可能造成不必要的麻烦。

2)装船与卸船

集装箱班轮运输中,由于班轮公司基本上是以 CY/CY(container yard to container yard,堆场到堆场)作为货物的交接方式,所以集装箱货物的装船与卸船工作都会由班轮公司负责。杂货班轮运输中,除另有约定外,都规定托运人将其托运的货物送至船边,如果船舶是在锚地或浮筒作业,托运人还应用驳船将货物驳运至船边,然后进行货物的交接和装船作业。对于特殊货物,如危险货物、鲜活货、贵重货、重大件货物等,通常采取由托运人将货物直接送至船边,交接装船的形式,即采取现装或直接装船的方式。然而,由于在杂货班轮运输中,船舶承运的货物种类多、票数多、包装式样多、挂靠港口多等原因,如果要求每个托运人都将自己的货物直接送至码头船边,就可能发生待装的货物不能按规定的装船先后次序送至船边的情况,从而使装货现场发生混乱,影响装货效率。由此而产生的结果是延长了船舶在港的停泊时间,延误船期,也容易造成货损、货差现象。因此为了提高装船效率,加速船舶周转,减少货损、货差现象,在杂货班轮运输中,对于普通货物的交接装船,通常采用由班轮公司在各装货港指定装船代理人,由装船代理人在各装货港的指定地点(通常为港口码头仓库)接收托运人送来的货物,办理交接手续后,将货物集中整理,并按次序进行装船的形式,即所谓的"仓库收货,集中装船"的形式。

在杂货班轮运输中,理论上卸船就意味着交货,是指将船舶所承运的货物在提单上载明的卸货港从船上卸下,在船边交给收货人并办理货物的交接手续。但是,如果由于战争、冰冻、港口罢工等特殊原因,船舶已不可能前往原定的卸货港,或会使船舶处于不安全状态,则船东有权决定船舶驶往能够安全到达的附近港口卸货。

船方和装卸公司应根据载货清单和其他有关单证认真地组织和实施货物的卸船作业,避免发生误卸的情况,另外,为在船舶有限的停泊时间内迅速将货卸完,实践中通常由船东指定装卸公司作为卸货代理人,由卸货代理人总揽卸货和接收货物并向收货人实际交付货物的工作。因此,在杂货班轮运输中,对于普通货物,通常采取先将货物卸至码头仓库,进行分类整理后,再向收货人交付的所谓"集中卸船,仓库交付"的形式。

与装船的情况相同,在杂货班轮运输中,不论采取怎样的卸船交货形式,船东的责任都是以船边为界限,而且卸货费用也是按这样的分界线来划分的。船东、卸货代理人、收货人三者之间的关系与前述的船东、装船代理人和托运人三者之间的关系相同。

3)提取货物

在集装箱班轮运输中,大多采用 CY/CY 交接方式;而在杂货班轮运输中,实务中多采用"集中卸船,仓库交付"的形式;并且收货人必须在办妥进口手续后,方能提取货物。所以,在班轮运输中,通常是收货人先取得提货单,办理进口手续后,再凭提货单到堆场、仓库等存放货物的现场提取货物。

在已经签发了提单的情况下,收货人要取得提货的权利,必须以付清所有应该支付的费用和交出提单为前提条件,否则船东没有交付货物的义务。

3.2.3 海运提单

1. 提单的定义

《中华人民共和国海商法》第七十一条给提单下的定义是:"提单,是指用以证明海上货物运输合同和货物已经由承运人接收或者装船,以及承运人保证据以交付货物的单证。提单中载明的向记名人交付货物,或者按照指示人的指示交付货物,或者向提单持有人交付货物的条款,构成承运人据以交付货物的保证。"这一定义源自《汉堡规则》第一条第 7 项。

2. 提单的作用

根据法律的规定,提单具有三项主要的功能或作用。

1)是海上货物运输合同的证明

提单的印刷条款规定了承运人与货物关系人之间的权利、义务,提单也是法律承认的处理有关货物运输争议的依据,因此,有人会认为提单本身就是运输合同。实际上,提单条款仅是承运人单方面制定的,而且,在提单上只有承运人单方的签字。而合同实际上在托运人向承运人或其代理人订舱、办理托运手续时就已成立，合同履行在前，签发提单在后，提单只是在履行运输合同的过程中出现的一种证据。因此更确切地说，承运人或其代理人在托运人填制的托运单上盖章时，承、托之间的合同就已成立。所以，将提单称为"海上货物运输合同已存在的证明"更为合理。

2）是证明货物已由承运人接管或已装船的收据

货物的原始收据不是提单，而是"大副收据"或者是"场站收据"（dock receipt, D/R）。

承运人签发提单，就表明他已按提单上所列内容收到货物。但是，提单作为货物收据的法律效力在不同的当事人之间也是不同的。提单作为货物收据的效力，视其在托运人或收货人手中而有所不同。对托运人来说，提单只是承运人依据托运人所列提单内容收到货物的初步证据。换言之，如果承运人有确实证据证明他在事实上未收到货物，或者在收货时实际收到的货物与提单所列的情况有差异，承运人可以通过一定方式减轻或者免除自己的赔偿责任。但对善意接受提单的收货人，提单是承运人已按托运人所列内容收到货物的绝对证据。

3）是承运人保证凭以交付货物的物权凭证

承运人或其代理人在目的港交付货物时，必须向提单持有人交货。在这种情况下，即使是真正的收货人，如果不能递交正本提单，承运人也可以拒绝对其放行货物。也就是说，收货人是根据提单物权凭证的功能，在目的港以提单相交换来提取货物。

提单作为物权凭证的功能是用法律的形式予以确定的，提单的转让就意味着提单上所记载货物的转让，提单的合法受让人或提单持有人就有权要求承运人交付提单上所记载的货物。除提单中有规定外，提单的转让是不需要经承运人同意的。

3.3 航空运输

3.3.1 航空运输的特点

航空运输是使用飞机及其他航空器运送人员、货物、邮件的一种运输方式。现在航空运输已成为国际空运物流的核心功能，是实现货物快捷运输的途径，同时也是实现多式联运的一种重要运输方式。

航空运输之所以随着世界经济的发展得到快速的增长，是由它与其他运输方式相比具有不能比拟的优势决定的，航空运输的优点表现在以下几个方面。

（1）运输速度快。航空运输较快的运送速度已成为当前国际市场上商品竞争的有利因素。在快捷性方面的突出优势使得航空适宜运输时效性强的商品、贵重物品、精密仪器、电子产品和高科技产品等商品。当今国际市场竞争激烈，行情瞬息万变，因此，航空运输成为国际市场上强有力的竞争手段。

（2）灵活。航空运输的一个明显优势就是不易受地形、地貌、山川、河流的局限，只要有机场、有航空设施保证，即可开辟航线。飞机一般选择在两点间做直线飞行，受航线条件限制的程度相对较低，可跨越地理障碍将任何两地连接起来。对于自然灾害的紧急救援、各种物流运输方式不可到达的地方，均可采用飞机空投方式，以满足特殊条件下物流的要求。

（3）可以节约包装、保险、利息等费用。国际航空运输过程中震荡性小，所以包装简单，包装成本较低，货物缺损率较低，因而保险费用也相对较低；又由于航空运输货物在途时间短，商品周转速度快，因此大大降低了企业存货数量，货物占用的资金能较快回收，由此带来的利息费用和仓储费用也会减少。

航空运输也有自身的局限性。例如，航空运输运量较小，不适于运送体积大或价值低的货物；运费较高，航空运输的成本高于其他运输方式的成本；飞机飞行会受到气候条件的影响。

总之，航空运输的上述特点使得航空货物运输适于高附加值、低重量、小体积的物品运输与急快件货物运输以及时效性和季节性强的货物运输。

3.3.2 航空运输的机场与航线

1. 机场

机场是提供飞机起飞、降落、补充给养及组织飞行保障活动的场所，又称航空站、航空港。航空运输的机场一般为客货兼营，在机场内设有空运货运站。空运货运站是空运货物集结、暂存、装卸搬运、信息处理的场所。机场是空运货物物流的节点。

机场按照其在民航运输网络中所起的作用，可分为枢纽机场、干线机场和支线机场；按照货物运输吞吐量，可分为小型、中小型、中型、大型和特大型五级。

2. 航线

空运航线是空运货物物流的路径。民航飞机从事运输飞行，必须按照规定的路线进行，这种路线叫作航空交通线，简称航线。航线由飞行的起点、经停点、终点、航路、机型等要素组成。航线按飞机飞行的路线分为国内航线和国际航线。

世界重要航空线可分为三种。

（1）西欧—北美的北大西洋航空线。该航线主要连接西欧的巴黎、伦敦、法兰克福与北美的纽约、芝加哥、蒙特利尔等航空枢纽。

（2）西欧—中东—远东航空线。该航线连接西欧各主要机场和远东的香港、北京、东京等机场，并途经雅典、开罗、德黑兰、卡拉奇、新德里、曼谷和新加坡等重要航空站。

（3）远东—北美的北太平洋航线。这是远东的北京、香港、东京等主要国际机场经北太平洋上空至北美西海岸的温哥华、西雅图、旧金山和洛杉矶等机场的航空线，并可延伸至北美东海岸的机场。太平洋中部的火奴鲁鲁是该航线的主要中继加油站。

此外，还有北美—南美、西欧—南美、西欧—非洲、西欧—东南亚—澳新、远东—澳新、北美—澳新等重要国际航空线。

目前，我国已有多条国际航空线，从北京、上海、广州、昆明、大连、厦门等国际机场启程，可飞往亚洲、非洲、欧洲、大洋洲、北美洲等大洲的城市。

3. 航空货运代码

航空货运代码具有识别容易、简洁明了的特点，方便了单证的制作和业务操作，对航空货运的顺畅运作起到了重要作用。

在航空运输中，国家名称用两字代码表示，常见的国家代码见表3-2。

表 3-2 常见的国家代码

英文全称	中文全称	两字代码
China	中国	CN
United States of America	美国	US
United Kingdom	英国	GB
Germany	德国	DE
France	法国	FR
Japan	日本	JP
Korea	韩国	KR
Singapore	新加坡	SG
Canada	加拿大	CA
Australia	澳大利亚	AU

城市用三字代码表示,常见的城市代码见表3-3。

表 3-3 常见的城市代码

英文全称	中文全称	城市三字代码
BEIJING	北京	BJS
GUANGZHOU	广州	CAN
SHANGHAI	上海	SHA
SHENZHEN	深圳	SZX
LONDON	伦敦	LON
SEOUL	首尔	SEL
PARIS	巴黎	PAR
NEW YORK	纽约	NYC
TOKYO	东京	TYO
OSACA	大阪	OSA

机场名称通常也用三字代码表示。有些机场的三字代码与城市的三字代码一样,在中国很多城市如此,如天津等。但从国际性角度看,大多数机场三字代码同城市三字代码不一样,例如,北京,城市代码是 BJS,首都国际机场是 PEK。常见的机场代码见表3-4。

表 3-4 常见的机场代码

机场的英文全称	中文全称	三字代码	所在国家
BEIJING CAPITAL AIRPORT	北京首都国际机场	PEK	中国
CHARLES DE GAULLE AIRPORT	戴高乐机场	CDG	法国
HANGZHOU AIRPORT	杭州萧山国际机场	HGH	中国
KANSAI INT' AIRPORT	大阪关西国际机场	KIX	日本
DULLES INT' AIRPORT	达拉斯国际机场	IAD	美国
HAHN AIRPORT	法兰克福哈恩机场	HHN	德国
O'HARE INT' AIRPORT	芝加哥奥黑尔国际机场	ORD	美国

航空公司二字代码由国际航空运输协会（International Air Transport Association，IATA，以下简称"国际航协"）统一编码，每个航空公司都有单独的编号，一般是字母编号，出现不够用的情况也会用数字代替。航空公司一般既有两字代码，也有三字代码，但通常使用的是两字代码，常见的航空公司代码见表3-5。

表 3-5　常见的航空公司代码

英 文 全 称	中 文 全 称	两 字 代 码	所在国家/地区
Air China International Corp.	中国国际航空公司	CA	中国内地
China Southern Airlines	中国南方航空股份有限公司	CZ	中国内地
Canadian Airlines International	加拿大国际航空公司	CP	加拿大
Cathay Pacific Airways Ltd	国泰航空有限公司	CX	中国香港
UPS	UPS	5X	美国

4. 飞行时间和时差计算

1）飞行小时

飞行小时，是指自始发地机场至目的地机场之间的运输时间，包括中转时间。航班时刻表上的出发和到达时间都是以当地时间（local time）为准的，计算航班飞行小时要换算时差。

2）时差

由地球的自转造成经度不同地区的时刻出现的差异，被称为时差。飞机跨越经度时，就产生了时刻上的不统一。进行时差换算，对于安排航班，更好地进行航空运输非常重要。1884年在华盛顿召开国际经度会议时，为克服各国（地区）时间上的不同，规定以英国伦敦格林尼治天文台原址为0°经线的起点（亦称为本初子午线），0°经线向东、向西各7.5°构成零时区，也叫作中央时区，中央时区的区时被称为世界标准时（greenwich mean time，GMT），再以180°经线为中央经线各划出东、西12时区，将全球划分为24个时区。每个时区横跨经度15°，时间正好是1小时。

3）飞行时间换算

飞行时间、两地时差，可以格林尼治时间为标准加以比较，换算成世界标准时间。在航班时刻表中各城市时间都是当地标准时间。全球航班数据提供商OAG（官方航线指南）公布了国际时间换算表（international time calculator），列出了各个国家（地区）当地标准时间与世界标准时的差距。

4）飞行时间计算

某旅客乘国航班机从广州白云国际机场（CAN）启程飞往法国巴黎机场（PAR），出发时间是北京时间9月22日10:40，到达巴黎的时间为当地时间9月22日16:00，计算该旅客的飞行时间。

计算步骤如下。

（1）从国际时间换算表中找出始发站和目的站的标准时间。

$$CAN = GMT + 8（当地标准时）$$

$$PAR = GMT + 1（当地标准时）$$

（2）起飞和到达的当地时间换算成世界标准时。

CAN10：40=GMT1+8（当地标准时）

PAR16：00=GMT2+1（当地标准时）

则

GMT1 = 10时40分 − 8时 = 2时40分

GMT2 = 16时00分 − 1时 = 15时00分

（3）到达时间减去起飞时间，即飞行时间。

GMT2−GMT1 = 15时00分 − 2时40分 = 12小时20分

3.3.3 航空运输的主要当事人

在空运物流运作的各环节中，所涉及的相关当事人主要有发货人、航空货运代理、航空公司（承运人）、地面运输公司和收货人等。

1. 航空公司

航空公司是航空运输的承运人，它拥有飞机，从事航空运输以及接受办理与其能力相适应的航空运输业务。其主要任务是把所接受委托的货物，按指定要求从一机场运往另一机场。

2. 航空货运代理

航空货运代理又称航空货运公司，是随航空运输的发展及航空公司运输业务的集中化而发展起来的一种服务性组织。航空货运代理主要从事航空货物在始发站交航空公司前的揽货、接货、报关、订舱及在目的地从航空公司处接货、报关或送货等一系列业务。

航空货运代理的身份有以下几种。

（1）承运人。货运代理人可作为空运缔约承运人。

（2）托运人。当货运代理人以自己的名义与航空公司签订运输合同时，相对于运输合同对方当事人而言，其是托运人，航空公司是承运人。

（3）收货人。在目的地，货运代理人可以自己的名义接收货物，同样可以成为收货人。

（4）托运人的代理人。当货运代理人从不同的托运人手中接收货物，以托运人的名义与航空公司签订运输合同时，货运代理人是托运人的代理人，航空公司是承运人。

（5）承运人的代理人。当货运代理人以承运人的名义与托运人签订运输合同并向托运人签发航空货运单时，货运代理人是承运人的代理人。

3.3.4 航空运输的经营方式

航空货物运输发展至今，其运输方式主要有班机运输、包机运输、集中托运、航空快递等。

1. 班机运输

班机运输是指在固定航线上定期开航的有固定始发站、到达站和经停站的飞机运输方式。班机运输有客运航班、货运航班及客货混合航班之分。其中，客货混装是班机运输的主要形式。班机运输有固定的航线、停靠

扩展阅读3.1　航空货运打板 空运打板详解

机场、航班和到港时间，不仅速度快，而且交货时间准确。但班机运输由于多采用客货混合机型，航班以客运服务为主，货物舱位有限，不能满足大批量货物及时出运的要求，往往只能分批运输。再有，不同季节同一航线客运量的变化也会直接影响货物装载的数量，使得班机运输在货物运输方面存在很大的局限性。随着航空货运市场的发展和航空技术的进步，一些有固定客户且货物运输量大的大型航空公司在一些货源充足的航线上使用全货机，开辟定期的货运航班。

班机运输的经营方式主要有包舱、包板（集装箱）。包舱、包板（集装箱）是指托运人根据所运输的货物，在一定时间内需要单独租用航空公司飞机的部分或全部机舱、集装箱，而由承运人给予事先承诺，并保证舱位的一种运输经营方式。

包舱、包板（集装箱）的实质就是包租固定的舱位。目前在航空货物运输经营中，包舱运输由于给承运人和代理人都带来了不少的好处，因而已成为最常见的一种方式。对于航空公司，因为舱位包租给了他人，飞机的正常营运有了保证，减小了自身的风险；对于货运代理企业，由于它能给航空公司带来稳定的货源，就能在承运人那里获得较低的运价，从而取得更多的利润。

2. 包机运输

包机运输主要是不定期运输，是相对班机运输而言的另一种运输方式。由于这种运输方式是针对某批货物或某些有特殊需要的客户，没有固定的航线、时间和起落站，也没有固定的费率，一切都取决于货主与托运人和航空公司洽谈的条件和订立的包机合同。

3. 集中托运

集中托运是指航空货运代理公司将若干批单独发运的货物组成一整批，向航空公司办理托运，采用一份航空总运单集中发运到同一目的站，由集中托运人在目的地指定的代理收货，再根据集中托运人签发的航空分运单（house air waybill，HAWB）分拨给各实际收货人的运输方式，如图3-1所示。目前这种运输方式是航空货物运输中开展得最为普遍的一种运输方式。简单点说，集中托运是将从同一始发站运往同一目的地的众多托运人的小件货物，集合成批量货物进行集中运输。集中托运实际上是一种代理形式的货运业务。由于航空运价是随货物计费重量的增加而逐步递减的，货物的重量越大，货运代理就可以在航空公司获得越是优惠的运价。在航空运输市场上的运价对代理企业的经营效益起相对重要作用的情况下，集中托运的经营方式是航空代理企业增加收益的重要手段。

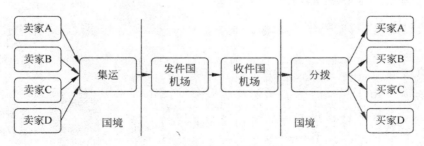

图3-1 航空集运流程示意图

在航空集运过程中,向航空公司托运货物的是航空货运代理企业。航空货运代理企业在收取每个托运人的货物时必须出具凭证,这个凭证就是代理企业自己签发的航空分运单,表明托运人已把货物交给了代理人。代理企业本身没有分运单的也可以用航空公司的运单代替。分运单的托运人栏和收货人栏是实际的托运人或发货人。

3.3.5 航空运输的主要业务流程

1. 揽货接单

航空货运代理通过揽货,对符合收运条件的货物可以收运。航空货运代理与发货人就出口货物运输事项达成意向后,航空货运代理向托运人提供所代理的航空公司的"国际货物托运书"(shipper's letter of instruction)。发货人应向航空货运代理提交填好的国际货物托运书和出口合同副本及有关单证。

国际货物托运书(样本见图3-2)是托运人用于委托承运人或其代理人填开航空运单的一种表单,表单上列有填制航空运单所需的各项内容,并应印有授权承运人或其代理人代其在运单上签字的文字说明。国际货物托运书应由货主(托运人、发货人)自己填写,而且必须在上面签字或盖章,保证托运书所填写的内容准确无误。实际业务中,国际货物托运书也可由航空货运代理填写,但须由货主(托运人、发货人)在上面签字或盖章。航空货运代理在接受托运人委托后,要对托运书中的价格、航班日期等进行审查,审查无误后必须在托运书上签字并写上日期以表示确认。航空货运代理确认后,航空货运代理与托运人双方的委托关系即确立。国际货物托运书上要写明货物名称、体积、重量、件数、目的港和要求出运的时间等内容。

托运书应包括下列内容栏:托运人、收货人、始发站机场、到达站机场、供运输用的声明价值、供海关用的声明价值、保险金额、处理情况、货运单所附文件、实际毛重、运价类别、计费重量、货物品名及数量、托运人签字、日期等,如图3-2所示。

2. 审核单证

航空货运代理对托运人提交的国际货物托运书和随附单证(如发票、装箱单、托运书、外汇核销单、许可证、商检证等)必须进行审核,如发现单证不符或缺少,应要求托运人尽快修改或补交。

3. 填制航空运单

航空运单是托运人和承运人在承运人的航线上运输货物订立运输契约的凭证,是托运人或其代理人所使用的最重要的货运文件。

其作用有:一是承运人与托运人之间缔结运输契约的凭证;二是承运人收运货物的证明文件;三是运费结算凭证及运费收据;四是承运人在货物运输组织的全过程中运输货物的依据;五是国际进出口货物办理清关的证明文件;六是保险证明。

航空货运代理根据发货人提供的国际货物托运书,缮制航空运单,包括总运单,也称主运单(master air waybill,MAWB)和分运单。

4. 订舱

订舱是指航空货运代理公司将所接收的空运货物向航空公司正式提出运输申请并订妥舱位。首先,航空货运代理接到托运人的发货预报,向航空公司吨控部门领取并填写

中国民用航空局
THE CIVIL AVIATION ADMINISTRATION OF CHINA
国际货物托运书
SHIPPER'S LETTER OF INSTRUCTION

货运单号码：
NO. OF AIR WAYBILL:

托运人姓名及地址 SHIPPER'S NAME AND ADDRESS	托运人帐号 SHIPPER'S ACCOUNT NUMBER	供承运人用 FOR CARRIER USE ONLY	
		航班/日期 FLIGHT/DAY	航班/日期 FLIGHT/DAY
收货人姓名及地址 CONIGNEE'S NAME AND ADDRESS	收货人帐号 CONSIGNEE'S ACCOUNT NUMBER	已预留吨位 BOOKED	
		运费 CHARGES	
代理人的名称和城市 ISSUING CARRIER'S AGENT NAME AND CITY			
始发站 AIRPORT OF DEPARTURE			
到达站 AIRPORT OF DESTINATION			

托运人声明的价值 SHIPPER'S DECLARED VALUE		保险金额 AMOUNT OF INSURANCE	所附文件 DOCUMENTS TO ACCOMPANY AIR WAYBILL
供运输用 FOR CARRIAGE	供海关用 FOR CUSTOMS		

处理情况（包括包装方式货物标志及号码等）

件数 NO. OF PACKAGES	实际毛重（千克） ACTUAL GROSS WEIGHT(KG)	运价类别 RATE CLASS	收费重量（千克） CHARGEABLE WEIGHT (KG)	费率 RATE/CHARG	货物品名及数量（包括体积或尺寸） NATURE AND QUANTITY OR GOODS (INCL. DIMENSIONS OF VOLUME)

托运人证实以上所填全部属实并愿遵守承运人的一切载运章程
THE SHIPPER CERTIFIES THAT THE PARTICULARS ON THE FACE HEREOF ARE CORRECT AND AGREES TO THE CONDITIONS OF CARRIAGE OF THE CARRIER

托运人签字 SIGNATURE OF SHIPPER	日期 DATE	经手人 AGENT	日期 DATE

图 3-2 国际货物托运书

订舱单,同时提供相应的信息,包括货物的名称、体积、重量、件数、目的地、要求出运的时间等。航空公司根据实际情况安排舱位和航班,签发舱单。

5. 接货

接货就是航空货运代理和货主交接货物,并将货物运至航空货运代理公司仓库或直接运至航空公司仓库的过程。航空货运代理接货最重要的工作是根据货主提供的发票和装箱单清点货物,核对货物的数量、重量、品名、包装等是否与货运单据上列明的一致。接货包括两种情况:发货人自送货和货运代理上门取货。

6. 出口报关

在发运货物之前,报关单证齐全后,发货人或代理人要申报报关单,向起运地或出境地海关办理出口货物报检、报关手续。报检、报关工作可由航空货运代理代为办理。海关放行后,航空货运代理要将运单与货物一起交给航空公司,航空公司验收单、货无误后在交接单上签字。

7. 交接发运

交接发运是指航空货运代理向航空公司交单、交货,航空公司接货,并安排运输。交单就是将随机单据和应由承运人留存的单据交给航空公司。交货就是将与单据相符的货物交给航空公司。交货时要清点和核对货物,填制货物交接清单。航空公司核对清点后,在交接清单上签收。货物装机完毕,由航空公司签发航空总运单。

8. 费用结算

发货人与货运代理人在飞机起飞前结清相关运杂费用。货物装机后,货主即可向买方发出装运通知,以便对方准备付款、办理收货。

3.3.6 运费计算

航空运价又称费率,是指承运人为运输货物对规定的重量单位(或体积)收取的费用,特指机场与机场间的空中费用,不包括承运人、代理人或机场收取的其他费用。运费是根据适用运价计得的发货人或收货人应当支付的每批货物的运输费用。航空公司按国际航协所制定的三个区划费率收取国际航空运费。

1. 国际航协交通协议区

国际航空货物运输中与运费有关的各项规章制度、运费水平都是由国际航协统一协调、制定的。在充分考虑了世界上各个不同国家、地区的社会经济、贸易发展水平后,国际航协将全球分成三个大区域,简称"航协区"——Traffic Conference Areas。

计算货物运费的公式为

$$货物运费 = 适用的运价 \times 计费重量$$

计算空运货物运费时主要应考虑三个因素,即适用的运价、计费重量、货物的声明价值及其他规定。

2. 国际货物运价的种类

按运价制定的途径,国际航空货物运价可分为协议运价和国际航协运价。

协议运价是指同行的双方或几方航空公司通过磋商达成协议,并且报请各国政府获得批准后共同使用遵守的运价。国际航协运价是指 IATA 在航空货物运价手册(The Air

Cargo Tariff，TACT）上公布的运价。

3. 航空运输计费重量

计费重量是指用以计算货物航空运费的重量。航空运费中货物的计费重量分为实际毛重、体积重量、计费重量三种。

1）实际毛重

实际毛重是货物净重与外包装重量的总和，以0.1千克为计算单位。

2）体积重量

货物体积按照一定比例折合成重量，以0.5千克为计算单位。

我国民航规定在计算体积重量时，以6 000立方厘米折合1千克为计算标准。不论货物的形状是否为规则的长方体或正方体，计算货物体积时，均应以最长、最宽、最高的三边的厘米长度计算，长、宽、高的小数部分按四舍五入取整，其公式为

$$体积重量（千克）= 货物体积 \div 6\,000\ 立方厘米$$

3）计费重量

由于货舱空间的限制，一般对于低密度的货物，即轻泡货，其体积重量可能会成为计费重量。在货物体积小、重量大时，按实际重量计算；在货物体积大、重量小时，按体积计算。在集中托运时，如果一批货物由几件不同的货物组成，有轻泡货，也有重货，其计费重量则采用整批货物的总毛重或总体积计量，按两者之中较高的一个计算。计费重量以0.5千克为最小单位，重量尾数不足0.5千克的，按0.5千克计算；0.5千克以上不足1千克的，按1千克计算。例如：105.001千克计为105.5千克，105.501千克计为106.0千克。

【例3-1】某批货物两箱，包装尺寸分别为120厘米×80厘米×100厘米，100厘米×92厘米×74厘米，该批货物的毛重为187千克。试计算该批货物的计费重量。

解：该批货物的总体积为1 640 800立方厘米，体积重量为273.47千克，故计费重量应取273.47千克。重量尾数不足0.5千克，按0.5千克计算，故最终计费重量应为273.5千克。

4. 普通货物运价

由于跨境电商包裹通常为普通货物，下面仅列出航空普通货物的运价计算方法。

不含有贵重元素，并按普通货物运价（general cargo rate，GCR）收取运费的货物称普通货物。为普通货物制定的运价称为普通货物运价。普通货物运价也称一般货物运价。普通货物运价的代号为：

M——5千克以下普通货物运价；

N——标准运价（45千克以下普通货物运价）；

Q——45千克以上普通货物运价。

普通货物运价以45千克（或100磅）为划分点，45千克以上较45千克以下的运价低。普通货物运价还公布有"Q45""Q100""Q300"等不同重量等级分界点的运价。"Q45"表示45千克以上（包括45千克）普通货物的运价，以此类推。

普通货物航空运费计算方法主要有如下三步。

（1）求出货物的体积，除以6 000立方厘米折合成体积重量。

（2）将体积重量与实际毛重比较，选择两者之中的高者作为计费重量。

（3）应用计算公式，航空运费=计费重量×费率。

【例 3-2】 从北京到荷兰阿姆斯特丹空运一批货（bamboo basket），其毛重为 39.7 千克，体积为 101 厘米×58 厘米×32 厘米，公布运价如下，请计算该批货物的运费。

Beijing	CN	KGS	CNY
Amsterdam	NL	M	320.00
		N	50.22
		Q45	41.53
		Q300	37.52

解：（1）按实际重量计算。

体积：101 厘米×58 厘米×32 厘米=187 456 立方厘米

体积重量：187 456 立方厘米÷6 000 立方厘米/千克≈31.24 千克

体积重量为 31.5 千克（不足 0.5 千克的按 0.5 千克计算）

毛重：39.7 千克

计费重量：40 千克（0.5 千克以上不足 1 千克按 1 千克计算）

适用运价：N 为 50.22 CNY/千克

运费：40.0×50.22=2 008.8（元）

（2）采用较高重量分界点的较低运价计算。

计费重量：45.0 千克

适用运价：Q 为 41.53 CNY/千克

运费：41.53×45.0=1 868.85（元）

（1）与（2）比较，取运费较低者。

运费应为 1 868.85 元，而不是 2 008.8 元。

由于航空运费按计费重量大小，分成几个等级，航空货运代理就可以从运价级差中获利。例如，代号为 M 表示 5 千克以下，代号为 N 表示 45 千克以下，代号为 Q 表示 45 千克以上。级次越高，费率越低；计费重量越大，费率越低。航空运输以 1 张运单为计算运费单位，如果有 3 批各为 35 千克计费重量的货物运往西雅图，分制 3 张运单，则每批都按 N 级运价 49.12 元计费。若把这 3 批货物合在一起做成 1 张运单，则按 100 千克以上运价 34.41 元计费。但 1 张运单只能是 1 个收货人，因此，有些货运代理把收集起来运往同一目的地不同收货人的多批货物，用 1 张运单送给目的地的货运代理，货物运抵目的地后由其按不同货物标记，分交不同的收货人，这样，运输代理就可以从运价级差中获利。

3.4 铁路运输

3.4.1 中欧班列概述

1. 中欧班列的概念

中欧班列是由中国国家铁路集团有限公司（以下简称"中国铁路总公司"）组织，

扩展阅读 3.2　全球铁轨宽度各有不同，60%国家用标准轨，为何俄罗斯却用宽轨？

按照固定车次、线路、班期和全程运行时刻开行，往来于中国与欧洲以及"一带一路"沿线国家间的集装箱国际铁路联运班列，是深化我国与沿线国家经贸合作的重要载体和推进"一带一路"建设的重要抓手。

2. 中欧班列的起源

中国与欧洲的货物其实很早就已经通过铁路进行运输，只不过主要是通过多式联运的方式，例如海铁联运和公铁联运等，其中最著名的要数"第一亚欧大陆桥"和"第二亚欧大陆桥"。

第一亚欧大陆桥又称西伯利亚大陆桥，是世界第一条连接欧洲、亚洲的大陆桥，以俄罗斯东部的符拉迪沃斯托克港（海参崴港）为起点，贯通亚洲北部，横穿西伯利亚大铁路通向莫斯科，然后通向欧洲各国，最后到荷兰鹿特丹港。整个大陆桥共经过俄罗斯、中国（由绥芬河入中国境，途中经由哈尔滨、齐齐哈尔、昂昂溪、扎兰屯、海拉尔直至满洲里出中国境）、哈萨克斯坦、白俄罗斯、波兰、德国、荷兰7个国家，全长13 000 千米，全程约40天，于1971年正式开通。

第二亚欧大陆桥是指东起中国连云港，途经江苏、河南、陕西、甘肃、青海、新疆，到中哈边界的阿拉山口出国境，穿越哈萨克斯坦等中亚地区，经俄罗斯、白俄罗斯、乌克兰、波兰、德国等欧洲口岸，最终到达荷兰鹿特丹港的国际化铁路干线，全长10 900 千米，于1992年12月1日正式投入国际集装箱运输业务。

其实本来还有第三亚欧大陆桥的构想，但是仅停留在构想环节。第三亚欧大陆桥以深圳港为代表的广东沿海港口群为起点，昆明为中间枢纽，途经缅甸、孟加拉国、印度、巴基斯坦、伊朗，从土耳其进入欧洲，最终抵达荷兰鹿特丹港，横贯亚欧21个国家，全长约15 000 千米，比经东南沿海通过马六甲海峡进入印度洋行程要短3 000 千米左右。

因此，中欧班列并不是突然出现或者"新鲜"的产物，从上述的亚欧大陆桥到平常的铁轨修建铺设，欧亚之间沿途的相关基础设施这些年来其实已经基本完善，配套服务也相对成熟。

2011年3月19日，中欧班列作为中欧货物运输新模式首次亮相，其标志是从中国重庆到德国杜伊斯堡的"渝新欧"国际铁路班列的正式发车，中欧之间的集装箱铁路货运新模式由此诞生。渝新欧班列的成功有效地推动重庆当地物流和相关产业的迅速发展，成为全国"第一个吃螃蟹"的地方班列。

3. 中欧班列的品牌标识

中欧班列具有的运时短、成本低、绿色环保、安全、准点率高等相对"优势"，并非中欧班列在过去几年内高速成长的主要原因。中欧班列开行数量能在短期内获得爆炸性增长主要依靠地方政府通过各种形式提供的支持，其中最主要的支持是运费补贴。

随着客户的不断增加，各地班列的竞争加剧。由于各个地区的班列基本是当地政府主导，互相抢货源和相互打价格战的行为一直存在，其中回程的货源争夺显得尤为激烈，因为回程的货源比例本来比较低。如果长期下去，势必引起恶性竞争以及破坏正常的市场秩序。

中国铁路总公司于 2014 年 8 月 14 日和 12 月 16 日分别在重庆和郑州举行了第一次和第二次中欧班列国内协调会议。第一次会议颁布了《中欧班列组织管理暂行办法》，签署了《关于建立中欧班列国内运输协调会备忘录》。其具体内容涉及各地中欧班列未来统一品牌标识、统一运输组织、统一全程价格、统一服务标准、统一经营团队、统一协调平台，强化机制和装备保障等。

2016 年 6 月 8 日，中国铁路总公司正式宣布启用"中欧班列"统一品牌，统一中欧班列品牌建设、班列命名、品牌标识、品牌使用和品牌宣传，有利于集合各地力量，增强市场竞争力，将中欧班列打造成为具有国际竞争力和信誉度的国际知名物流品牌。

中欧班列的品牌标识（图 3-3），整体以具有代表性的缩写英文字母为基础元素，以奔驰的列车和飘扬的丝绸为基本造型，巧妙地将中国铁路路徽、中国铁路英文缩写、快运班列英文字母相融合，以中国红、力量黑为主色调，结构简洁稳重、动感自然，既突出铁路特色和国际元素，又凸显出中国铁路稳重、诚信、包容、负责和实力的品牌形象。

品牌标识的红色"L"像一条飘逸的绸带，寓意丝绸之路经济带的辉煌历史和光明未来；同时，又与中国铁路路徽一起，艺术夸张地变形为"欧洲"的英文"Europe"的首字母"E"，加之"快运班列"的英文"express"，体现了中国与欧洲文化的结合。延展的下部也可视为汉字"一"，寓意中欧班列在"一带一路"上铿锵前行，提供一流服务和创建一流品牌的目标追求。

"CR"是中国铁路的英文"China Railway"的缩写，铁路路徽代表着中国铁路的行业属性，将其置于"L"的上面，寓意中国铁路在引领世界铁路运输发展中扮演着"火车头"的重要角色。字母之间紧密相连，一气呵成，一笔贯穿始终，象征中国铁路的凝聚力，也彰显出中国铁路开拓创新、走向世界的自信。

综艺体"中欧班列"及其英文名称"CHINA RAILWAY Express"，与主徽标意象为一辆机车牵引着满载货物的列车，给人赏心悦目之感，也寓含着中国铁路架起了中欧往来交流的桥梁，如图 3-4 所示。

图 3-3　中欧班列的品牌标识

图 3-4　综艺体中欧班列品牌标识

4. 中欧班列迅猛发展

2016 年统一品牌后，中欧班列正式进入快速发展阶段，呈现出增长速度快、覆盖范围广、货品种类多的典型特点。

中国铁路总公司的数据显示，2011—2020 年，中欧班列年开行数量由 2011 年不到 20 列发展到 2020 年的 1.24 万列，年均增速达 108%，累计开行达 3.36 万列，运送集装箱近 300 万标准箱，运送货物货值超过 1 600 亿美元。

2020 年，对于中欧班列而言，又是个特殊的年份。突如其来的新冠病毒感染疫情使海空传统运输通道受阻，中欧班列担负起了国际贸易运输的重任。中国铁路总公司的数据显示，2020年中欧班列全年开行1.24万列、发送113.5万标准箱，同比分别增长50%、56%，综合重箱率达98.4%。2020年，中欧班列年度开行数量首次突破1万列。

在中欧班列越跑越多的背后，是开行中欧班列的中国城市不断壮大。继重庆后，西安、广州、长沙、武汉、义乌、乌鲁木齐等地相继作为中欧班列的始发地，搭载诸如服饰、玩具、家电产品或当地特色产品，源源不断地运往欧洲。中国铁路总公司的数据显示，截至2020年，国内运行中欧班列的城市已达29个；班列可通达21个国家的92个城市，较上年同期增加37个，增幅67%。

在中欧班列的运输网络中，已构成了以西安、成都、重庆、郑州、乌鲁木齐为代表的五大枢纽地区。以2020年中欧班列的开行量为例，西安始发的中欧班列最多，达3 670列。紧随其后的是成都，为2 800列；重庆2 177列；郑州1 106列以及乌鲁木齐1 068列。其中，西安、重庆、成都三地的中欧班列年开行量均超过2 000列，合计约占全国开行总量的80%。

部分城市的开行数量、运行时间、运输里程等信息见表3-6。

3.4.2　中欧班列运输通道和枢纽节点组织方式

1. 中欧班列运输通道

中欧班列运输通道不仅连通欧洲及沿线国家，也连通东亚、东南亚及其他地区。其不仅是铁路通道，也是多式联运走廊。目前，中欧班列已形成以"三大通道、四大口岸、五个方向"为特点的基本格局。

"三大通道"是指中欧班列经新疆出境的西通道和经内蒙古出境的中、东通道。

（1）西通道：①由新疆阿拉山口口岸出境，经哈萨克斯坦与俄罗斯西伯利亚铁路相连，途经白俄罗斯、波兰、德国等，通达欧洲其他各国。②由新疆霍尔果斯口岸出境，经哈萨克斯坦、土库曼斯坦、伊朗、土耳其等国，通达欧洲各国；或经哈萨克斯坦跨里海，进入阿塞拜疆、格鲁吉亚、保加利亚等国，通达欧洲各国。③由吐尔尕特（伊尔克什坦），与规划中的中吉乌铁路等连接，通向吉尔吉斯斯坦、乌兹别克斯坦、土库曼斯坦、伊朗、土耳其等国，通达欧洲各国。主要货源吸引区：西北、西南、华中、华北、华东等地区，经陇海、兰新等铁路干线运输。

（2）中通道：由内蒙古二连浩特口岸出境，途经蒙古国与俄罗斯西伯利亚铁路相连，通达欧洲各国。主要货源吸引区：华北、华中等地区，经京广、集二等铁路干线运输。

（3）东通道：由内蒙古满洲里（黑龙江绥芬河）口岸出境，接入俄罗斯西伯利亚铁路，通达欧洲各国。主要货源吸引区：东北、华东、华中、华南等地区，经京沪、哈大等铁路干线运输。

"四大口岸"分别是处在三大通道上的阿拉山口、满洲里、二连浩特、霍尔果斯，它们是中欧班列出入境的主要口岸。其中，阿拉山口是班列出入量最大的口岸，其次是满洲里，二连浩特居第三位，霍尔果斯承接的班列数也在逐步增长。

"五个方向"是中欧班列主要终点所在的地区，目前，这部分地区包括欧盟各国、俄罗斯及部分中东欧、中亚、中东、东南亚国家等。

表 3-6 截至 2020 年中欧班列的开行情况（部分）

国际班列	简称	开行数量	口岸站	境外发到站国别	运行时间	运输里程/千米	途经国	重要货物种类	运营企业
郑州—汉堡/慕尼黑	中欧班列（郑州）	约 6 列/周	阿拉山口/霍尔果斯	德国	约 15 天	约 10 245	哈、俄、白、波、德	纺织品、汽车配件、机械、医疗器械、烟酒食品等	工程电子产品、服饰、文体用品、机械零件等	郑州国际陆港开发建设有限公司
郑州—武汉—汉堡	中欧班列（郑州）	约 2 列/周	二连浩特	德国	约 15 天		蒙、俄、白、波、德	服饰、文体用品、机械零件等	郑州国际陆港开发建设有限公司
成都—罗兹	中欧班列（成都）	3～4 列/周	阿拉山口/霍尔果斯	波兰	约 12 天	约 9 826	哈、俄、白、波	农产品、机电设备、酒类、汽车零配件等	食品机械设备、汽车及零配件等	成都国际铁路班列有限公司
成都—纽伦堡	中欧班列（成都）	1 列/周	阿拉山口/霍尔果斯	德国	约 14 天	约 10 546	哈、俄、白、德	农产品、电器类、汽车零配件等	食品机械设备、汽车及零配件等	成都国际铁路班列有限公司
成都—蒂尔堡	中欧班列（成都）	2～3 列/周	阿拉山口/霍尔果斯	荷兰	约 14 天	约 10 858	哈、俄、白、德、荷	蔬菜、水果	服装鞋帽等	成都国际铁路班列有限公司
成都—莫斯科	中欧班列（成都）	4 列/月	二连浩特	俄罗斯	约 12 天	约 9 572	蒙、俄	蔬菜、水果	服装鞋帽等	成都国际铁路班列有限公司
武汉—明斯克/昆采沃/汉堡	中欧班列（武汉）	约 2 列/周	满洲里	白俄罗斯/俄罗斯/德国	12～15 天	约 10 700	俄、白、波、德	电子产品、医用产品	服装、机械及机械配件等	武汉汉欧国际物流有限公司
武汉—帕尔杜比采/罗兹/汉堡/杜伊斯堡	中欧班列（武汉）	约 4 列/周	阿拉山口/霍尔果斯/二连浩特	捷克/波兰/德国	约 15 天	约 11 179	哈、捷、波、白、德	电子产品、医用产品等	服装、服装和机械配件等	武汉汉欧国际物流有限公司
重庆—杜伊斯堡	中欧班列（重庆）	约 15 列/周	阿拉山口/霍尔果斯	德国	约 15 天		俄、白、蒙、波、德	化工品、家具、机电	服装	渝新欧（重庆）物流有限公司
重庆—切尔科斯克	中欧班列（重庆）	2 列/周	满洲里	俄罗斯	约 10 天		俄	食用油、纸浆、汽车	水果	渝新欧（重庆）物流有限公司
义乌—马德里	中欧班列（义乌）	1 列/周	阿拉山口	西班牙	约 18 天	约 13 000	哈、俄、白、法、西	空调、布料、工具等	服装、机械配件、汽车配件等	义乌市天盟实业投资有限公司
义乌—明斯克	中欧班列（义乌）	1 列/周	满洲里	白俄罗斯	约 12 天		俄、白	日用小商品、五金包装品等	服装、电动箱、电子产品	义乌市天盟实业投资有限公司
义乌—伊斯坦布尔	中欧班列（义乌）	1 列/周	霍尔果斯	土耳其	约 18 天		哈、格、亚、阿、土			义乌市天盟实业投资有限公司

2. 中欧班列枢纽节点组织方式

按照铁路"干支结合、枢纽集散"的班列组织方式，在内陆主要货源地、主要铁路枢纽、沿海重要港口、沿边陆路口岸等地规划设立一批中欧班列枢纽节点。

（1）内陆主要货源地节点：具备稳定货源，每周开行2列以上点对点直达班列，具有回程班列组织能力，承担中欧班列货源集结直达功能。其分别是重庆、成都、郑州、武汉、苏州、义乌、长沙、合肥、沈阳、东莞、西安、兰州共计12个点。

（2）主要铁路枢纽节点：在国家综合交通网络中具有重要地位，具备较强的集结编组能力，承担中欧班列集零成整、中转集散的功能。其分别是北京、天津、沈阳、哈尔滨、济南、南京、杭州、郑州、合肥、武汉、长沙、重庆、成都、西安、兰州、乌鲁木齐、乌兰察布共计17个点。

（3）沿海重要港口节点：在过境运输中具有重要地位，具备完善的铁水联运条件，每周开行3列以上点对点直达班列，承担中欧班列国际海铁联运功能。其分别是大连、营口、天津、青岛、连云港、宁波、厦门、广州、深圳、钦州共计10个点。

（4）沿边陆路口岸节点：中欧班列通道上的重要铁路国境口岸，承担出入境检验检疫、通关便利化、货物换装等功能。其分别是阿拉山口、霍尔果斯、二连浩特、满洲里共计4个点，是中欧班列出入境的主要口岸。

为推动中欧班列高质量发展，2020年7月，国家发展改革委下达中央预算内投资2亿元，支持郑州、重庆、成都、西安、乌鲁木齐5个中欧班列枢纽节点城市开展中欧班列集结中心示范工程建设。这预示着中欧班列将从"点到点"发展到"枢纽到枢纽"，加快建设形成"干支结合、枢纽集散"的高效集疏运体系。

3.4.3 中欧班列业务流程

中欧班列可以通过货主自己或其他货代等办理班列业务，主要业务流程如图3-5所示。

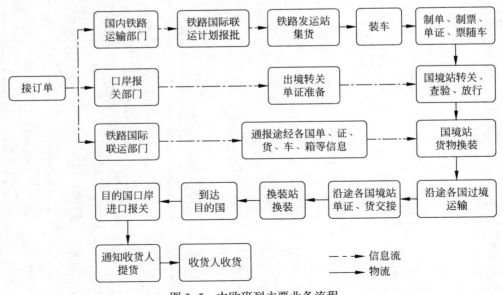

图3-5 中欧班列主要业务流程

1. 揽货接单

铁路公司每个月月底将下个月班列时间表发给客户和主要代理商，以确保提供给客户信息的准确性和时效性。定期统计客户订舱信息，确定订舱有效性，确定集装箱个数，签订委托书。委托书的内容：收发货人信息、货物品名、包装类别、数量、重量、体积、目的地等资料。

在接单之前，必须排除不能接收的业务（根据禁运清单和天气因素确定）。在接受委托书前，如发现品名有异常，应向相关人员咨询、确认后再接单。

2. 接货装箱

（1）整箱货（full container cargo load，FCL）装箱：整箱货的装箱可在站内完成，也可在站外完成。若在站内装箱，托运人按车站指定的送货日期将货物运至车站，外勤货运员指定拨配空箱，由托运人自己组织装箱，装箱完毕后施封；若在站外装箱，一般先由托运人根据车站指定的取箱日期将空箱运到本单位组织装箱，并在施封后将重箱送到车站。无论在何处装箱，托运人接到外勤货运员拨配的空箱后，一定要检查集装箱是否有破损、装置是否完好。

（2）拼箱货（less than container cargo load，LCL，或 consolidated cargo）装箱：拼箱货是将若干个不同发货人的货物托运到同一铁路到站的零担货物装箱运输。目前有铁路拼箱和集散站拼箱两种作业形式：①铁路拼箱货物按零担货物收取运费，但须另收拼箱费用。货物的装、拆箱以及货物受理和交付均由铁路负责，因此货物运单、领货凭证和货票等运输单证上要加盖"铁路拼箱"戳记。②集散站拼箱，是集散站使用铁路集装箱或部分自备集装箱，面对货主办理承运和交付，将同一到站不同收货人的货物共装于一集装箱内，向铁路部门按整箱办理运输。

3. 准备铁路文件

将所有的文件信息发于操作人员，包括：品名、件数、重量、HS Code（海关编码）、发货人、收货人。

4. 报关

柜子还重之后，报关行报关，若货物需法检，操作人员、报关行先行报检，出通关单，再报关。

5. 发送提单及账单

待班列开行后，操作人员会将提单发给客户及国外代理，并开账单给客户。

3.5 集装箱运输

集装箱运输除具有杂货班轮运输的优点外，还比杂货班轮运输速度更快、货运质量更高。目前，世界主要航线上的班轮运输，除少部分货载仍使用杂货班轮经营外，已基本上发展为集装箱班轮运输。

扩展阅读3.3 世界著名集装箱班轮公司

3.5.1 集装箱运输的特点及运输的主要当事人

集装箱运输具有杂货班轮运输无法比拟的优越性和特点，是多部门的联合运输。在集装箱运输中，货物由物流中心汇集起来，按发货人的要求，通过集装箱配送专车把集装箱送到集装箱码头或集装箱货运站（container freight station），再通过各种集装箱运输方式把货物送到收货人所在地的物流中心或直接送到收货人处。集装箱运输的最大成功在于其产品的标准化以及由此建立的一整套运输体系，并且以此为基础逐步实现全球范围内的船舶、港口、航线、公路、中转站、多式联运相配套的物流系统。

1. 集装箱的分类

集装箱是用钢、铝、胶合板、玻璃钢或这些材料混合制成的大型装货容器，是具有一定规格和强度，专为周转使用的大型货箱。国际标准化组织（ISO）对集装箱下的定义为"集装箱是一种运输设备"。集装箱在我国香港称为"货箱"，在我国台湾称作"货柜"。集装箱按用途分为干货集装箱（dry container）、冷冻集装箱（reefer container）、挂衣集装箱（dress hanger container）、开顶集装箱（open top container）、框架集装箱（flat rack container）、罐式集装箱（tank container）等。

按尺寸分，目前国际标准集装箱的宽度均为8英尺（1英尺=30.48厘米）；高度有8英尺、8英尺6英寸（1英寸=2.54厘米）、9英尺6英寸和小于8英尺4种；长度有40英尺、30英尺、20英尺和10英尺4种。此外，还有一些国家颁布的各自标准下所使用的集装箱。目前，在海上运输中，经常使用的是国际标准化组织IAA型和ICC型集装箱，在实际使用中常以不同长度作为区别的标准，如6.1米（20英尺）、12.2米（40英尺）集装箱就是指ICC型、IAA型集装箱。同一规格的集装箱，由于结构和制造材料的不同，其内容积略有差异。为使集装箱箱数计算统一化，人们把20英尺集装箱作为一个计算单位，简称标箱，40英尺集装箱作为两个计算单位，以利于统一计算集装箱的营运量。集装箱具有坚固、密封和可以反复使用等优越性，这是任何运输包装都无法与之比拟的。集装箱放在船上等于是货舱，放在火车上等于是车皮，放在卡车上等于是车厢，因此，无论在单一运输方式下或多式运输方式下均不必中途倒箱。集装箱的内部容量较大，而且易于装满和卸空，在装卸设备配套的情况下它能迅速搬运。

2. 集装箱运输的特点

集装箱运输就是以集装箱为运输单位进行货物运输的一种先进的现代化运输方式。它具有如下几个特点。

（1）在全程运输中，可以将集装箱从一种运输工具上直接方便地换装到另一种运输工具上，而无须接触或移动箱内所装货物。

（2）货物在发货人的工厂或仓库装箱后，可经由海、陆、空不同运输方式一直运至收货人的工厂或仓库，实现"门到门"运输而中途无须开箱倒载和检验，大大减少了中间环节，简化了货运手续，加快了货运速度，缩短了货运时间，从而减少了商品在途时间。

（3）集装箱由专门的运输工具装运，装卸快，效率高，质量有保证。

（4）一般由一个承运人负责全程运输。

3. 集装箱运输的主要当事人

1）货代

货代既扮演"代理"角色，又扮演"当事人"角色，大部分情况下为"承运人"角色。海上货运代理企业需要为托运人安排运输路线，选择合适的承运人、接受委托、订舱、包装、储存、代理报关报检，安排境内运输等；对海关负责，审核申报货物确切的金额、数量、品名；为承运人商谈公平合理的运价，进行交货。

2）班轮公司

班轮公司的情况在 3.2 节已有介绍，此处不再赘述。

3）集装箱码头（堆场）经营人

集装箱码头（堆场）经营人是拥有码头和集装箱堆场经营权（或所有权），从事集装箱交接、装卸、保管等业务的服务机构。它受托运人或其代理人以及承运人或其代理人的委托提供各种集装箱运输服务。在国际海运物流链中，集装箱码头具有装卸、存储和通关、检验功能，是集装箱货物海运与陆运的连接点，是海陆多式联运的枢纽，是集装箱货物换装转运的中心。

集装箱码头物流系统总体上来看可分为大门检疫系统、堆场作业系统、水平运输系统和船舶装卸系统。这四个子系统之间相互关联，共同为实现检疫、货物进港、集装箱分类、堆场作业运作、集装箱卡车外运、装船离港或进港卸货等功能服务。

4）集装箱货运站

集装箱货运站是在内陆交通比较便利的大中城市设立的提供集装箱交接、中转或其他运输服务的专门场所，一般可分为集装箱内陆货运站和港口货运站。

3.5.2　集装箱运输的一般流程

集装箱运输在集装箱运输的港站以及与货代、船代、运输公司、银行、保险、监管等部门的业务活动中，围绕着集装箱的验收、提取、装卸、堆存、装箱、拆箱、收费、检验检疫、报关等，存在着错综复杂的作业环节，伴随着众多单证的处理要求。集装箱货物的运输一般是将分散的小批量货源预先在内陆的某几个点加以集中，等组成大批量货源后，通过内陆运输或内河运输，将其运至集装箱码头装船，然后通过海上运输，到达卸船港卸货，再通过内陆运输或内河运输，将集装箱货物运到最终目的地。其货运的一般流程可用图 3-6 简单表示。

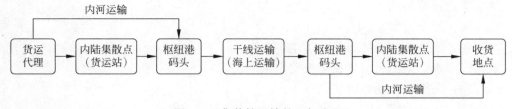

图 3-6　集装箱运输的一般流程

3.5.3　集装箱运输出口操作的流程

1. 揽货接单

订舱委托书是进出口商为了完成订舱任务，通过船公司或货代公司预订舱位的申请书。委托书没有统一的格式，主要包含以下内容：托运人、收货人、托运货物名称和托运货物件数、毛重、体积、装运事项等。

完成委托书填写后，物流业务员需对委托书信息进行核对，确认产品的品名是否存在不符海关监管条件或属于危险品的情况；确认货物的重量、体积是否在仓库的装载能力范围内；确认委托书信息是否完整、准确。完成对委托书的审核后，需要针对委托书中的信息完成港口、航线的确认与舱位预订工作。

2. 订舱操作

货代接受客户委托后，在货物托运前的一定时间内填制托运单交至船公司或其代理人在截单期前提出订舱申请，注明要求的船只、航次等，船公司或其代理人审核货名、重量、尺码、卸货港等后可予接受，即在托运单上填写船名、航次、提单号，抽留其需要的各联，并将装货单、配舱回单连同其余各联退回货运代理人作为对该批货物订舱的确认，同时要求相关企业将货物在规定时间内送至指定仓库。当船公司或其代理签出装货单，订舱工作即告完成，就意味着托运人和承运人之间的运输合同已经缔结。

集装箱货物托运单是由货代缮制送交船公司或其代理人处订舱使用的单据。为了提高集装箱货物的托运效率，场站收据联单把货物托运单（订舱单）、装货单、大副收据、配舱回单、运费通知等单证汇成一份。货代去船公司订舱的时候用的就是场站收据联单。与传统杂货班轮运输所使用的托运单证相比，场站收据联单是一份综合性的单证。

场站收据联单是由承运人发出的证明已收到托运货物并开始对货物负责的凭证。场站收据一般是在托运人口头或书面订舱，与船公司或船代达成了货物运输的协议，船代确认订舱后，由船代交托运人或货代填制，在码头堆场、集装箱货运站或内陆货运站收到整箱货或拼箱货后签发生效，托运人或其货运代理人可凭场站收据，向船代换取已装船或待装船提单。货运代理去船公司订舱的时候用的就是场站收据联单（十联单），内容如下：

第一联：集装箱货物托运单（船代留底）（样本见图3-7）

第二联：装货单（场站收据副本）（样本见图3-8）

第三联：运费通知（1）

第四联：运费通知（2）

第五联：集装箱货物托运单（货主留底）

第五联副本：缴纳出口货物港务费申请书

第六联：大副联（场站收据副本）

第七联：场站收据

第八联：货代留底

第九联：配舱回单（1）

第十联：配舱回单（2）

3. 装箱操作

通常整箱货货运的空箱由货运代理到集装箱码头堆场领取，有的货主有自备箱；拼箱货货运的空箱由集装箱货运站负责领取。

图 3-7 集装箱货物托运单

图 3-8 集装箱货物装货单

整箱货是指由托运人负责装箱和计数，填写装箱单（container load plan），并加封志的集装箱货物，通常只有一个发货人和一个收货人。装货量达到每个集装箱容积的75%或达到每个集装箱负荷量的95%可以作为一个整箱。拼箱货是指由承运人的集装箱货运站负责装箱和计数，填写装箱单，并加封志的集装箱货物，通常每一票货物的数量较少，因此装载拼箱货的集装箱内的货物会涉及多个发货人和多个收货人，若装货量达不到整箱的标准则为拼箱。

整/拼箱操作一般由发货人指定或货代选择的装箱站进行，但发货人和货运代理可监督装箱。拼箱货由货运站根据订舱单和场站收据负责装箱，然后由装箱人编制集装箱装箱单。整箱货一般由发货人或货运代理负责装箱，并由其将已加海关封志的整箱货运到货运站。货运站根据订舱单，核对集装箱场站收据及装箱单并验收货物。货运站在验收货物和箱子后，即在场站收据上签字，并将签署后的场站收据交还给发货人或货运代理。

4. 报关报检操作

跨境电商的报关报检操作统一在"单一窗口"进行，针对不同的目的国（地区），产品需要符合不同国家（地区）的要求。报关报检具体操作流程与一般贸易操作方式一致。货物出境时，应填制和提供"出境货物报检单"，并提供外贸合同、销售确认数或订单；信用证或有关函电；生产单位出具的厂检结果单原件；检验检疫机构签发的"出境货物运输包装性能检验结果单"正本。

5. 发装船通知

集装箱装卸区根据装货情况，制订装船计划，并将出运的箱子调整到集装箱码头前方堆场，待船靠岸后，即可装船出运。货运代理要对大宗货箱掌握装船进度，船开后代出口人向境外卸港代理发送装船通知。

6. 换取提单

提单在国际班轮运输中既是一份非常重要的业务单据，又是一份非常重要的法律文件。提单是交付货物的物权凭证，是运输合同的证明。承运人或其代理人在目的港交付货物时，必须向提单持有人交货。提单是承运人接收货物的收据。承运人签发提单，就表明他已按提单上所列内容收到货物。对托运人而言，提单是在履行运输合同过程中出现的单据，承运人或其代理人在托运人填制的托运单上盖章时，承、托之间的合同就已成立。

发货人或货运代理凭集装箱场站收据向集装箱运输经营人或其代理换取已装船提单，这时运输工作即告一段落，然后去银行办理结汇。

3.5.4 集装箱海运的运费

集装箱海运运价实质上属于班轮运价的范畴。整箱货有最高运费和最低运费的计收规定，而且，集装箱货物最低运费的计收不是规定某一金额，而是规定一个最低运费吨，又称计费吨。

1. 集装箱海运的运费构成

集装箱货物在进行门到门运输时，一般通过多种运输方式完成整个运输过程，该过程可分为出口国内陆运输、装船港运输、海上运输、卸船港运输、进口国内陆运输五个组成部分。集装箱运费构成可参见图3-9。

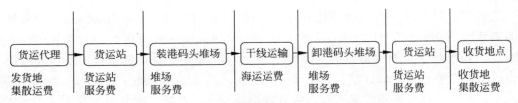

图 3-9 集装箱运费构成

总体来说，集装箱的运费主要包括海运运费、港区服务费、集散运费。

集装箱海运运费是指海上运输区段的费用，包括基本海运运费及各类海运附加费，是集装箱运费收入最主要部分。海运运费一般由集装箱运输承运人根据班轮公司运价本的规定，向托运人或收货人计收。港区服务费包括集装箱码头堆场服务费和货运站服务费。堆场服务费或称码头服务费，即装船港堆场接收出口的整箱货，以及堆存和搬运至港口码头装卸桥下的费用；同样在卸船港包括在装卸桥下接收进口箱，以及将箱子搬运至堆场和堆存的费用，并包括在装卸港的单证等费用。货运站服务费指拼箱货物经由货运站作业时的各种操作费用，包括提还空箱、装箱、拆箱、封箱、做标记的费用，以及在货运站内货物的正常搬运与堆存，签发场站收据、装箱单，必要的分票、理货等费用。集散运费指经陆路（公路或铁路）将集装箱货物运往装船港口的运输费用或将集装箱货物经陆路（公路或铁路）运往交货地的运输费用。

2. 集装箱海运运费的计收

集装箱海运运费结构与传统杂货班轮运费类似。但由于集装箱运输的特殊性，一般根据交接方式不同，把集装箱货物分为整箱货及拼箱货两种，它们的运费计收方式也有所不同。

（1）整箱货运费的计收。整箱货一般按箱计收运费。包箱运价是指集装箱运输的基本费率，它不分货类、不计货量，统一按货柜的大小，每一个货柜收若干运费。按箱计收运费的费率即包箱费率，它又分为商品包箱费率和均一包箱费率两种。商品包箱费率，是按不同商品和不同类型、尺寸的集装箱规定不同的包箱费率。均一包箱费率，是每个集装箱不细分箱内所装货物种类，不计货物重量或尺码（重量在限额之内），统一收取的运费。

（2）拼箱货运费的计收。拼箱货按所运货物的计费吨计收运费，其计算公式为

拼箱货海运运费 = 基本运费 + 各项附加费 = 基本运价 × 计费吨 + 各项附加费

式中：基本运价参照各航线不同结构（等级）的运价率；计费吨按运价本规定的计费标准确定；附加费以运价本的规定为标准计收。

● 即测即练 ●

第 4 章

跨境电商仓储与包装

【本章学习目标】
1. 了解跨境电商仓储的作用和分类；
2. 掌握仓储管理的流程及仓储的方法和原则；
3. 熟悉仓储合理化的措施；
4. 熟悉跨境电商货物包装的功能、种类、器材及包装合理化和标准化的含义。

案例导入

跨境电商外贸：菜鸟打造全球中心仓和优选仓仓网

2023年5月9日，菜鸟宣布将在一个月内新开设五座跨境仓库，优选仓总面积再增数万平方米，并将联手速卖通启用首个全球中心仓，进一步优化国际快递时效，满足商家备货需求，以应对即将到来的618大促的"爆单"压力。

什么是优选仓

优选仓是跨境物流基础设施的重要组成部分，通常设立在境内通关口岸附近，可为平台自运营商家及全托管商家等提供"物流全托管"服务，只需备货到仓内，后续的发货、清关、履约全部由菜鸟联合速卖通来完成。未来，优选仓还将实现到海外仓的"一键切换"功能，在优选仓验证成功的爆品，可直接由优选仓灵活运输至各国（地区）海外仓。

预计5月底前，菜鸟将打造覆盖广东、浙江、山东等8地，仓库数量超20个的优选仓仓网，包含Choice优选仓10个、平台商家可自选入驻优选仓13个及全球中心仓2个。

什么是全球中心仓

全球中心仓是指由菜鸟和速卖通联合打造的全球化仓储物流中心，能够实现全球范围内的物流、清关、配送等业务。此次联合开设的首个全球中心仓，将进一步扩大与提高国际快递物流网络的覆盖范围和物流效率。

优选仓和全球中心仓的作用

菜鸟的全球中心仓和优选仓的作用在于，为商家提供一站式的仓储、物流、清关、配送等服务，缩短商品的通关时间，提高整个配送流程的效率，为商家节约人力和成本。同时，菜鸟的全球化物流网络覆盖全球近200个国家和地区，能够帮助商家更加便捷地进行全球跨境贸易。

截至目前，菜鸟已在全球布局6大智慧物流枢纽，海外分拨中心已增至15个，国际快递物流网络已覆盖全球近200个国家及地区。未来，菜鸟将继续加速跨境物流布局，为商家提供更加便捷、高效、优质的物流服务，助力商家实现全球化经营。

资料来源：亿邦动力.跨境电商外贸：菜鸟打造全球中心仓和优选仓仓网［EB/OL］.（2023-05-23）.https://www.ebrun.com/20230523/518840.shtml.

4.1 跨境电商货物仓储概述

4.1.1 跨境电商货物仓储的定义

"仓"是储存和保管物品的建筑物或场所的总称，像古代的大型容器、洞穴或特定的场所等，现代主要指存放和保护物品的房屋及建筑物等；"储"表示将产品储存起来以备使用，具有存放、保管和养护的作用。仓储就是通过仓库对物资进行储存和保管的活动。跨境电商货物仓储是指通过各种仓库或场所，如物流中心仓库、海关监管仓库、港口堆场、保税仓库和海外仓等为跨境电商相关的原材料、半成品和产成品提供储存和保管的活动。跨境电商仓储业务是随着跨境电商的产生和发展而发展起来的，它主要是在各国（地区）国际物流中心仓库、保税仓库、海关监管仓库、港口堆场进行。仓储管理的目的是保证仓储货物的完好无损，确保生产经营活动的正常运行，并在此基础上对各类货物的状况进行分类记录，以明确的图表方式展示仓储货物在数量、品质方面的状况，以及所在的位置等情况。

扩展阅读4.1 一盘库存卖全球，这是华东首个"全球中心仓"

与仓储紧密相关的一个概念是库存，库存是指"储存作为今后按预定的目的使用而处于闲置或非生产状态的物品"。跨境电商企业中的库存是指跨境电商企业在运营过程中的各个仓库点堆积的原材料、产成品和其他物资。跨境电商的库存分布在各个环节。为了满足销售出口需求，必然有一定量的周转库存；有些出口商品需要在流通领域内进行出口商品贸易前的整理、组装、再加工、再包装或换装等，形成一定量的贸易前的准备库存；有时，由于某些出口商品在产销时间上的背离，如季节性生产但常年消费，常年生产但季节性消费的商品，则必须留有一定数量的季节库存。由此可见，跨境电商货物仓储有利于克服外贸商品使用价值在时间上的差异，物流部门依靠仓储创造商品的时间价值。

4.1.2 跨境电商货物仓储的作用

在跨境电商物流过程中，仓储的作用主要有如下几个。

（1）调节商品的时间需求，进而消除商品的价格波动。一般来说，商品的生产和消费不可能是完全同步的，为了弥补这种不同步所带来的损失，就需要储存商品来消除这种时间性的需求波动。比如，人们在日常生活中，对于大米的需求是持续的。但是，大米的生产并不是随时都能进行的，即大米的供给是集中进行的。所以，必须通过商品储存来储存一些大米，在不能生产大米的季节供给消费者。而且，这种有目的性的商品储存，可以防止商品供给和需求之间矛盾的产生，稳定物价。

（2）降低运输成本，提高运输效率。众所周知，商品的运输存在规模经济性。而对于企业来说，顾客的需求都是小批量的，如果对每一位顾客都单独运送货物，那么，将无法实现运输的规模经济，物流成本将是极大的。所以，为了降低运输成本，可以通过商品的储存，将运往同一地点的小批量的商品聚集成为较大的批量，然后再进行运输，到达目的地后，再分成小批量送到客户手中。这样，虽然产生了商品储存的成本，但是可以更大限度地降低运输成本、提高运输效率。

（3）达到更好的客户满意度。对于企业来说，如果在商品生产出来之后，能够尽快地把商品运到目标消费区域的仓库中去，那么，目标消费区域的消费者在对商品产生需求的时候，就能够尽快地得到这种商品。这样，消费者的满意度就会提高，而且能够打造更佳的企业形象，为企业今后的发展奠定良好的基础。

（4）更好地满足消费者个性化消费的需求。随着时代的发展，消费者的消费行为越来越向个性化的方向发展，为了更好地满足消费者的这种个性化消费的要求，可以利用商品的存储对商品进行二次加工，满足消费者的需求。比如，在商品的储存过程中，可以对商品进行二次包装，或者对不同商品进行整合，这样，就能根据消费者的需求，生产出消费者需要的独一无二的产品。

4.2 仓储管理的流程

商品仓储的过程一般发生在物流中心的仓库中。企业的发展，需要拥有一些现代化程度较高的物流中心，这些物流中心的仓储作业应依靠机械化完成，从而达到以最低成本为顾客提供最满意服务的要求。物流中心的商品仓储管理的流程一般包括入库管理、库中管理和出库管理。

4.2.1 入库管理

入库管理包括接运、交接和验收。

（1）接运。供应商有义务发布入库前的通知，以便仓库收货人员事先做准备，避免迂回和二次重复劳动。物流中心一般要配备供铁路车辆和货运汽车停靠卸货的站台与场地、升降平台，以及托盘搬运车、叉车以及各种吊车，以完成卸车的作业。

（2）交接。交接时要求单单相符、单货相符。单单相符具体要求单据和单据之间完全吻合。入库之前，给仓储人员一份单据；供应商将货运过来时，随车有单据；仓库收货人员需要对两份单据进行核对，确认准确无误后才能收货。单货相符具体要求商品与单据之间完全吻合。货物到库后，仓库收货人员首先要检查商品入库凭证，然后根据入库凭证上所列的收货单位、货物名称与送交的货物内容和标记进行核对。

（3）验收。验收包括对商品的规格、数量、质量和包装等方面进行检查。规格的验收主要是对商品名称、代号、花色和色样等方面进行验收；数量的验收主要是对散装商品进行称量、对整件商品进行数目清点、对贵重商品进行仔细查验等；质量的验收主要检查商品是否符合仓库质量管理的要求、商品的质量是否达到规定的标准等；包装的验收主要是核对商品的包装是否完好无损、包装标志是否达到规定的要求等。

在卸货完毕之后，要给入库的商品安排仓位，并进行准确的登记。仓储信息系统要根据货物的信息打印出标签或者条码，并将其贴在货物的包装上，以便在今后储藏运输的过程中随时对货物进行跟踪和管理。

4.2.2 库中管理

库中管理包括上架、维护、检查和盘点。

（1）上架。跨境电商库存中的存货数量繁多、种类多样，在上架过程中极易出错。因此，上架时，工作人员应保证商品在相对固定的位置，确保商品可以被识别。

（2）维护。商品在仓库里存放，工作人员要注意商品的保养，明确商品的储存条件，特殊的商品要注意通风、防潮等。

（3）检查。工作人员应对库中的商品实时检查，运用库存管理系统根据订单情况维护库存，并根据库存量以及临近日期的日均销量，结合采购周期制订采购计划。

（4）盘点。盘点是对商品实有库存数量及其金额进行全部或部分清点，从而掌握商品状况，加强商品管理。运用库存管理系统可以同步供应商仓库库存信息，实现仓库之间的库存调拨。

在存放商品的过程中，需要详细了解所储存的商品对于外部环境的要求，并严格按照这些要求给商品提供适当的储位，建立自动监控系统，自动监控储存环境的各项指标，如温度和湿度等，保证储存商品的安全。除了在露天场所建立正规、适用的货位存放商品外，还要在库房内安装各种货架，如高层货架以及旋转货架等，存货作业通常由叉车或巷道堆垛机来完成。

4.2.3 出库管理

出库管理包括获取订单、订单分配和拣货打单。

（1）获取订单。通过跨境电商平台的官方应用程序编程接口（application programming interface，API）自动将平台订单导入库存管理系统，从而获得订单信息。

（2）订单分配。一般根据客户的需要，由信息系统确定配货方案。

（3）拣货打单。拣货员根据配货方案进行拣货、配货。

拣货方式有摘果式和播种式两种。

1. 摘果式

摘果式指针对每一份订单要求（即每个客户）进行单独拣选，拣货人员或设备巡回于各个商品储位，将所需的商品取出，形似摘果，巡回完毕也完成了一次配货作业。其特点是每人每次只处理一份订单或一个客户，简单、易操作，适用于品种少且订单量大的情形。摘果式示意图如图 4-1 所示。

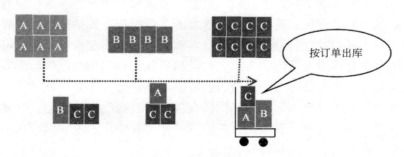

图 4-1　摘果式示意图

2. 播种式

播种式指把多个订单需求集合成一批，先把其中每种商品的数量分别汇总，从储存仓位上取出，集中搬运到理货场所，然后将每一客户所需的商品数量取出，分放到不同客户的暂存货位处，直到配货完毕，形似播种。播种式示意图如图4-2所示。

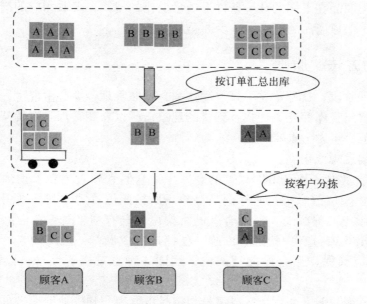

图4-2 播种式示意图

对于同样的分拣量，摘果式的行走距离较大、动作多、耗时长、差错率高。因此，播种式优于摘果式。尽管摘果式对单个订单的响应速度较快，但是播种式可以高效处理成批订单，其完成一份订单的平均时间要少于摘果式。

通过对订单需求差异小的分拣作业分析，发现播种式仍然优于摘果式，原因在于播种式的拣货行走距离远远小于摘果式；行走距离长无论是对于人员或是对于自动输送机都是弊端。

播种式分拣并非十全十美，也存在一些不足。

（1）订单的响应时间较长。由于播种式分拣是集合一批客户订单进行分拣，对于个别客户的紧急订单就不能很快响应。可以采用多线并行、急货先出等方法缩短订单响应时间。对于个别紧急订单，可以采用RF（射频）辅助人工拣货方式给予解决。

（2）分拣线的操作难度稍大。实际情况表明，由于播种式分拣需要同时处理许多订单，订单间存在各种差别（如品种重合度、包装体积、数量、物理状态等），因此分拣流程的整体操作难度大于摘果式。这个问题可以通过改善控制流程、加强操作培训来解决。

（3）流程的管理要求较高。摘果式分拣的工作失误只影响一个客户，播种式影响的是一批客户。因此使用播种式分拣对流程管理的要求更高，对管理信息系统、人员、规章制度都有更高的要求。

在自动化程度较高的仓库里，一般来说，拣出的商品都是通过运输机械运送到发货区，信息系统通过阅读贴在货品上的条形码获知所运送商品的详细信息，然后判断该货品的户主是谁，进而通过控制运输机上的分岔机构将货品送到相应的包装线上。包装人员按照装箱单核查商品的品种和数量后装箱封口，然后装车发运。

以上就是商品仓储的整个过程。在商品仓储的过程中，应该针对商品的不同特性，研究和探索各类商品在不同的环境条件下质量变化的规律，采取相应的措施和方法，控制不利的因素，保证商品的质量，减少商品的损耗。

4.3 仓储的方法、原则

在仓储管理阶段，货源建立不好追溯体系，仓储管理容易产生混乱，致使拣货效率低下，并且经常出现库存充足却找不到货的现象。所以仓储管理阶段货架位信息和商品信息的编写规范显得尤为重要。

1. 货架位信息规范化

在品种、数量很多和进出库频繁的仓库里，仓储管理人员必须正确掌握每种货物的存放位置。货架位信息指对库存商品存放场所按照位置的排列，采用统一标识标上顺序号码，并做出明显标志。科学合理的货架位信息有利于对库存商品进行科学的管理，在商品的出入库过程中快速、准确、便捷地完成操作，提高效率，减少误差。货架位信息编写应确保一个仓库的货架位采用同一种方式进行编号，以便查找及进行处理。

货架位信息编写通常采用按区段编号、按品项群编号和按地址编号三种形式。

（1）按区段编号。把仓库区分成几个区段，再对每个区段进行编号。这种方式以区段为单位，每个号码代表一个储存区域，可以将储存区域划分为 A1、A2、A3 等若干个区段。相比其他仓储方式，按区段编号更适合仓库库位简单并且没有货架，可以将仓储区域划分为若干区段的情况。

（2）按品项群编号。把相关性强的商品经过筛选、集合后，分成几个品项群，然后再对每个品项群进行编号。这种方式相较于其他仓储方式，更适于容易按商品群保管和所售商品差异大的卖家，如泛品类经营的跨境电商卖家。

（3）按地址编号。按地址编号是对仓库、区段、排、行、层、格等进行编码。可采用四组数字来表示商品在库层中的位置，四组数字分别代表仓库的编号、货架的编号、货架层数的编号和每一层中各格的编号。例如，编号 2-18-4-5 的含义是：2 号仓库，第 18 个货架，第 4 层中的第 5 格。根据货架位信息就可以迅速确定某种商品具体存放的位置。

以上三种仓库货架位编号形式，其实并不是相互独立的，跨境电商卖家可以根据实际仓储情况相互结合使用。

2. 商品信息规范化

实现了规范仓储空间，并且编写货架位信息后，可以将商品从庞大的商品群中锁定到仓库的某一货架上，寻找商品就会容易很多。然而，仅规范仓储空间还不够，要想准确找到具体商品，还要明确商品信息。

商品信息规范化主要是指商品的库存量单位信息、规格尺寸和中英文报关信息的条理化、明晰化。规范的商品信息有利于对库存商品进行精细化管理,有利于及时、准确地拣货,提高效率,避免失误。商品 SKU 作为最小的库存单位,是商品管理中最为重要、最为基础的数据,其基本的属性是不可重复性,但很多跨境电商卖家会存在缺少 SKU 或 SKU 不完善的情况。从理论上来说,仓储管理人员可以在不重复的情况下随意编写,但是从实际操作层面来讲,为方便跨境电商卖家的管理,最好是根据商品的分类属性按照由大到小的组合方式进行编写,具体如下。

　　AA　　　BB　　　CC　　　DD　　EE　　FF
（大类目　中类目　小类目　品名　样式　规格）

在跨境电商的实际操作过程中,SKU 不只是作为最小的库存单位,同时也需要通过编写 SKU 信息来识别具体的商品信息。

上面只是一个编写 SKU 信息的简单例子,在实际情况中,跨境电商卖家可以根据自己产品的特点以及管理需要进行不同的编写属性组合。不管采用哪种属性组合,其中的顺序和所包含属性类别一定要一致,以免出现不必要的混乱。例如,一款女士连衣裙有 2 种颜色、5 个尺码,那么针对这款连衣裙就需要 10 个 SKU 码,细致到具体颜色的具体尺码,如表 4-1 所示,WD01(品类)+ 001(款式编码)+ 颜色 + 码数。

表 4-1　一款女士连衣裙的 SKU 信息

产　　品	颜　色	尺　码	SKU
women's dress	red	S	WD01001RS
		M	WD01001RM
		L	WD01001RL
		XL	WD01001RXL
		XXL	WD01001RXXL
	blue	S	WD01001BS
		M	WD01001BM
		L	WD01001BL
		XL	WD01001BXL
		XXL	WD01001BXXL

在编写 SKU 信息时,要按照商品的样式和规格来进行,这是对拣货准确率的二次保证。检索 SKU 商品信息后,可以通过商品的样式和规格等信息,对商品实现二次检验,以免拣货出错,对消费者造成不必要的损失。如果商品 SKU 信息不完善,跨境电商卖家将无法有效监控商品的详细库存,不利于分析销售数据和及时补货。同时,配货时订单信息也无法准确显示拣货信息。

3. 先进先出原则

先进先出原则指在仓储管理中,将商品入库的时间顺序整理好,在出库时按照"先入库的商品先出库"的原则进行操作。由于大多数商品都有一定的保质期,如果不按照先进先出的原则,则可能造成很多商品过期。该原则在海外仓的仓储管理中尤为重要。

先进先出原则在操作过程中最重要的一点是进行商品存放规划，使管理人员能够很清楚、方便地找到不同时期的商品。

4.4 仓储合理化

所谓仓储合理化，就是在保证储存功能实现的前提下，用各种办法实现商品储存的经济性。

4.4.1 仓储合理化的标志

仓储合理化的标志主要包括以下几个。

1. 质量标志

商品储存最重要的就是保证在商品储存期间商品的质量不会降低，只有这样，商品最终才能够销售出去。所以，在商品仓储合理化的主要标志中，为首的应当是质量标志。

2. 时间标志

在保证商品质量的前提下，必须寻求一个合理的储存时间。销售商品的速度越慢，则储存的时间必然越长；相反，销售商品的速度越快，则储存的时间越短。因此，商品储存必须有一个合理的时间范围，不能过长，过长则意味着商品积压，造成商品成本的增加。

3. 结构标志

不同被储存的商品之间总是存在一定的相互关系，特别是对于那些相关性很强的商品来说，它们之间必须保证一定的比例。如果比例不合理，如某一种商品缺货，那么，与它相关的商品也可能卖不出去。例如，计算机的主机和显示器就是这样的关系。因此，商品储存的合理性也可以用结构标志来衡量。

4. 分布标志

企业不同的市场区域对于商品的需求也是不同的。因此，不同的地区所储存的商品的数量也应该不同。各个区域的仓库只有根据商品的需求储存适量的产品，才能真正实现商品储存的经济性和合理性，不至于造成浪费。

5. 费用标志

根据仓储费、维护费、保管费、损失费以及资金占用利息支出等财务指标，都能从实际费用上判断储存的合理与否。

4.4.2 ABC 分类法

ABC 分类法就是将库存物资按重要程度分为特别重要的库存（A 类）、一般重要的库存（B 类）和不重要的库存（C 类）三个等级，然后针对不同等级分别进行管理和控制。ABC 分类管理是实现仓储合理化的基础，在此基础上可以进一步解决各类的结构关系、储存量、重点管理和技术措施等合理化的问题。而且，在 ABC 分析的基础上实施重点管理，可以决定各种物资的合理库存储备数量及经济地保有合理储备的方法，乃至实施零库存。ABC 分类的核心是"分清主次，抓住重点"，对占用大量资金的少数物资,加强对它们的管理和控制;对占用少数资金的大多数物资,则施以较松的管理和控制。这样,只用 20% 的精力就控制了 80% 左右的资金。

1. ABC 分类的步骤

(1)收集数据。确定一个合适的统计期,按分析对象和分析内容收集有关数据,主要包括库存物资的种类、每种物资的平均库存量和购买单价等。

(2)绘制 ABC 分类汇总表。绘制 ABC 分类汇总表有以下步骤:计算每种物资的平均资金占用额,即购买单价 × 平均库存,并按计算结果降序排列;将库存物资按其平均资金占用额的大小顺序排列;计算平均库存累计和平均库存累计百分比;计算平均资金占用额累计和其累计百分比;将以上计算结果汇总,填入表 4-2。

表 4-2 ABC 分类汇总表

库存物资名称	购买单价	平均库存	平均库存累计	平均库存累计百分比 /%	平均资金占用额	平均资金占用额累计	平均资金占用额累计百分比 /%	分类结果

(3)确定物资 ABC 分类。按照分类标准,依据汇总表中平均库存累计百分比和平均资金占用额累计百分比,对库存物资进行 A、B、C 分类。

平均库存累计百分比约为 10%,而平均资金占用额累计百分比约为 70% 的前几种物资,确定为 A 类;平均库存累计百分比约为 20%,而平均资金占用额累计百分比也约为 20% 的物资,确定为 B 类;其余均为 C 类,其平均库存累计百分比约为 70%,平均资金占用额累计百分比仅约为 10%。上面的分类标准仅为参考比例,现实中根据实际问题可做适当调整。

【例 4-1】某公司对上一季度 10 种库存物资统计了平均库存和平均购买单价(表 4-3)。为了对库存物资进行有效的控制,公司决定采用 ABC 分类法进行库存管理。

表 4-3 库存物资的平均库存和平均购买单价

序号	库存物资名称	平均库存	平均购买单价 / 元	序号	库存物资名称	平均库存	平均购买单价 / 元
1	A	21	19.2	6	F	20	135.96
2	B	14	249.2	7	G	64	2.88
3	C	45	1.28	8	H	15	46.08
4	D	30	24	9	I	56	1.8
5	E	72	0.56	10	J	36	1.8

解:第一步,将库存物资按平均资金占用额的大小顺序进行排列,并计算平均库存累计百分比和平均资金占用额累计百分比,填入 ABC 分类汇总表。

第二步,在第一步基础上,按照分类标准,确定 ABC 类物资,并填入 ABC 分类汇总表,如表 4-4 所示。

表 4-4　某公司库存物资 ABC 分类汇总表

序号	库存物资名称	平均库存	平均库存累计	平均库存累计百分比 /%	平均资金占用额 / 元	平均资金占用额累计 / 元	平均资金占用额累计百分比 /%	分类结果
1	B	14	14	3.75	3 488.8	3 488.8	41.2	A
2	F	20	34	9.11	2 719.2	6 208	73.3	A
3	D	30	64	17.16	720	6 928	81.8	B
4	H	15	79	21.18	691.2	7 619.2	90.0	B
5	A	21	100	26.80	403.2	8 022.4	94.7	B
6	G	64	164	43.97	184.32	8 206.72	96.9	C
7	I	56	220	58.98	100.8	8 307.52	98.1	C
8	J	36	256	68.63	64.8	8 372.32	98.8	C
9	C	45	301	80.70	57.6	8 429.92	99.5	C
10	E	72	373	100.0	40.32	8 470.24	100.0	C

2. ABC 分类法的应用

ABC 分类法通过对 A、B、C 类物资分别实施不同的库存管理策略，从而达到降低库存总量和资金占用、节约成本和使库存结构合理化等目的。

（1）A 类物资，应实行严格的控制，包括：最完整、精确的记录，最高的作业优先权，高层管理人员经常检查，小心精确地确定订货量和订货点，制定紧密的跟踪措施，以使库存时间最短。

（2）B 类物资，应实行正常的控制，包括：做记录和固定时间检查，只有在紧急情况下，才赋予较高的优先权；可按经济批量订货。

（3）C 类物资，只需进行简单的控制，设立简单的记录甚至不设立记录，可通过半年或一年一次的盘点来补充大量的库存，给予最低的优先作业次序等。

ABC 分类法的管理重点如表 4-5 所示。

表 4-5　ABC 分类法的管理重点

分类结果	管理重点	订货方式
A	为了压缩库存，投入较大力量精心管理，将库存压到最低水平	计算每一种物品的订货量，采用定期订货方式
B	按经营方针来调节库存水平。例如降低水平时，就减少订货量和库存	采用定量订货方式
C	集中大量地订货，不费太多力量，增加库存储备	采用订货点法订货

4.5　跨境电商货物包装

4.5.1　包装的定义

包装是为了在流通过程中保护商品、方便储运和促进销售而按照一定的技术方法使用容器、材料以及辅助物等将物品包封并予以适当的装饰和标志工作的总和。简言之，商品包装就是包装物和包装操作的总称。

在社会再生产过程中,商品包装处于生产过程的末尾和物流过程的开端,它既是生产的终点,又是物流的起点。在现代物流领域,一般都把商品包装看作物流过程的起点。包装对物流系统的成本和生产率影响很大,而且对于环境的影响也日益突出。

在跨境电商中,由于买卖双方处于不同的国家或地区,因而一般不当面交接货物,中转较多,甚至需要经常变换运输工具,这样在货物到达后,很容易出现品质、数量、包装等与买家要求不符的情况,直接影响客户的体验,从而引发争议。因此,必须对跨境商品的包装严格要求。

4.5.2 包装的功能

前已述及,包装既是生产的终点,又是物流的起点,它是商品进入流通领域的必备条件之一。如对一个生产饮料的工厂,仅仅生产出饮料是不够的,消费者不可能都到工厂去买饮料喝,而需要用各种容器将饮料包装好,装入罐中、瓶中送到消费市场上去,以满足社会需求。市面上除了极少数的原材料外,绝大部分商品都要有适当的包装,以便进行装卸、储存、运输、入库堆码等业务。

随着商品生产和商品流通的发展,商品包装已逐渐发展成一门综合性学科——商品包装学。它不仅包括包装机械、包装材料、包装工艺,而且包括包装标准、包装美术等许多内容。

商品包装的功能有保护商品、方便物流、促进销售和方便消费者。

1. 保护商品

商品包装的一个重要功能就是保护包装内的商品不受损伤。在跨境电商中,商品一般需要经过长距离的辗转运输,商品难免会受到一定的冲击或者压力,这样就会使商品受到损害;在储存过程中,因为商品要层叠堆积码放,所以会受到放在它上面的其他商品的压力,这样可能也会损害商品;另外,在储存过程中,商品可能还会受到外部自然因素的侵袭,比如被雨水淋湿,被虫、鼠咬坏等。因此,要求商品有一个好的包装,能够抵挡这些侵袭。

在设计商品的包装时,要做到有的放矢。要仔细分析商品可能会受到哪些方面的侵扰,然后针对这些方面来设计商品的包装。比如,如果商品在运输途中可能会受到外力的侵袭,容易受到碰撞,那么,就需要对商品进行防震包装或缓冲包装,具体方法是在商品的内包装和外包装之间塞满防震材料,以减缓外界的冲击力;如果商品比较容易生锈,那么可以采用特制的防锈包装方法,比如防锈油方法或真空方法;如果商品比较容易受到害虫的侵害,那么可以在商品中加入一定量的防虫剂。

2. 方便物流

商品包装的一个重要作用就是提供商品自身的信息,比如商品的名称、生产厂家和商品规格等,以帮助工作人员区分不同的商品。在商品的储存过程中,仓库工作人员也是通过商品包装上的商品标志来区分商品,进行存放和搬运的。在传统的物流系统中,商品包装的这些功能可以通过在包装上印刷商品信息的方式来实现。如今,随着信息技术的发展，更多的是使用条形码技术。条形码技术是在计算机的应用实践中产生和发展起来的一种自动识别技术，它是为实现对信息的自动扫描而设计的，是一种快速、准确而可靠地采集数据的有效手段。仓库管理人员在使用扫描仪对条形码进行扫描的同时，商品的详细信息就可以输入物流信息系统中，进而物流信息系统发出一定的指示，指导工作人员对该商品进行一定的操作。这样，可以极大地提高物流过程的整体效率。

此外，适当的商品包装也能够提高搬运商品的效率。商品从生产到销售可能会经历很多次的搬运过程。如果产品包装设计过大，那么可能非常不利于搬运；相反，如果商品包装设计过小，又可能会使搬运的效率大大降低。所以，应该根据搬运工具的不同来设计合理的商品包装，而且要注意考虑如何运用各种搬运工具更好地对商品进行操作。

3. 促进销售

一般来说，商品的外包装必须适应商品运输的种种要求，因此，在设计外包装的时候可能会更加注重包装的实用性。对于商品的内包装而言，因为它要直接面对消费者，所以，必须注意它外表的美观大方，要有一定的吸引力，以促进商品的销售。

杜邦定律（由美国杜邦化学公司提出）认为：63%的消费者是根据商品的包装进行购买的，而国际市场和消费者是通过商品来认识企业的，因此，商品的包装就是企业的面孔，优秀、精美的商品包装能够在一定程度上促进商品的销售，提升企业的市场形象。

不少国家对进口商品的包装有各自不同的规定，凡不符合要求的均不准进口或进口后亦不准投入市场销售，合理的包装有利于保证出口产品顺利进入国际市场。在国际贸易中，商品的良好包装，是吸引顾客、进行价格竞争的重要手段之一，也是实现商品价值和使用价值的重要手段，是商品生产和消费之间的桥梁。

在国际贸易中，包装是货物说明的重要组成部分，是主要交易条件之一，并应在合同中订有包装条款。一些国家的法律规定，如卖方交付的货物未按约定的条件包装，或者货物的包装与行业习惯不符，买方有权拒收货物。如果货物虽按约定的方式包装，但却未按约定与其他货物混杂一起，买方即可以拒收违反规定包装的那部分货物，甚至可以拒收整批货物。因此，做好包装工作和按约定的条件包装，对国际商品与货物包装具有重要的意义。

4. 方便消费者

企业对商品包装的设计应该适合消费者的应用，虽然这样成本可能会高一些，但是拥有了长久的顾客关系，企业的生存和发展才有可能。这也是商品包装的一大功能。

4.5.3 包装的种类

1. 按包装在物流中发挥的不同作用划分

1）工业包装

工业包装也称运输包装或外包装，是指在运输、储存和装卸的过程中保护商品所进行的包装，也就是从物流需要出发的包装。工业包装不像商业包装那样注重外表，而是强调包装的实用性和费用的低廉性。一般来说，在B2B这种商业模式中，包装是最重要的。这是因为，企业在购买其他企业的产品之前，肯定已对产品的各项性能有了基本的了解，所以，企业并不在乎商品包装的美观而更在乎商品包装能保证质量不受损失。在现今的社会中，许多知名的大企业越来越重视商品的工业包装：一方面，工业包装的好坏在一定程度上决定了商品的质量；另一方面，如果工业包装做得很好，那么将会提升企业在顾客心目中的形象，巩固企业在市场中的地位。

2）商业包装

商业包装也称消费者包装或内包装，其主要目的就是吸引消费者，促进销售。一般来说，在物流过程中，商品越接近顾客，就越要求包装具有吸引力。因此，这种包装的特点是造型美观大方，拥有必要的修饰，包装上有对于商品详细的说明，包装的单位满足顾客的购买以及商家柜台摆设的要求。在B2C电子商务模式中，商业包装应该是最重要的。因为，顾客在购买商品之前，在网上最先能够看到的就是这种商品的包装，只有当商品包装吸引人的时候，它才能够引发顾客的购买欲望。而且，随着顾客个性化需求的出现，顾客在购买商品的时候，可能会要求商家按照自己的需要为商品进行包装。这也是企业必须注重商业包装的一个原因。

为了使商业包装满足国际市场的需要，在设计和制作商业包装时，应体现便于陈列展售、便于识别商品、便于携带及使用、有艺术吸引力的要求。出口商品的包装应满足科学、经济、牢固美观、适销等方面的要求。超级市场和一些连锁商店里没有售货员，只有少数理货员和收银员，各种商品分别摆在货架上，全靠自我介绍，如自我介绍不突出，就不能引起顾客的兴趣和促使顾客产生购买的欲望。

2. 按包装材料的不同划分

按包装材料的不同，可将商品包装分为纸制品包装、塑料制品包装、木制容器包装、金属容器包装、玻璃陶瓷容器包装、纤维容器包装、复合材料包装。

1）纸制品包装

这是指用纸袋、瓦楞纸箱、硬质纤维板作为包装容器对商品进行的包装。纸制品包装的成本低廉、透气性好，而且印刷装饰性较好。

2）塑料制品包装

这是指利用塑料薄膜、塑料袋以及塑料容器进行的产品包装。其主要的材料有聚乙烯、聚氯乙烯、聚丙烯和聚苯乙烯等。因为塑料种类繁多，所以塑料制品包装的综合性比较好。

3）木制容器包装

这是指使用普通木箱、花栏木箱、木条复合板箱以及木桶等木制包装容器对商品进行的包装。木制容器一般用在重物包装以及出口物品的包装等方面，现在有很大一部分已经被瓦楞纸箱代替。

4）金属容器包装

这是指用黑白铁、马口铁、铝箔和钢材等制成的包装容器对商品进行包装。这种包装主要有罐头、铁桶和钢瓶。

5）玻璃陶瓷容器包装

这主要是指利用耐酸玻璃瓶和耐酸陶瓷瓶等对商品进行的包装。这种包装耐腐蚀性较好，而且比较稳定，耐酸玻璃瓶包装还能直接看到内容物。

6）纤维容器包装

这是指利用麻袋和维尼纶袋对商品进行的包装。

7）复合材料包装

这主要是指利用两种以上的材料复合制成的包装。这种包装主要有纸与塑料、纸与铝箔和塑料。此外，还有以竹、藤、苇等制成的包装，主要有各种筐、篓和草包等。

3. 按商品包装保护技术的不同划分

按商品包装保护技术的不同，可将商品包装分为防潮包装、防锈包装、防虫包装、防腐包装、防震包装以及危险品包装等。

4.5.4 包装的合理化

随着电子商务的发展，商家的市场变得越来越广阔。随着网上交易的进行，原先只局限于有限地理范围的市场空间变得没有边界，世界上的每个角落都会成为企业的市场范围。但这样也就产生了一定的问题。拿商品包装说，每个国家对于商品的包装都有自己的规范，而各个国家的规范又不尽相同，所以，当商品从一个国家出口到其他国家的时候，可能就会因为这种规范的不同而产生一定的问题。而且，有些个别的企业为了自己生产的方便，自行设计了很多不规范的包装，这些都将成为产生问题的隐患。因此，有必要建立一种国际通行的包装标准，要求所有的生产厂商都去遵守并执行。这样，商品的流通才会畅通无阻。

1. 影响包装的因素

在设计商品包装的时候，必须详细了解被包装物本身的一些性质以及商品流通运输过程中的一些详细情况，并针对这些情况作出有针对性的设计。一般来说，影响商品包装的主要因素如下。

（1）被包装商品本身的体积、重量以及它在物理和化学方面的特性。商品的形态可能各异，商品本身的性质也各不相同。所以，在设计商品包装的时候，必须根据商品本身的特点和国际通用的标准，设计出适合商品自身特性的包装。

（2）被包装商品在流通过程中需要哪些方面的保护，或者称商品包装的保护性。被包装的商品是否害怕力的冲击、震动，是否害怕虫害或者其他动物的危害，是否对于气象环境、物理环境以及生态环境有特殊的要求。针对这些特点，在设计商品包装的时候，要做到有的放矢。

（3）消费者的易用性。商品包装设计的主要目的是使消费者能够更好地使用商品。因此，只有在设计方面易于使用，才能从更深层次上吸引消费者，使商品占领更广阔的市场。

（4）商品包装的经济性。商品包装虽然从安全性方面来说做得越完美越好，但是，从商品整体的角度来说，必须考虑其经济性，做到够用为好，以便降低产品的成本。一般来说，在设计商品的工业包装的时候，应该更加注重它的商品保护的性质，不必太在意外在的美观。设计商品的商业包装时，则必须注意外观的魅力，以吸引顾客。所以，应该找到一个平衡点，使商品包装既能够达到要求，又能够节省成本。

2. 包装合理化的设计要求

商品包装作为物流的起点，对整个物流的过程起着重要的作用。因而，在设计商品包装的时候，必须进行认真的考虑，以实现商品包装的合理化。

商品包装的设计必须根据包装对象的具体内容进行考虑。比如，要根据商品的属性选择不同的包装材料和包装技术。在设计包装容器的形状和尺寸的时候，要考虑商品的强度和最大的容积，包装的长、宽比例要符合模数化的要求，以便最大限度地利用运输、搬运工具和仓储空间。对于不规则外形的商品，一般要做方体化配置，以适应装箱的要求。此外，在进行造型设计的时候，要注意合理利用资源和节约包装用料，实现商品包装的合理化。

————— 即测即练 —————

第 5 章

跨境电商通关

【本章学习目标】
1. 了解通关的定义及海关监管货物的分类;
2. 熟悉通关一体化的内容;
3. 掌握跨境电商通关的监管方式;
4. 掌握跨境电商 BC 和 BBC 通关模式。

跨境电商 5 亿包裹挑战传统监管

(中国电子商务研究中心讯)随着电子信息技术和经济全球化的深入发展,电子商务在国际贸易中的地位和作用日益凸显。海关总署公布 2014 年出口包裹数量为 5 亿个,比正常的 1 亿~2 亿个包裹暴增数倍。业内人士认为,跨境电商作为新兴业态,将成为国际贸易的主渠道之一,我国企业应尽早参与,以抢占更多的国际市场份额。但目前跨境电商发展呈现碎片化、网络化、即时性的特征,游离于现行监管体制之外,同时面临结汇、通关、征税等诸多挑战,需要各项法制、规范"护航",占领这一未来竞争的制高点。

电商成中小企业跨境"淘金"新平台

重庆西永微电园目前已吸引了白玛斯德国际贸易重庆有限公司(以下简称"白玛斯德")、海淘国际等多家跨境电商企业和跨境电商平台进驻,进行保税进口的跨境贸易电商试点。白玛斯德总经理介绍,消费者以往通过境外代购一般需要半个月甚至一个月才能收到货,还常常出现丢包的情况,而借助跨境电商平台,消费者从下单到收货,一般只需 2~3 天,而且价格也很具优势。比如一个飞利浦的剃须刀,国内售价 1 800 元,国外售价 1 000 元左右,通过跨境电商平台购买,价格只需 1 200 元左右。

快速增长的跨境电商行业中,中小型外贸企业通过 eBay、阿里巴巴、亚马逊、敦煌网等大型电商平台,尝试网上外贸出口。多位专家认为,相较于传统外贸,跨境电商的优势非常明显。跨境电商不仅具备电子商务部分压缩中间环节、化解产能过剩、为中小企业提供发展之道等传统优势,还具有重塑国际产业链、促进外贸发展方式转变、增强国际竞争力等作用,应该创新监管模式、加大支持力度,占领未来外贸的制高点。

"黑马"崛起背后多重隐患

记者采访了解到,尽管跨境电商在近几年迎来爆发式发展,但是"野蛮生长"的背后也暴露了相关政策不健全，结汇、通关、征税等配套监管和服务措施跟不上等隐患，同时蕴藏着消费者权益保护和反恐维稳等风险。

此外，邮递、结汇等配套措施远远落后于跨境电商发展，影响了贸易政策的有效性。据了解，跨境电商的小包裹数量大幅增长，逢节假日经常发生爆仓（blasting warehouse）现象。同时对方国家或地区由于大量包裹涌入，入关效率越来越差。更重要的是，这些包裹对于对方国家或地区的政体特别是税务体系和零售体系来说，具有极大的伤害性，表现为各国或地区开始制定邮路的一些政策，反制中国包裹大批量进入。比如巴西、阿根廷、俄罗斯等新兴国家反应迅速，已经开始收紧邮路包裹入关的管理政策。

记者采访了解到，除了邮递，结汇方式也游离于监管之外，很多时候使用的是"江湖办法"。杭州一家外贸公司总经理说，现在的跨境电商在结汇上由于报关不正规，大部分只能以物流公司、钱庄、个人结汇的方法解决外汇转人民币的问题。

同时，消费者权益得不到保护，存在安全隐患的风险。一位海关专家说，由于大量进口电商设在境外，不受境内法律规范和约束，消费者权益受到侵害，境内法律很难实施有效保护。由于跨境电商成交方式的特殊性，主体的多元性，信息的不对称性，毒品、违禁印刷品，甚至核生化爆等对社会安全构成巨大隐患的物品，容易通过分拆藏匿方式进口，逃避监管，海关等监管部门实施有效打击难度加大，对反恐维稳构成新的挑战。

优势业态需要政府服务和监管"跟得上"

相关专家分析认为，虽然跨境电商获得了突破性发展，但是以碎片化、即时性为特征的跨境电商正在挑战传统监管，也具有多重隐患。应该明确跨境电商定位，建立适应跨境电商发展的监管和配套制度，促进跨境电商规范发展。

一位资深海关专家说，明确跨境电商的贸易属性是破解难题的基础。明确跨境电商贸易定位后，要切实研究制定与跨境电商发展相适应的监管政策，开发统一的跨境电商平台，实现海关与电商、第三方支付、物流商对接，将跨境电商纳入海关监管的范畴。

"有了切合跨境电商发展的监管后，服务也要跟得上。要实现跨境电子商务按正规渠道结付汇，促进电子商务企业向正规化、规模化发展。同时要逐步对跨境电子商务进口的商品适用哪个关税政策、如何计征建立明确的征管制度。"他说。

大龙网中国有限公司大龙研究院研究人员则表示，跨境电商贸易的碎片化特征，也决定了部分小包裹会长期存在。因此这部分正规化、阳光化的手续必须非常简便、快捷，按照一般性出口进行报关、商检的手续不太可能实现，这个小包裹领域只需要进行快速、高效的报关统计即可。小外贸、小订单却需要阳光化，最关切到他们的利益要点是：退税、通关便捷的效率、国际收款成本、小订单供应链金融服务。

记者了解到，在跨境电商发展过程中，出口商品物流瓶颈的制约日益显现，导致小件商品物流成本高、通关包裹转运时间长。有业内人士建议，这倒逼跨境电商在境外建仓。"海外仓"的广泛使用将改变跨境电商零售出口产业的物流生态，实现本地发货，加快商品配送速度，提高消费者对店铺的点击率，提升商品的销售速度。

资料来源：商意盈，王攀，陶冶.跨境电商5亿包裹挑战传统监管［N］.经济参考报，2014-10-10.

5.1 通关概述

5.1.1 海关基本知识

1. 海关的起源和概念

跨境电商物流与境内电商物流的不同之处在于，跨境电商物流存在关境，因而需要繁杂的检验检疫等贸易和通关手续。通关是跨境电商物流的必要环节。按照《中华人民共和国海关法》（以下简称《海关法》）的规定，进出口货物必须通过设立海关的地点进出境并办理相关的手续，这是货物进出境的基本原则。

1）海关的起源

海关是一个有着悠久历史的行政管理机关，是代表一个国家对内对外独立进行与海关活动相关的事务的行政管理机构。据史书记载，我国从西周就开始设关，但是，"海关"这个词正式使用是在清朝康熙二十四年（1685年），当时设有江、浙、闽、粤4个海关。中华人民共和国成立后，设立在沿海口岸的海关机构称为"海关"，设立在陆路边境以及内陆的海关机构称为"关"。1985年2月18日，海关总署下达了《关于统一海关机构名称和调整隶属关系的通知》，这才正式地统一称为"海关"。

2）海关的概念

海关是依法执行进出关境监督管理的国家行政机关，是对进出关境货物、运输工具、行李物品、货币、金银等执行监督管理和稽征关税的国家行政机构。《海关法》以立法的形式明确表述了中国海关的概念和基本任务。《海关法》第二条规定："中华人民共和国海关是国家的进出关境（以下简称进出境）监督管理机关。海关依照本法和其他有关法律、行政法规，监管进出境的运输工具、货物、行李物品、邮递物品和其他物品（以下简称进出境运输工具、货物、物品），征收关税和其他税、费，查缉走私，并编制海关统计和办理其他海关业务。"

2. 海关的任务

1）监管

海关监督管理是海关全部行政执法活动的统称。海关监管是指海关运用国家赋予的权力，通过一系列管理制度与管理程序，以备案、审单、查验、放行、后续管理等方式对进出境运输工具、货物、物品的进出境活动实施监管。海关监管是海关的基本任务，其目的在于保证一切进出境活动符合国家政策和法律的规范，以维护国家主权和利益。

根据监管对象的不同，海关监管可分为运输工具监管、货物监管和物品监管三大监管体系，每个监管体系都有一整套规范的管理程序与方法。

海关对国际货物监管的基本任务，是根据《海关法》和国家有关进出口政策、法律、法规，监督货物和运输工具的合法进出，检查并处理非法进口、偷漏税等走私违法活动。海关对国际货物的监管依据是：进出口货物的收发货人（或他们的代理人）填写的进出口货物报关单以及商务管理部门签发的进出口货物许可证，或有关主管部门的批准文件及正常的商务单据。

凡实行进出口许可证管理的货物，对外贸易经营者应当在进出口前按规定向指定的发证机构申领进出口许可证，海关凭进出口许可证接受申报和验放。实践中，这些进出口环节的监管证件一般通过网上办理、网上申报，海关实现联网核查、自动比对。国际贸易货物在进出口时，必须先进行 HS 编码的商品归类，然后根据每年出版发行的《中华人民共和国海关进出口税则及申报指南》或相关网络在线查询该商品的"海关监管条件"，便可知道该商品需要申领哪种进出口许可证件。

2）征税

海关代表国家征收关税和其他税、费。这是海关的另一项重要任务。

"关税"是指由海关代表国家，按《海关法》和《中华人民共和国进出口税则》，对准许进出口的货物、进出境物品征收的一种税。关税从本质上而言，是国际交换和国际生产的一种交易费用，是不同国家的国民在国际经济交换中的利益补偿手段，是世界贸易组织允许各缔约方保护其境内经济的一种手段。设置关税，是国家保护国内经济、实施财政政策、调整产业结构、发展进出口贸易的重要手段。

通常所说的关税一般是指进口关税。征收出口关税将增加出口货物的成本，降低同别国产品的市场竞争力，不利于扩大出口。目前，发达国家已经相继取消了出口关税，但一些发展中国家和经济落后的国家考虑到本国经济的需要，如增加本国财政收入，或限制本国某些产品的输出等，并未完全取消出口关税。

"其他税、费"是指海关在货物进出口环节，按照关税征收程序征收的有关国内税、费，目前主要有增值税、消费税等。

3）查缉走私

查缉走私是世界各国海关普遍履行的一项职责，也是海关的四项基本任务之一。《海关法》第五条规定："国家实行联合缉私、统一处理、综合治理的缉私体制。海关负责组织、协调、管理查缉走私工作。"缉私是海关为保证顺利完成监管和征税等任务而采取的保障措施。因此，查缉走私是指海关依照法律赋予的权力，在海关监管场所和海关附近的沿海沿边规定地区，为发现、制止、打击、综合治理走私活动而进行的一种调查和惩处活动，是保证顺利完成监管和征税等任务而采取的保障措施。

4）编制海关统计

海关统计以实际进出口货物为统计和分析的对象，通过收集、整理、加工处理进出口货物报关单或经海关核准的其他申报单证，对进出口货物的品种、数（重）量、价格、国别（地区）、经营单位、境内目的地、境内货源地、贸易方式、运输方式、关别等项目分别进行统计和综合分析，全面、准确地反映对外贸易的运行态势，及时提供统计信息和咨询，实施有效的统计监督，开展国际贸易统计的交流与合作，促进对外贸易的发展。

我国海关的统计制度规定，实际进出境并引起境内物质存量增加或者减少的货物，以及进出境物品超过自用、合理数量的均列入海关统计。对于部分不能列入海关统计的进出境货物和物品，则根据我国对外贸易管理和海关管理的需要，实施单项统计。

海关统计是海关依法对进出口货物贸易的统计，是国民经济统计的组成部分，是国家制定对外经济贸易政策、进行宏观调控、实施海关严密高效管理的重要依据，是研究我国对外贸易发展和国际贸易关系的重要资料。

海关的四项基本任务是一个统一的有机联系的整体。监管工作通过监管进出境运输工具、货物、物品的合法进出，保证国家有关进出口政策、法律、行政法规的贯彻实施，是海关四项基本任务的基础。征税工作所需的数据、资料等是在海关监管的基础上获取的，征税与监管有着十分密切的关系。缉私工作则是监管、征税两项基本任务的延伸，监管、征税工作中发现的逃避监管和偷漏税款的行为，必须运用法律手段制止和打击。统计工作是在监管、征税工作的基础上完成的，它为国家宏观经济调控提供了准确、及时的信息，同时又对监管、征税等业务环节的工作质量起到检验把关的作用。

5.1.2 通关的定义及海关监管货物的分类

1. 通关的定义

《海关法》第八条规定："进出境运输工具、货物、物品，必须通过设立海关的地点进境或者出境。"因此，运输工具的负责人，进出口货物的收、发货人或其代理人，进出境物品的所有人应按照海关规定办理进出境手续和相关的海关事务。

通关是指进出口货物和转运货物进入一国海关关境或国境必须向海关申报，办理海关规定的各项手续，履行各项法规规定的义务。只有在履行各项义务，办理海关申报、查验、征缴税费、放行等手续后，货物才能放行，货主或申报人才能提货。

与通关相关的一个概念是报关。报关是指进出境运输工具负责人、进出口货物收发货人、进出境物品的所有人或者他们的代理人向海关办理运输工具或货物、物品进出境手续及相关海关事务的过程。通关一方面包括海关管理相对人（包括进出境运输工具负责人，进出口货物收发货人、进出境物品的所有人或者他们的代理人）向海关办理运输工具、货物或物品的进出境手续；另一方面也包括海关根据管理相对人的申报，对进出境运输工具、货物、物品依法进行查验、征缴税费直至核准其进出境的监督管理过程。

从两者的概念上看，实际上报关只是通关的一个方面，只是从报关单位单方面来讲的，而通关则是从报关单位和海关两方面讲的。通关包括报关的方面，也包括海关根据管理相对人的申报，对进出境运输工具、货物、物品依法进行查验、征缴税费等的监管。

报关和通关既有区别又有联系，两者都是对运输工具、货物、物品的进出境而言，但报关是从海关管理相对人（如报关员、进出口企业等）的角度，仅指向海关办理进出境手续及相关手续，而通关不仅包括海关管理相对人向海关办理有关手续，还包括海关对进出境运输工具、货物、物品依法进行监督管理，批准其进出境。

2. 海关监管货物的分类

进出口货物必须通过设立海关的地点进出境并办理相关手续，这是货物进出境的基本原则。通关是货物从进入关境边界或申请出境到办结海关手续的一项海关制度。这项制度不仅反映在货物通过海关的短暂期间，而且表现为货物在进出口环节办结《海关法》规定的全部手续的过程。对于不同性质的货物，通关的时间有长有短，所以通关不是瞬时完成的，而是一个过程。

根据货物进出境的不同目的，海关将监管的货物分为以下几类。

（1）一般进出口货物。一般进出口货物是指在进出境环节缴纳了应征的进出口税费，并办结了所有必要的海关手续，海关放行后可直接进入生产消费领域，不再进行监管的进出口货物。对其的监管适用于所有实际进出口的货物。

（2）保税货物。保税货物是指经海关批准未办理纳税手续进境，在境内储存、加工、装配后复运出境的货物。如加工贸易进口货物，转口货物，供国际航线用的油料、物料和维修用零件等进境货物，外商进境暂存货物等。

（3）特定减免税货物。特定减免税货物是指海关根据国家的政策规定准予减免税进境，使用于特定地区、特定企业、特定用途的货物。如科教用品、境内投资项目、利用外资项目、残疾人专用品等。

（4）暂准进出口货物。暂准进出口货物是指为了特定的目的，经海关批准暂时进境，并在规定的期限内复运进境或复运出境的货物。如在展览会、交易会中供陈列或使用的货物。

办结海关手续又称结关，是海关对进出口货物实施监管的终结。对出口货物来说，海关放行并离开中国关境即为结关。对进口货物而言，根据货物的性质不同，其结关的标志也不尽相同。如一般贸易的进口货物，海关放行即为结关。对于保税货物、暂准进出口货物、特定减免税货物等进口货物，则以海关核销为结关。这里的中国关境是指《海关法》实施的领域，即中国大陆（内地）的整个区域。

5.1.3 通关一体化概述

为了让市场发挥决定性作用和更好发挥政府作用，有效降低制度性交易成本，解决企业遇到的实际问题，2016年4月28日，海关总署印发《全国通关一体化改革框架方案》，正式启动全国通关一体化改革。

全国通关一体化是指在全国范围内，对海关监管流程进行一体化设计，主要是通过构建"两中心三制度"，即建设税收征管中心、风险防控中心，实施"一次申报、分布处置"通关管理模式，改革税收征管方式，优化协同监管。

"一次申报、分步处置"的含义是，基于舱单提前传输，通过风险防控中心、税收征管中心对舱单和报关单的风险甄别和业务现场处置作业环节的前推后移，在企业完成报关和税款自报自缴手续后，安全准入风险主要在口岸通关现场处置，税收风险主要在货物放行后处置。

从海关作业模式看，"分步处置"第一步是由风险防控中心分析货物是否存在违反禁限管制要求、侵权、品名规格数量伪瞒报等安全准入风险并下达查验指令，由口岸海关通关监管力量实施查验。如果货物通过安全准入风险排查，企业自报自缴税款或提供有效担保后即可予以放行。对存在重大税收风险且放行后难以有效实施海关稽查或追补税的货物，由税收征管中心预设放行前验估指令，交由风险防控中心统筹下达，实施放行前验估。验估中无法当场作出结论的，通过必要的取样、留像等手段存证后放行货物。"分步处置"第二步则是指税收征管中心在货物放行后对报关单税收征管要素实施批量审核，筛选风险目标，统筹实施放行后验估、稽（核）查等作业。

"税收征管方式改革"将强化企业如实申报、依法纳税的责任，推动税收征管申报要素的审查由集中在进出口通关环节向全过程转变，由逐票审查确定向抽查审核转变。

"协同监管"制度主要针对隶属海关功能定位和机构设置的差别化，口岸海关将侧重运输工具、货物、物品、监管场所等监管,而主管海关(即进口人/出口人注册地海关)则侧重企业稽查、信用管理等后续监管和合规管理。同时将强化通关监管(即风险防控中心和税收征管中心)、稽查、缉私三支执行力量的协同监管,并分别有所侧重。

从三项制度整体来看,全国范围推进通关一体化改革后,对企业的进出口申报管理分为以下三个步骤。

第一步,放行前核查。风险防控中心分析货物是否存在禁限管制、侵权、品名规格数量伪瞒报等安全准入风险并下达布控指令,由现场查验人员实施查验。对于存在重大风险的,由税收征管中心实施货物放行前的税收征管要素风险排查处置或安排现场验估岗进行实货验估。

第二步,放行后排查。税收征管中心在货物放行后对报关单税收征管要素实施批量审核,筛选高风险目标进行核查,并联系企业或通知主管海关统筹实施放行后验估、稽(核)查等作业。

第三步,常规或专项稽查。由主管海关负责通过对企业进行常规或专项稽查来实施后续监管。

施行全国海关通关一体化后,对企业而言更加便捷。在全国通关一体化改革前,海关申报必须在货物进口口岸进行,或经进口口岸海关批准于主管地海关处进行申报。通关一体化之后,企业可以实现"一地进口,多地申报":企业可以自行选择申报点和通关模式,例如企业对于从A口岸进口的货物,可以选择在B地申报进口。海关执法更统一。过去由于各地海关在政策理解和操作上的不一致,经常会出现同一货物在不同口岸被处以不同的征税决定。施行全国海关通关一体化后,三个税收征管中心统一审核全国的进出口货物,以往各地海关执法不统一的情况大为减少。企业可以设立统一的操作流程,集中管理通关业务,从而节约人力成本和运营成本,将更多的精力放到风险控制和提高管理水平上。

5.1.4　不同类别货物的通关程序

从海关对进出境货物进行监管的全过程来看,通关程序按时间先后可分为前期阶段、进出境阶段、后续阶段共三个阶段,按照类别不同分为一般通关程序及特定通关程序两类。《海关法》规定的一般通关程序适用于一般进出口货物的通关。一般通关程序应该按照报关、查验、征税、放行四个环节依次进行。不同类别进出境货物的通关程序如表5-1所示。

表5-1　不同类别进出境货物的通关程序

货物类别	报关程序		
	1. 前期阶段 (进境前办理)	2. 进出境阶段 (进出境时办理) 收发货人—海关	3. 后续阶段 (进出境后办理)
一般进出口货物	不需要办理	申报—接受申报 ↓ 配合查验—查验 ↓ 缴纳税费—征税 ↓ 提/装货—放行	不需要办理
保税货物	备案、申请登记手册		保税货物核销申请(报核)
特定减免税货物	特定减免税申请和申领免税证明		解除海关监管申请
暂准进出口货物	暂准进出口货物备案申请		暂准进出口货物销案申请
其他进出境货物	出料加工备案		办理销案手续

1. 前期阶段

前期阶段主要是指根据海关对保税货物、特定减免税货物、暂准进出口货物等的监管要求，进出口货物收发货人或其代理人在货物进出境以前，向海关办理上述拟进出口货物合同、许可证等的备案手续的过程。值得一提的是，一般进出口货物的通关并不包括这一阶段，如前所述，一般进出口货物是指在货物进出境环节缴纳了应征的进出口税费，并办结了所有必要的海关手续，海关放行后不再进行监管，可以直接进入生产和消费领域流通的进出口货物。

对于保税货物，在前期管理阶段，进出口货物收发货人或其代理人应当办理加工贸易备案手续，申请建立电子（手）账册。

2. 进出境阶段

进出境阶段，是指根据海关对进出境货物的监管制度要求，进出口货物收发货人或其代理人在进口货物进境、出口货物出境时，向海关办理进出口申报、配合查验、缴纳税费、提取或装运货物手续的过程。进出境阶段适用于所有的进出境货物。

一般进出口货物的基本通关环节和规则具有普遍适用的意义，它既是一般进出口货物的通关规则，同时，由于其他各类货物在其通关过程中均有一段与一般进出口货物类似的进出境经历，因而这些基本规则也同样适用。

我国采用报关自动化系统进行作业处理。海关利用通关系统，可实现电子审单、放行。一般进出口货物通关的基本流程可细分为电子申报、配合查验、缴纳税费、提取或装运货物等几大环节。

1）电子申报

申报是进出口货物收、发货人或其代理人根据《海关法》的规定，在规定的期限内，按照海关规定的形式向海关报告进出口货物的情况，提请海关按其申报的内容放行进出口货物的工作环节。

电子申报是进出口货物收、发货人或其代理人根据《中华人民共和国海关进出口货物报关单填制规范》和海关监管、征税、统计等要求录入电子报关数据并通过网络传输方式向海关传输电子数据，进行电子申报。

（1）申报准备。申报前的准备工作主要有：第一，进口须接到进口提货通知，出口须备齐出口货物。第二，委托报关者须办理报关委托，代理报关者须接受报关委托。第三，准备报关单证。为保证货物顺利完成进出境通关，申报人需提前准备好所需单证，并保证单证真实有效。一般来说，所需单证包括报关单、进口提货单据、出口装货单据、商业发票、装箱单等其他海关可能需要的单证。申报目前分为纸质申报方式和电子申报方式两种。海关对申报资料进行审查。第四，在实际进出口行为中，如遇《中华人民共和国进出口税则》无具体列名或无法确定的疑难归类商品，可事先向当地海关的关税部门申请归类咨询或申请《中华人民共和国海关商品预归类决定书》。

（2）申报期限。出口货物报关期限与进口货物报关期限是不同的。出口货物的发货人或其代理人除海关特许外，应当在装货的 24 小时以前向海关申报。进口货物的收货人或其代理人应当自载运该货物的运输工具申报进境之日起 14 天内向海关办理进口货物的通关申报手续。如果在法定的 14 天内没有向海关办理申报手续，海关将征收滞报关。

（3）申报方式。实践中办理进出口货物的海关申报手续主要采用电子数据报关单的形式。电子数据报关单与纸质报关单具有同等的法律效力。中国国际贸易单一窗口是报关单整合申报的主要平台，具有进出口货物进出口报关单录入、导入、保存、申报、查询、打印以及关检数据的互相调用、关联生成等功能。申报人可以从"单一窗口"标准版网站（https://www.singlewindow.cn）或"互联网+海关"网上办事平台（http://online.customs.gov.cn/）进入"货物申报"页面（图5-1）。

图5-1 "货物申报"页面（互联网+海关）

（4）申报所需单证。申报的有关单证系指与所报货物相适应的，凭以支持报关单填报的单据和证件。申报单证可以分为主要单证和随附单证两大类。其中，主要单证就是报关单；随附单证包括基本单证、特殊单证和预备单证。基本单证是指与进出口货物直接相关的商业和货运单证，主要包括发票、装箱单、提（装）货凭证（或运单、包裹单）、进出口货物征免税证明。特殊单证是指国家有关法律规定实行特殊管理的证件，主要包括配额许可证管理证件和其他各类特殊管理证件。预备单证是指供海关认为必要时查阅或收取的单证，包括合同、货物原产地证明、委托单位的营业执照证书、账册资料及其他有关单证。为深入推进通关作业无纸化改革工作，一些单据在申报时可不向海关提交，海关审核时如需要，再提交。

（5）报关单填制。按进出口状态，报关单可分为进口货物报关单和出口货物报关单。按表现形式，报关单可分为纸质报关单和电子报关单。在实际操作中，一般通过计算机系统先申报电子数据报关单，再根据需要，打印纸质报关单提交给海关。

申报人在填制报关单时，应当依法如实向海关申报，对申报内容的真实性、准确性、完整性和规范性承担相应的法律责任。报关单填报必须真实，做到"两个相符"：第一，单、证相符，即所填报关单各栏目的内容必须与合同、发票、装箱单、提单以及批文等随附单据相符；第二，单、货相符，即所填报关单各栏目的内容必须与实际进出口货物情况相符。申报人必须按照《海关法》《中华人民共和国海关进出口货物申报管理规定》和海关总署公布的报关单填制规范的有关规定和要求，向海关如实申报。

报关人向海关发送报关单后，海关接受报关、审单。海关计算机系统根据预先设定的各项参数对电子报关数据的规范性、逻辑性和合法性进行电子审核。对于符合条件的，海关接受申报，向企业发送接受申报回执；对于不符合条件的，系统自动退单，发送退单回执。收到退单回执的，企业需重新办理有关申报手续，如图5-2所示。

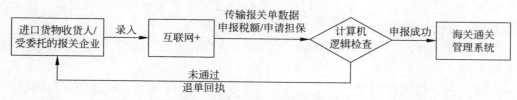

图 5-2　电子数据报关单经过海关计算机检查接受申报

2）配合查验

查验是进出境阶段的一个法定环节，是对进出口货物的品名、规格、原产地、数量、价格等商品要素是否与报关单所列项目一致而进行的实际核查。

海关对已接受申报的报关单进行安全准入和税收风险综合甄别，同时结合安全准入风险参数和布控查验指令，确定业务现场如何处置。未被任何参数或指令捕中且不涉及许可证件的报关单，通关管理系统自动放行，涉及许可证件且已实现联网监管的，通关管理系统直接核扣电子数据后自动放行；涉及许可证件但未实现联网监管的，由现场海关综合业务岗人工核扣。根据需要，可对需查验的报关单下达布控查验指令。

被风险防控中心布控查验指令或（和）税收征管中心实货验估指令命中的报关单，由口岸海关现场查验人员实施准入查验或（和）验估查验操作。两中心通过远程视频、网上答疑等形式向查验人员提供技术支持或操作指导。查验人员实施准入查验或（和）验估查验，完成操作（含取样、留像等存证操作）后，按指令来源分别向两中心反馈查验结果。两中心依据反馈的结果进行相关后续处置。

查验异常的，按查验异常处置流程处置。

3）缴纳税费

企业收到接受申报回执的，如选择缴纳税款则可自行向银行缴纳税款，银行将有关税费款项缴入海关指定账户；如选择担保，则向海关办理担保核扣手续。

4）提取或装运货物

提取货物是指进口货物的收货人或其代理人在完成前面所有步骤后，凭借海关加盖放行章的进口提货单据或海关通过计算机发送的放行通知书，提取进口货物的工作环节；装运货物则是指出口货物的发货人或其代理人在完成前面所有步骤后，凭借海关加盖放行章的出口装货凭证或海关通过计算机发送的放行通知书，通知港区、机场、车站及其他有关单位装运出口货物的工作环节。

经风险处置后的报关单，由系统自动研判放行条件。对符合放行条件的，海关放行信息自动发送至卡口，企业根据海关的放行信息，办理实货提离手续；对不符合放行条件的，企业根据海关要求办理相关手续。

进出境管理阶段适用于所有的进出境货物。

3. 后续阶段

后续阶段与前期阶段相对应，是指根据海关对保税货物、特定减免税货物、暂准进出口货物等的监管要求，进出口货物收发货人或其代理人在货物进出境储存、加工、装配、使用、维修后，在规定的期限内，按照规定的要求，向海关办理上述进出口货物核销、销案、申请解除监管等手续的过程。后续阶段适用于保税货物、特定减免税货物、暂准进出口货物和其他进出境货物。

对于保税货物，进口货物收货人或其代理人应当在规定时间内办理申请保税货物核销手续。

保税货物根据保税货物进入关境的目的不同，分为保税加工货物（在我国境内进行加工、装配后复运出境的货物）和保税物流货物（在我国境内进行储存后复运出境的货物）。

保税物流货物也称保税仓储货物，是指经海关批准未办理纳税手续进境，在境内储存后又复运出境的货物。海关对保税物流货物的监管模式有两类：一类是非物理围网监管模式，包括保税仓库、出口监管仓库、保税物流中心 A 型；另一类是物理围网监管模式，包括保税物流中心 B 型、保税物流园区、保税区和保税港区。保税物流货物监管制度具有"设立审批、准入保税、纳税暂缓、监管延伸（地点、时间延伸）、运离结关"的特征。

（1）设立审批。保税物流货物必须存放在经过法定程序审批设立的保税监管场所或特殊监管区域。保税仓库、出口监管仓库、保税物流中心 A 型、保税物流中心 B 型，要经过海关审批，并核发批准证书，凭批准证书设立及存放保税物流货物；保税物流园区、保税区、保税港区要经国务院审批，凭国务院同意设立的批复设立，并经海关等部门验收合格才能存放保税物流货物。

（2）准入保税。保税物流货物通过准予进入监管场所或监管区域来实现批准保税。

（3）纳税暂缓。凡是进入保税物流监管场所或特殊监管区域的保税物流货物，在进境时都可以暂不办理进口纳税手续，等到运离海关保税监管场所或特殊监管区域时才办理纳税手续，或者征税，或者免税。在这一点，保税物流监管制度与保税加工监管制度是一致的。

（4）监管延伸（地点、时间延伸）。进境货物从进境地海关监管现场，已办结海关出口手续尚未离境的货物从出口申报地海关现场，延伸到保税监管场所或者特殊监管区域。不同监管模式下保税物流货物的监管时间延伸如表 5-2 所示。

表 5-2　不同监管模式下保税物流货物的监管时间延伸

模　式	存放保税物流货物的时间	是否可以申请延长	最长延长时间
保税仓库	1 年	是	1 年
出口监管仓库	6 个月	是	6 个月
保税物流中心 A 型	1 年	是	1 年

续表

模　式	存放保税物流货物的时间	是否可以申请延长	最长延长时间
保税物流中心 B 型	2 年	是	1 年
保税物流园区		没有限制	
保税区		没有限制	

（5）运离结关。根据规定，保税物流货物报关同保税加工货物报关一样有报核程序，有关单位应当定期以电子数据和纸质单证向海关申报规定时段保税物流货物的进、出、存、销等情况。但是实际结关时间，除外发加工和暂准运离（如维修、测试、展览等）需要继续监管以外，每一批货物运离保税监管场所或者特殊监管区域，都必须根据货物的实际流向办结海关手续；办结海关手续后，该批货物就不再是运离保税监管场所或者特殊监管区域范围的保税物流货物。

海关对保税货物、特定减免税货物、暂准进出口货物和其他进出境货物在后续管理阶段实施核查和核销（或解除监管）。

核查是海关对适用特定通关程序的进口货物在放行后和结关前进行核对和查验的行为。由于这些货物通关期限很长，少则 6 个月，多则 1 年，甚至几年，为使这些货物按照《海关法》规定的要求或条件运作或适用，海关在监管期限内不定期地实施检查，如发现违规，如擅自出售、转让或移作他用，则可依法予以处理。

核销是特定减免税货物、暂准进出境货物等在海关放行后按照法定要求运作或使用后，由海关核定销案，准许货物出口或永久留在关境内的海关行政行为。核销意味着这些货物办结了海关手续，海关监管终结。

5.2　跨境电商通关模式

5.2.1　跨境电商的监管方式

我国海关为主动适应进出口新型业态的变化发展，积极探索适合我国国情的跨境电商通关模式。截至目前，我国跨境电商海关通关模式包括一般出口、特殊区域出口、网购保税进口和直购进口四种类型。由于进出口货物在不同的贸易方式下的海关监管、征税、统计作业的要求不尽相同，为满足海关管理的要求，在海关报关单中设置海关监管方式代码字段加以区分。目前，跨境电商监管方式代码有"9610""1210""9710""9810"，代表四种不同贸易方式。

扩展阅读 5.1　海关总署公告 2018 年第 194 号（关于跨境电子商务零售进出口商品有关监管事宜的公告）

1. 跨境电商 BC（企业对消费者）监管方式

1）海关监管代码"9610"

对于采用邮寄、快递方式出口的卖家来说，若按一般贸易出口对单个包裹报关清关，则需要大量的人力、物力来完成，这必然不利于中小卖家的发展。因此，为了方便这类卖家退税，海关总署公告 2014 年第 12 号《关于增列海关监管方式代码的公告》增列海关监管方式代码"9610",全称为"跨境贸易电子商务",简称"电子商务"。海关监管方式代码"9610",专为销售对象为单个消费者的中小跨境电商企业服务。该模式下,海关只需对跨境电商企业事先报送的出口商品清单进行审核,审核通过后就可办理实货放行手续,这不仅让企业通关效率更高,而且降低了通关成本,解决了跨境电商B2C订单数量少、批次多的问题。

"9610"海关监管方式适用于境内个人或电子商务企业通过电子商务交易平台实现交易,并采用"清单核放,汇总申报"模式办理通关手续的电子商务零售进出口商品(通过海关特殊监管区域或保税监管场所一线的电子商务零售进出口商品除外),即海关凭清单核放进出境,定期将已核放清单数据汇总形成进出口报关单,电子商务企业或平台凭此办理结汇、退税手续。

以"9610"海关监管方式开展电子商务零售进出口业务的电子商务企业,监管场所经营企业、支付企业和物流企业应当按照规定向海关备案,并通过电子商务通关服务平台实时向电子商务通关管理平台传送交易、支付、仓储和物流等数据。

2)海关监管代码"1210"

海关总署公告2014年第57号《关于增列海关监管方式代码的公告》,增列代码"1210"海关监管方式,全称"保税跨境贸易电子商务",简称"保税电商"。该监管方式适用于境内个人或电子商务企业在经海关认可的电子商务平台实现跨境交易,并通过海关特殊监管区域或保税监管场所进出的电子商务零售进出境商品[海关特殊监管区域、保税监管场所与境内区外(场所外)之间通过电子商务平台交易的零售进出口商品不适用该监管方式]。

"1210"相当于境内企业把生产出的货物存放在海关特殊监管区域或保税监管场的仓库中,即可申请出口退税,之后按照订单由仓库发往境外消费者。

"1210"监管方式用于进口时仅限经批准开展跨境贸易电子商务进口试点城市的海关特殊监管区域和保税物流中心(B型)。海关特殊监管区域包括保税区、出口加工区、保税物流园区、跨境工业园区、保税港区和综合保税区。海关总署公告2018年第194号《关于跨境电子商务零售进出口商品有关监管事宜的公告》指出,自2019年1月1日起,适用"网购保税进口"(海关监管方式代码"1210")政策的城市包括天津、上海、重庆、大连、杭州、宁波、青岛、广州、深圳、成都、苏州、合肥、福州、郑州、平潭、北京、呼和浩特、沈阳、长春、哈尔滨、南京、南昌、武汉、长沙、南宁、海口、贵阳、昆明、西安、兰州、厦门、唐山、无锡、威海、珠海、东莞、义乌。

以"1210"海关监管方式开展跨境贸易电子商务零售进出口业务的电子商务企业、海关特殊监管区域或保税监管场所内跨境贸易电子商务经营企业、支付企业和物流企业应按照规定向海关备案,并通过电子商务平台实时传送交易、支付和物流等数据。

2. 跨境电商BBC(企业对企业对消费者)监管方式

根据海关总署发布的2020年第75号公告《关于开展跨境电子商务企业对企业出口监管试点的公告》,增列海关监管方式代码"9710""9810",并决定在北京、天津、南京、杭州、宁波、厦门、郑州、广州、深圳、黄埔10个地方海关开展跨境电商企业对企业出口监管试点,再根据试点情况及时在全国海关复制推广。该公告自2020年7月

1 日起施行。

"9710",全称"跨境电子商务企业对企业直接出口",简称"跨境电商 B2B 直接出口",适用于跨境电商 B2B 直接出口的商品,即境内企业通过跨境电商平台与境外企业达成交易后,通过跨境物流将商品直接出口送达境外企业。

"9810",全称"跨境电子商务出口海外仓",简称"跨境电商出口海外仓",适用于跨境电商出口海外仓的商品,即境内企业将出口的商品通过跨境物流送达海外仓,通过跨境电商平台实现交易后从海外仓送达消费者手中。跨境电商企业对企业出口商品应当符合检验检疫相关规定。

随着跨境电商各种海关监管模式越来越丰富,计划拓展跨境电商业务的企业可选择适合自己的跨境电商业务模式合规经营,但仍需履行相关的义务和防范有关的经营风险。

(1)跨境电商企业进口的商品必须属于《跨境电子商务零售进口商品清单》内商品,不得进口涉及危害口岸公共卫生安全、生物安全、进口食品和商品安全、侵犯知识产权的商品以及其他禁限商品。

(2)跨境电商企业应向海关实时传输真实的交易电子数据、支付、物流等电子信息,禁止传输虚假电子信息和数据,对数据信息、消费者身份的真实性承担相应责任。

(3)跨境电商企业不得利用他人真实身份信息,通过跨境信息交易平台进行"刷单",应对交易真实性和消费者(订购人)身份信息真实性进行审核,对订购人和支付人不一致的,电商企业应协助海关对订购人身份信息进行认证,并向海关提供相关认证证明。

5.2.2 跨境电商 BC 通关模式

跨境电商 BC 通关模式包括"9610"和"1210"两种。"9610"通关模式包括"9610"直购进口通关模式和"9610"一般出口通关模式,以下先介绍两种模式所涉及的企业及企业应承担的责任,然后详细介绍两种通关的业务流程。

1. 跨境电商零售进口(BC 模式)的参与主体及责任

跨境电商零售进口(BC 模式)的参与主体及责任如表 5-3 所示。

表 5-3 跨境电商零售进口(BC 模式)的参与主体及责任

参 与 主 体	承担的责任
跨境电商平台企业	境内办理工商登记,在海关办理注册登记,接受监管,配合执法; 向海关实时传输交易电子数据,对交易真实性负责; 建立平台内交易规则、安全保障、消费者权益保护; 防止虚假交易及二次销售
跨境电商企业	注册在境外,向境内消费者销售商品的货权所有人; 境外经销商、品牌商及代理商都可以是跨境电商企业
跨境电商企业境内代理	境内有一家注册公司作为委托代理人,注册登记在海关; 承担消费者权益保障责任:对商品质量负责,健全的售后服务; 对消费者提醒告知,如告知商品仅为自用,不准二次销售; 向海关实时传输交易电子数据,如订单、支付、物流数据

续表

参与主体	承担的责任
支付企业	境内注册，向海关推送支付单，如支付宝、微信
物流企业	保税仓储：境内注册，提供保税仓服务； 物流：境内注册，提供物流配送，推运单

2."9610"通关流程

1）直购进口通关流程

"9610"直购进口通关模式下，消费者下单至最终收到货物的整个业务流程如图 5-3 所示。

图 5-3　直购进口通关流程

跨境电商企业必须事先对企业信息、商品信息进行备案，才能在平台上架商品。消费者在跨境电商平台购买商品，并成功支付相关款项后形成订单，电商企业或企业境内代理人协调物流企业进行商品配送，上述环节中产生的订单数据、收款信息、运单数据，分别由电商企业或其代理人、物流企业传输至国际贸易"单一窗口"或"互联网+海关"（国际贸易"单一窗口"及"互联网+海关"统称为"通关服务平台"）。同时，商品在境外供应商的海外仓完成打包，以邮件、快件方式运送至境内。

通关服务平台对企业申报数据进行初步的逻辑校验，校验不通过的，相关单证传输失败，系统将错误信息返回给企业。校验通过的，通关服务平台将生成清单，供有报关报检资质的企业进行申报［将清单和"三单"数据发送至海关跨境电商进口通关管理系统（以下简称"通关管理系统"）］，采取"清单核放"的方式办理通关手续。

通关管理系统接收清单及"三单"数据，根据一定的风险模型进行审核、放行、退单等操作，并将审核结果回传至通关服务平台，通关服务平台将审核结果发送至相关企业。被海关退单的单证，企业可修改单证信息重新申报。

直购进口商品进入海关监管仓库后，通过检验检疫、查验，按照跨境电商零售进口商品征收税款等环节后完成清关，最后通过境内物流将商品配送到消费者手中。

海关总署公告 2018 年第 194 号《关于跨境电子商务零售进出口商品有关监管事宜的公告》规定：对跨境电子商务零售进口商品，海关按照国家关于跨境电子商务零售进口税收政策征收关税和进口环节增值税、消费税。海关对符合监管规定的跨境电子商务零售进口商品按时段汇总计征税款，代收代缴义务人应当依法向海关提交足额有效的税款担保。海关放行后 30 日内未发生退货或修撤单的，代收代缴义务人在放行后第 31 日至第 45 日内向海关办理纳税手续。

2）一般出口通关流程

"9610"一般出口通关模式也称跨境电商 B2C 一般出口通关模式，针对的是小体量，也就是俗称的集货模式，是指境外消费者在跨境电商平台上下单后，电子商务企业及海关获得订单、支付、物流等信息，跨境电商企业将商品从仓库送往海关监管仓库，电子商务企业或代理人向海关提交《中华人民共和国海关跨境电子商务零售进出口商品申报清单》（以下简称《申报清单》），采取通关无纸化作业方式进行申报，规定商品以邮件、快件方式运送出境。采用"清单核放，汇总申报"的方式，由跨境企业将数据推送给税务、外汇管理部门，实现退税。跨境电商综合试验区海关采用"简化申报、清单核放、汇总统计"方式通关，其他海关采用"清单核放、汇总申报"方式通关。海关查验放行后，通过跨境物流方式将商品运送至境外消费者手中。"9610"一般出口通关模式下，消费者下单至最终收到货物的具体业务流程如图 5-4 所示。

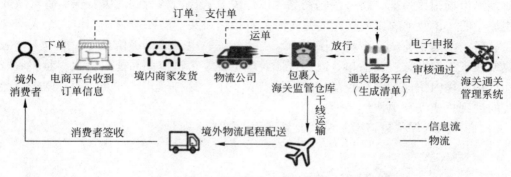

图 5-4 一般出口通关流程

凡是参与跨境电商零售出口业务的企业，包括跨境电商企业、物流企业等，都应当向所在地海关办理信息登记。跨境电商企业获得跨境园区管委会的入驻许可以及当地口岸相关监管部门（海关等部门）认可后，进入电子口岸网站注册并登录，再传输盖有公章的资料给当地电子口岸相关部门。跨境电商企业完成电子口岸注册登记手续后，登录跨境电商通关服务平台，分别进行企业信息和商品信息备案，待海关等部门审批通过后，备案完成。消费者在跨境电商平台上购买并支付后形成订单。

物流企业集中各跨境电商企业商品运至指定监管区域，再统一送往机场仓库，形成一个航空主运单信息。跨境电商零售出口商品申报前，跨境电商企业或其代理人、物流企业应当分别向国际贸易"单一窗口"或"互联网+海关"（跨境电商通关服务平台）传输交易、收款、物流等电子信息，并对数据真实性承担相应法律责任。通关服务平台对企业申报数据进行初步的逻辑校验，校验不通过的，相关单证传输失败，系统将错误信息返回给企业。校验通过的，通关服务平台将生成清单信息，报关企业在跨境电商通关服务平台中逐项或批量地将清单数据发送至海关通关管理系统，进行申报；海关通关管理系统（清单核放系统）对申报数据按照出境物品进行校验、审核。

一般出口通关模式通关流程中报关企业通过出入境快件检验检疫系统申报检验检疫

电子数据,由检务部门系统布控,获取查验单号;货物抵达机场口岸海关监管库,核实货物重量、件数无误后,申请海关关员去监管库抽取查验件,目前抽查比例控制在1%左右,查验通过后确认实货放行。通关效率更快,通关成本更低。

商品出口后,跨境电商企业或其代理人应当于每月15日前(当月15日是法定节假日或者法定休息日的,顺延至其后的第一个工作日),将上月结关的《申报清单》依据清单表头"八个同一"的规则(同一收发货人、同一运输方式、同一生产销售单位、同一运抵国、同一出境关别,以及清单表体同一最终目的国、同一10位海关商品编码、同一币制)进行归并,汇总形成《中华人民共和国海关出口货物报关单》向海关申报。海关收到汇总申报后,根据归类商品审批表、报关单归并对应表进行报关信息审核,审核无误后为企业出具报关单退税证明,企业凭报关单出口退税证明联及其他要求的单证向税务部门申请退税。

3. "1210"网购保税进口通关流程

"1210"网购保税进口通关模式是指符合条件的电商企业或平台与海关联网,电商企业预测市场销售情况,将一些畅销品先以保税方式提前备货到海关特殊监管区域或保税物流中心(B型)的相关仓库内并向海关申报,海关实施账册管理。境内个人网购区内商品后,电商企业或平台将电子订单、支付凭证、电子运单等信息传输给海关,电商企业或代理人向海关提交清单,海关按照跨境电商零售进口商品征收税款,验放后账册自动核销。境内快递公司将商品运送至消费者手中。这种模式比"9610"直购进口通关模式的"到货速度"更快。

"1210"网购保税进口通关模式业务流程如图5-5所示。

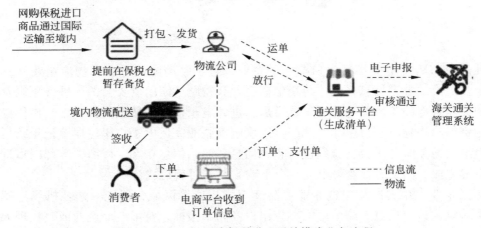

图5-5 "1210"网购保税进口通关模式业务流程

1)前期准备

(1)建立符合海关监管要求的计算机管理系统:跨境电商企业、跨境电商平台企业、物流企业、支付企业等参与跨境电商零售进口的企业应建立符合海关监管要求的计算机管理系统,并按照海关要求联网交换电子数据。

(2)办理企业信息登记或注册登记:需要在境内注册公司,用于在境内开展销售业务，并且用于在海关备案，每个跨境试点城市都有自己的跨境电商公共服务平台，以供商家注册、备案。电商企业/电商平台进行企业备案和商品备案，办理税前保证金，由海关/商检进行审批；审批通过后，备案完成。

（3）接入数据传输系统：参与跨境电商零售进口的企业到地方电子口岸办理跨境电商零售进口统一版系统（以下简称"进口统一版"）和跨境电商通关服务平台接入手续。

（4）设立专用跨境物流账册：以仓储企业为单元向海关申请设立跨境物流账册，实施料号级管理，记录商品的进、出、转、存等情况；账册设立时企业应预先审核提交的商品是否在跨境电商零售进口商品清单范围内，及其商品品名、商品编码和规格型号是否符合海关的规范填报要求。

（5）办理网购保税进口商品的税款担保：代收代缴义务人应在业务开展前凭保证金或保函到海关办理网购保税进口商品的税款担保，海关将据此对"进口统一版"的担保额度和担保范围进行维护。

2）口岸转关（一线进境）

"1210"网购保税进口通关模式业务在海关特殊监管区域和保税物流中心（B型）内开展。按现行监管政策，"1210"网购保税进口货物需按直接转关的方式，从一线入境口岸转关到特殊监管区进行报关。

在将货物运入区域或中心之前，还需要做好入区准备工作。跨境电商物流企业按照现行规定办理进境申报手续，《中华人民共和国海关进境货物备案清单》和《进口保税核注清单》（以下简称《核注清单》）的监管方式应填报"保税电商"（代码"1210"），申报成功后通知境外供应商发货。境外供应商发货至我国境内口岸，货物运抵境内口岸后，海关登录特殊监管区域信息管理系统，录入核放单。

3）二线入区入库

网购保税进口商品运抵海关特殊监管区域和保税物流中心后，暂时存放在区域或中心内的保税仓库，需在办理二线入区手续后才能入库，再在电商平台上架售卖。

在转关运输的跨境电商货物进入特殊监管区域前，场站管理人员需要关联进区卡口的运输车辆与核放单，作为车辆进入内卡时放行的依据。

区域或中心的仓库工作人员进行理货操作，拆开箱子将每件商品贴上条码后放置于区域或中心货架。区域或中心海关登录特殊监管区域信息管理系统，根据场站公司理货后形成的货物明细，核对入区前推送的货物数据，修正核放单信息后同步更新至海关端。

商品入区后，区域电子账册数据相应核增。

4）二线出区（区域内或中心内售往国内消费者）

网购保税进口商品成功入库后，跨境电商企业将商品上架进行销售，消费者购买商品并支付货款后，电商企业、物流企业、支付企业分别将电子订单、支付凭证以及电子运单发送至"单一窗口"平台，"三单"电子信息比对通过后，"单一窗口"平台再将这些信息传输给海关和检务部门，形成清单数据。报关行将清单数据导入通关服务系统后，电子商务企业或其代理人登录系统进行清单申报，报关行核实清单数据无误后确认清单，归并申报。仓库工作人员根据订单进行装箱打包贴上国内物流面单。

参与网购保税进口的企业可以作为税款代收代缴义务人，应当如实、准确向海关申报进口商品的商品名称、规格型号、税则号列。海关对网购保税进口商品的税款担保进行核扣。

5）后期核销

在跨境电商企业销售的商品通过国内物流企业运送到消费者手中后，物流企业将收货信息发送至"单一窗口平台"。之后跨境电商企业需要办理跨境账册的后期核销工作，包括接收跨境核销通知、企业库存申报、跨境账册核销申报。货物实际出区后，企业电子账册底账数据相应核减。

凭借整进零出、暂缓征税、配送时效性强等特点，跨境电商网购保税进口模式已成为跨境电商零售进口的主流业务模式。根据《商务部 发展改革委 财政部 海关总署 税务总局 市场监管总局关于扩大跨境电商零售进口试点、严格落实监管要求的通知》（商财发〔2021〕39号），跨境电商零售进口试点进一步扩大至所有自贸试验区、跨境电商综试区、综合保税区、进口贸易促进创新示范区、保税物流中心（B型）所在城市（区域）。

不论是"9610"模式，还是"1210"模式，跨境电商BC进口三单合一监管政策如图5-6所示。

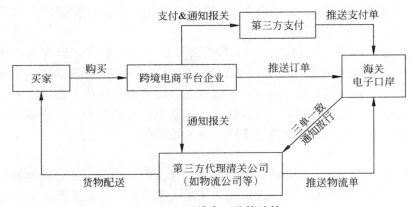

图5-6 三单合一监管政策

支付单：支付公司负责推送，但是该支付公司必须直接为平台提供收单服务，严禁二次收单；

订单：订单由电商平台对接推送至海关总署电子口岸（或当地电子口岸）；

物流单：由清关服务商代为推送（如保税仓运营方、物流公司等）。

海关系统会按照以下规则对信息进行校验，确定是否放行。

（1）订单、支付单、物流单匹配一致。

（2）电商平台、电商企业备案信息真实有效。

（3）订购人姓名、身份证号匹配查验一致。

（4）订购人年度购买额度≤￥26 000。

（5）单笔订单实际支付金额≤￥5 000。

（6）订单商品价格、代扣税金、实际支付金额等计算正确（允许5%误差），无免税金额，每个包裹均会产生税金。

（7）订单实际支付金额与支付单支付金额、支付人信息等一致。

5.2.3 跨境电商 BBC 通关模式

"9610""9710"模式都是指境内企业直接发货至境外购买人手中,区别就是,"9610"是企业至消费者的 B2C 模式,而"9710"则是企业至企业的 B2B 模式,所以一般"9710"的货量和货值更高。"9810"模式的仓库建在大陆(内地)以外地区,而"1210"模式的仓库建在国内海关特殊监管区域或保税监管场所。

1. "9710"跨境电商 B2B 直接出口的业务流程

"9710"跨境电商 B2B 直接出口的交易流程主要涉及跨境电商出口企业、跨境电商平台企业(境内 B2B 平台或境外 B2B 平台)、物流企业、外贸综合服务企业、境外采购企业等参与主体,业务流程如图 5-7 所示。

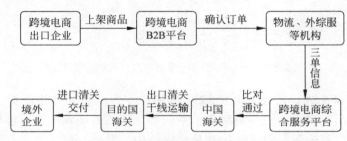

图 5-7 "9710"跨境电商 B2B 直接出口的业务流程

"9710"跨境电商 B2B 直接出口的优势主要如下。

(1)降低中小企业参与国际贸易的门槛。在传统外贸业态中,中小微企业或者个人因规模小、资金不足,很难取得相应的进出口资质,因此很难独自参与到国际贸易中,只能借助外贸代理商实现进出口,需承担较大资金成本和风险。而且中小微企业通常只生产中间产品,无法及时与终端客户沟通,获得市场有效反馈,从而丧失了建立自身品牌和高溢价的可能性。现阶段,跨境电商 B2B 平台将碎片化、小单化、移动化的贸易流程变得十分简明,操作起来更加容易。中小微企业和个人可以通过跨境电商 B2B 平台寻找全球各地的买家,极大降低了参与全球贸易的门槛。

(2)有利于获得新外贸用户。跨境电商 B2B 改变了过去"工厂—外贸企业—国外商贸企业—国外零售企业—消费者"的贸易链条,使境内出口企业能够直接对话境外消费者和小企业这两大新客群,使中国成为支撑全球卖家的定制化供应链服务中心。

(3)有利于抢占新市场。当前,东盟、中东、非洲、拉美等已经成为跨境电商快速增长的新兴市场,中小外贸企业通过跨境电商平台能够平等参与到新兴市场竞争中,凭借中小外贸企业灵活的供应链,能够较快适应新兴市场的个性化消费情况,获取新的市场空间。

(4)有利于衍生新服务。在新的贸易链条中,境外采购商的需求已经从单一的产品采购需求衍生为包括品牌策划、产品设计、营销推广、物流服务在内的综合服务需求,为境内工厂、贸易企业拓展了新的利润提升空间。

2. "9810"跨境电商出口海外仓的业务流程

"9810"跨境电商出口海外仓的交易流程主要涉及跨境电商出口企业、物流企业、外贸综合服务企业、公共海外仓经营企业、跨境电商平台企业（境内或境外B2C平台）、境外物流企业、境外消费者等参与主体，业务流程如图5-8所示。

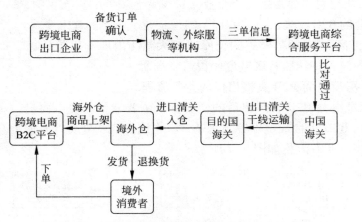

图5-8 "9810"跨境电商出口海外仓的业务流程

跨境电商出口海外仓的本质是跨境电商B2C零售出口的升级演变，通过海外仓的前置备货，使商品更快送达境外消费者手中，其目的是更高效地服务境外消费者，提高跨境电商零售出口整体运行效率。特别是在疫情中，海外仓对外贸企业的重要作用更加凸显。

3. "9710"和"9810"的通关流程

跨境电商B2B出口通关主要流程包括前期准备、出口申报、查验放行、退货监管等全流程海关监管制度，如图5-9所示。此次改革充分考虑了跨境电商新业态信息化程度高、平台交易数据留痕等特点，采用企业一次登记、一点对接、便利通关、简化申报、优先查验、允许转关、退货底账管理等针对性的监管便利化措施。

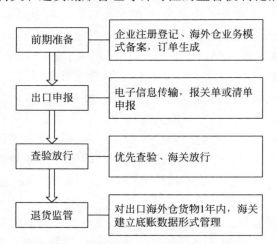

图5-9 跨境电商B2B出口通关主要流程

1）前期准备

前期所做的准备主要包括企业注册登记、海外仓业务模式备案，跨境电商企业、跨境电商平台企业（包括自营平台和第三方平台、境内平台和境外平台）、物流企业等参与跨境电商 B2B 出口业务的境内企业，应当依据海关报关单位备案有关规定，向所在地海关办理备案，并在跨境电商企业类型中勾选相应企业类型，其中对于仅开展跨境电商 B2B 出口业务的物流企业，跨境电商类型应勾选为"物流企业"（仅 B2B）。开展出口海外仓业务的跨境电商企业，还应当在海关进行出口海外仓业务模式备案。开展跨境电商出口海外仓业务的跨境电商企业，应当为海关一般信用及以上信用等级企业，向所在地海关进行出口海外仓业务模式备案，海关在跨境电商出口统一版通关管理系统中对备案企业信息进行维护，备案通过的，可以在全国海关范围内开展跨境电商出口海外仓业务。

海外仓业务模式备案所需资料有：①跨境电商海外仓出口企业备案登记表（简称"备案登记表"）及跨境电商海外仓信息登记表（简称"海外仓登记表"），一仓一表，一式一份，如图 5-10 和图 5-11 所示；②海外仓证明材料：海外仓所有权文件（自有海

跨境电商海外仓出口企业备案登记表

编号：

企业名称		申请时间	
主管海关			
海关注册编码		统一社会信用代码	
企业法人		通讯地址	
联系人		联系电话	
开展业务类型	□ 一般贸易出口（0110） □ 特殊区域出口（1210） □ 退货（4561）		
线上销售平台			
主要海外仓名称	1. 2. 3.		
海外仓说明及随附资料	申请人签名： 年 月 日		
其他说明			
审核意见：	年 月 日		
备注：	年 月 日		

图 5-10　跨境电商海外仓出口企业备案登记表样本

外仓)、海外仓租赁协议(租赁海外仓)、其他可证明海外仓使用的相关资料(如海外仓入库信息截图、海外仓货物境外线上销售相关信息)等;③有条件的海关可联系当地商务部门或其他主管部门提供企业海外仓业务证明;④其他海关认为需要的材料。上述资料如有变更,企业需及时将相关资料提供给所在地海关。

跨境电商海外仓信息登记表

海外仓信息			
企业名称		海关注册编码	
海外仓名称		面积(平方米)	
所在国家		所在城市	
海外仓地址		仓库性质	
线上销售平台			
备注			

图 5-11 跨境电商海外仓信息登记表样本

参与跨境电商 B2B 出口业务并在海关备案的企业,纳入海关信用管理,海关根据信用等级实施差别化的管理措施。

2)出口申报

跨境电商 B2B 出口监管试点分成报关单和清单两种方式申报,如图 5-12 所示。跨境电商企业或其委托的代理报关企业、跨境电商平台企业、物流企业应当通过国际贸易"单一窗口"或"互联网+海关"跨境电商通关服务系统和货物申报系统,向海关提交申报数据、传输电子信息,并对数据真实性承担相应法律责任。

跨境电商 B2B 出口申报前,跨境电商出口企业或境内电商平台应通过"单一窗口"

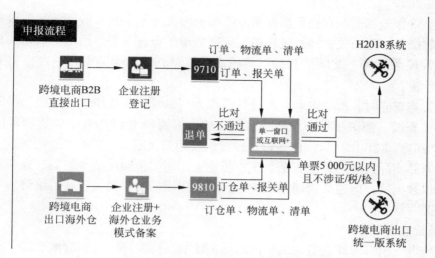

图 5-12 跨境电商 B2B 出口申报流程
资料来源：杭州海关。

或"互联网＋海关"向海关传输交易订单或海外仓订仓单电子信息，物流企业向海关传输物流电子信息，且全部以标准报文格式自动导入，报关单和申报清单均采用无纸化，简化企业申报手续。

跨境电商 B2B 出口申报时，"单一窗口"或"互联网＋海关"对报关单或申报清单与交易订单或海外仓订仓单、物流单等信息进行逻辑校验，同时对企业资质进行校验。对于企业类型，校验不通过的不能申报。申报出口海外仓监管方式的，还将校验跨境电商出口海外仓企业信息表，未备案的不能申报。校验通过的，通关服务平台将生成清单，并将清单总分单数据发送至通关管理系统。校验不通过的，相关单证传输失败，系统将错误信息返回给企业。

对单票金额超过 5 000 元人民币/涉证/涉检/涉税的跨境电商 B2B 出口货物，企业应通过"H2018 通关管理系统"办理通关手续。

对单票金额在人民币 5 000 元（含）以内，且不涉证、不涉检、不涉税的跨境电商 B2B 出口货物，企业可报送申报清单，校验通过后自动推送至跨境电商出口统一版通关管理系统，申报要素比报关单减少 57 项，清单无须汇总报关单，让中小微出口企业申报更为便捷、通关成本进一步降低。跨境电商出口统一版通关管理系统申报清单不再汇总申报报关单。其中，向跨境电商综合试验区内海关申报的清单，不涉及出口退税的，可申请按照 6 位 HS 编码简化申报。

3）查验放行

针对跨境电商货物通关时效性要求高的特点，现场海关对跨境电商 B2B 出口货物优先安排查验。跨境电商 B2B 出口货物适用全国通关一体化，也可采用"跨境电商"模式进行转关。跨境电商 B2B 出口货物可按照"跨境电商"类型办理转关；通过 H2018 通关管理系统通关的，同样适用全国通关一体化，关区内企业可以选择向属地海关进行申报，货物在口岸地海关进行验放。企业可根据自身实际选择时效更强、组合更优的方式运送货物，同时可享受优先安排查验的便利。

海关监管作业场所经营企业根据实际情况向海关发送运抵单数据，通关服务平台接收运抵单数据后，向通关管理系统传输。根据清单的审核状态、运抵单数据、总分单信息，通关管理系统将"放行""查验"等状态的清单，通过通关服务平台将相关审核结果向企业传输。

海关实施查验时，跨境电商企业或其代理人、监管作业场所经营人应当按照有关规定配合海关查验。海关根据布控指令实施查验，对跨境电商B2B出口货物可优先安排查验。跨境电商B2B出口货物应当符合检验检疫相关规定。

出口商品实际离境后，物流企业或申报企业向海关传输离境单数据，通关服务平台接收离境单数据后，向通关管理系统传输。根据离境信息，通关管理系统将清单、提运单置"结关"状态。

4）退货监管

对跨境电商出口海外仓货物1年内退运进境的，海关建立底账数据形式进行管理。

——— 即测即练 ———

第 6 章

跨境电商物流信息技术与智慧物流

【本章学习目标】
1. 了解跨境电商物流信息技术的种类;
2. 熟悉智慧物流的含义及作用。

"集装箱的数字之旅"见证"义新欧"班列数字化场景运转效率

为打好浙江义新欧班列高质量开行的"团体战""攻坚战",义乌市协同海关、铁路、场站等单位打造全流程信息化系统,从通关时效、线上预约、智能调度等"小切口"出发,持续推进"义新欧"数字班列建设,赋能浙江自贸试验区金义片区高效发展。

"出发,去铁路口岸!"位于义乌市诚信大道的义乌港内,工人们忙着装载货物,集卡车有序进出,一派繁忙景象。人群中,我们找到了集卡车司机杨永。当天,他接到车队的派工,要从义乌港短驳一批装满货物的集装箱到义乌市陆港铁路口岸通关落箱,并经"义新欧"中欧班列发往国外。

一个集装箱货物要出口,要向海关报关,经海关监管后即可通关放行。通俗讲,集装箱从运抵铁路口岸,到通过海关关卡进入集装箱堆场,是通关最为常规的形式。

为了抢抓出货时间,铁路口岸集装箱堆场内最多时堆了2 600多个集装箱。如何让这些集装箱以最快的速度进出堆场,短驳至铁路发运的龙门吊下,直接影响着"义新欧"中欧班列的运行效率。为此,义乌推出了一系列数字化应用,让集装箱通关时间从排队24小时缩短至5分钟。"义新欧"班列也从原来1天3班提升至最高6班。

2022年1月1日到3月14日,义乌铁路口岸发运"义新欧"中欧班列270列、22 472标箱,海铁联运发运170列、14 650标箱。一个个数字化场景是如何运转的?我们跟着杨永,体验一个集装箱的数字通关之旅。

9:00 预约,线上"云"排队

9时,义乌港车水马龙。坐进集卡车的副驾驶室,我们发现,杨永并没有急着开车。只见他拿出手机,向我们展示了一个名为"铁路口岸进场证预约"的数字化平台。"现在有了这个,方便多了。"只见他在平台界面上输入进场单号、车牌号和集装箱号后,点击开始预约。不到1分钟,杨永就收到了平台发送过来的反馈信息:集装箱已报关,预约通关进场时间为9时50分。

按照约定的时间,我们跟着杨永发车启程,赶往铁路口岸。"其实早在发车前,这个集装箱的数字通关之旅就已经开启了。"路上,坐在后排的陆港铁路口岸场站运营中心副经理龚英来告诉我们，报关就是走在前面的一环。"樱桃去核器7 000个，劳保手套39 128双，保温瓶2 484个……"就在发车前半小时，义乌通欧报关代理有限公司报关员陈嘉炜就打开电脑，登录"中国国际贸易单一窗口"的"义新欧"中欧班列业务系统（以下简称"义新欧系统"），为杨永车上的这一个集装箱货物报关了。

义乌打造的这一系统，实现了海关、铁路、场站、交通、运营单位等主体间数据共享，打通"通关+物流"各信息节点，实现了"义新欧"中欧班列集装箱全流程可视化。

一路上，龚英来反复跟我们强调：集装箱报关是预约的前提，而预约是为了更加方便地通关进场。报关的同时，意味着数据共享的开始。海关、铁路、场站、运营单位等主体，都会同步收到这个集装箱的信息。"什么产品，目的地是哪里，一目了然。无论到哪个环节，集装箱都能畅通无阻。"龚英来说，预约则让原来排长队进场的集卡车提前在线上"云"排队。

9:50 通关，现场"零"等候

驱车约半小时后，杨永的集卡车于9时45分抵达铁路口岸门口。离约定的进场时间还有5分钟，此时，排在我们前面，有10多辆同样等待进场的集卡车。让人意外的是，轮到进场的时候，每一辆车子几乎都是"秒进场"。"和以前比，差别很大。"老家在河南的杨永在义乌跑了6年集卡车，往来于义乌港和铁路口岸，见证着这里的日渐繁荣。

据统计，义乌铁路口岸2021年全年发运"义新欧"班列1 277列、10 529标箱，同比增长31%，海铁联运班列811列、68 432标箱，同比增长100%。随着业务量的增加，集卡车排队等候进场的时间也长了起来。

"我见过最夸张的时候，通关的车队要排到几公里外。"杨永告诉我们，没有数字化系统之前，他们根本不知道什么时候能进场，也不知道自己运送的集装箱是否已报关。"所有信息都是靠人工、报关行、货代公司层层传达，车队、司机接收信息很不及时。"提前到铁路口岸盲等，成了最稳妥的办法。

"有时候未报关的集装箱排在前面进不去，报了关的堵在后面前进不了。"在杨永的印象中，时间最长的一次，短短200多米路，他整整等了24小时，"吃喝全在车上，哪也去不了。"现在好了，数据共享后，杨永只要通过铁路口岸进场证预约平台，就能随时掌握集装箱的通关动态，合理安排时间。9时50分，卡口自动识别集装箱号后，杨永的集卡车顺利进场。从抵达铁路口岸排队到通关进场，只用了5分钟时间，刚好与预约进场的时间相符。

10:06 落箱，堆场"智"调度

通关进场之后，如何最快找到集装箱所要堆放的位置呢？在海关监管场进出卡口边上的调度房内，我们见到了陆港铁路口岸集装箱堆场调度员尹小华。当杨永的集装箱被识别进入海关卡口后，我们在他的电脑上看见，一个矩形的橙色模块——集装箱3D（三维）化模型——冒了出来。

"这是什么原理？"在我们的追问下，尹小华道出了背后的玄机。这一模型的生成，归功于陆港铁路口岸场站智能化作业系统。"我们通过对重箱堆场、集装箱等比例缩放进行3D建模，相当于把场站搬到了网上。"尹小华说，他只要在电脑前，通过简单的"拖拉拽"进行堆场集装箱的调度作业，就能实现堆场堆存情况"云监测"。

在 3D 模型上，我们看到，集装箱堆场按照发往地不同，被划分为 A、B、C、D、E 等不同区块。A 区是中亚国家和俄罗斯，B、C、D 区是中欧国家方向。而集装箱则按照堆放层次的不同被分为多种颜色，一层为绿色，二层为黄色，三层为白色。刚进入卡口、未调度的集装箱则以橙色显示。

"我们会按照先进先出、班列的发运计划、尽量减少翻箱等原则堆放集装箱。"经过综合考虑，尹小华最终把杨永的集装箱用鼠标拖到了 A3-12-1。而此时的堆场内，负责装卸集装箱的正面吊司机的平板电脑上，也第一时间出现了这一串编号。当我们跟着杨永的集卡车进入堆场之后，在平板电脑上接到堆位指令的正面吊司机朱林峰，第一时间出现在了我们的面前。寻找堆位、起吊集装箱……在他的指引下，16 分钟后，杨永的集装箱就精准落箱了。我们看了看表，时间显示是 10 时 6 分。

"我们还实时统计分析堆位使用率、预约箱量、客户进场箱量、正面吊作业量等关键数据，帮助铁路口岸更直观地掌握场站运营情况。"尹小华说。后来，我们也发现，从义乌港进入义乌铁路口岸，作业全程居然不用下一次车、全程无接触，直到离开口岸。

资料来源："义新欧"班列数字化场景运转效率如何？一个集装箱的数字之旅 [N]．浙江日报，2022-03-17．

6.1 跨境电商物流信息技术

6.1.1 信息识别与采集技术

1. 条形码技术

1）条形码的概念

条形码是一种信息代码，是由一组宽度不同、反射率不同的条和空按一定编码规则排列而成的符号，用以表示一定的信息。条形码一词来源于英语的"bar code"，人们根据其图形的外观结构称其为"条码"或"条形码"，它是一种用光扫描阅读设备识读并使数据输入计算机的特殊代码。

条形码出现在 20 世纪 40 年代，但得到实际应用和发展还是在 20 世纪 70 年代前后，条形码是由美国的乔·伍德兰德（Joe Woodland）在 1949 年提出的。1970 年，美国超级市场委员会制定通用商品代码 UPC 码（Universal Product Code，通用产品代码），许多团体也提出了各种条形码符号方案。1973 年，美国统一编码协会（UCC）建立了 UPC 条形码系统，实现了该码制标准化。条形码包括一维条形码（以下简称"一维码"）和二维条形码（以下简称"二维码"）。

条形码技术是实现物流信息管理的重要手段。我国于 1988 年成立了中国物品编码中心，专门负责全国物品的编码管理工作，并且于 1991 年加入欧洲物品编码（European Article Number，EAN）。EAN 有两种版本，标准版表示 13 位数字，称为 EAN13 码；缩短版表示 8 位数字，称为 EAN8 码。

2）条形码的种类

（1）一维码。一维码是由一组规则排列的条、空及其对应字符组成，用以表示一定信息的标识。"条"指对光线反射率较低的部分，"空"指对光线反射率较高的部分，这些条和空组成的数据表达一定的信息。一维码只是在一个方向上（一般是水平方向上）表达信息，而在垂直方向上不表达任何信息，其一定的高度通常是为了便于扫描器对准。一维码的应用可以提高信息录入的速度，减小差错率，但是一维码的数据容量仅在 30 个字符左右，只能包含字母和数字，条码尺寸相对较大，且遭到损坏后无法被阅读。

图 6-1　EAN13 码

常用的一维码的码制包括 EAN 码、39 码、交叉 25 码、UPC 码、128 码、93 码、SBN（国际标准书号）码及 Codabar（库德巴码）等。EAN13 码是国际物品编码协会在全球推广应用的商品条码，它是一种定长、无含义的条码，共 13 个字符（图 6-1）。

前缀码：用来标识国家或地区的代码，由国际物品编码协会统一管理和分配，以保证其在全球范围内的唯一性。中国的前缀码为 690～699、489、471；日本的前缀码为 450～459、490～499；美国的前缀码为 000～019、030～039、060～139。

厂商识别代码：用于对厂商的唯一标识，在中国由中国物品编码中心赋予。

商品项目代码：由厂商自行编码，商品项目与其标识代码要一一对应，即一个商品项目只有一个代码，一个代码只标识一个商品项目。

校验码：用于校验厂商识别代码、商品项目代码的正确性。

EAN8 码是 EAN13 码的压缩版，由 8 位数字组成，用在包装面积较小的商品上。与 EAN13 码相比，EAN8 码没有厂商识别代码，仅有前缀码、商品项目代码和校验码。

（2）二维码。二维码是在二维方向（水平方向和垂直方向）上都表示信息的条形码。由于一维码携带的信息量有限，如 EAN13 码仅能容纳 13 位阿拉伯数字，更多的信息只能依赖物品数据库的支持，脱离了预先建立的数据库，这种条形码就没有意义了。二维码产生于日本，它是用某种特定的几何图形按一定规律在平面（二维方向上）分布的黑白相间的图形记录数据符号信息的条形码，使用若干与二进制相对应的几何形体来表示文字数值信息，通过图像输入设备或光电扫描设备自动识读以实现信息自动处理。二维码能够在有限的面积上表示大量信息，可以使用汉字、照片、指纹、签字等在内的小型数据文件，可以在远离数据库和不便联网的地方实现数据采集，还可以防止各种证件、卡片及单证的仿造。它具有条形码技术的一些共性：每种码制有其特定的字符集；每个字符占有一定的宽度；具有一定的校验功能；等等。同时它还具有对不同行的信息自动识别功能及处理图形旋转变化等特点。

美国 Symbol（讯宝）公司 1991 年正式推出了 PDF（便携式数据文件）417 的二维码，简称 PDF417 条码，目前它已成为通用的国际标准，广泛地应用在国防、公共安全、交通运输、医疗保健、工业、商业、金融、海关及政府管理等领域。

3）条形码的识别原理

条形码识别是为了阅读出条形码所代表的信息，因此需要一套条形码识别系统，该系统主要由条形码扫描和译码两部分组成。扫描是利用光束扫读条形码符号，并将光信号转换为电信号，这部分功能由扫描器实现；译码是将扫描器获得的电信号按一定的规则翻译成相应的数据代码，然后输入计算机。

4）条形码的特点

（1）简单。条形码制作容易，扫描操作简单易行。

（2）信息采集速度快。

（3）采集信息量大。利用条形码扫描，一次可以采集几十位字符，而且可以通过选择不同码制的条形码增加字符密度，使录入的信息量成倍增加。

（4）可靠性高。键盘录入数据，误码率为 1/300，而采用条形码扫描录入方式，误码率仅有百万分之一。

（5）灵活、实用。条形码符号作为一种识别手段可以单独使用，也可以和有关设备组成识别系统实现自动化识别，还可以和其他控制设备联系起来实现整个系统的自动化管理。同时，在没有自动识别设备时，也可实现手工键盘输入。

（6）设备结构简单、成本低。条形码识别设备的结构简单、操作容易，无须专门训练。与其他自动化识别技术相比较，推广应用条形码技术，所需费用较低。

5）条形码在跨境电商物流中的应用

商品在全球贸易流程中需要一个通行的"身份证"和"通行证"，这个"身份证"和"通行证"就是商品条形码。其在物流方面的主要应用如下。

（1）在商品订货、拣货、发货、运输等各个流程中均可以利用物品编码技术实现数据采集和分析，同时节约人力和物力，使商品以最快的速度到达消费者手中。如条形码可以对运输货仓储包装标识，根据消费包装单元属性的不同可采用 EAN-128 条码、ITF（交叉二五）-14 条码和 EAN-13 条码。挂号条形码是指邮政小包所使用的跟踪号，英文称为 tracking number。挂号条形码通常是 13 位，其中，第 1、2 位是字母，第 1 位往往是 R，第 2 位则不固定；第 3～11 位是数字；最后 2 位是发件邮局所在国家/地区的缩写。例如，RA123456789CN 表示的是中国邮政的挂号小包；RB123456789HK 表示的是中国香港邮政的挂号小包。挂号条形码示例如图 6-2 所示。

图 6-2　挂号条形码示例

（2）商品条形码还能在仓储管理环节"自由穿行"，实现智能仓储管理。仓库应用商品条形码进行商品出库管理，能够更加快速、准确地识别商品，即时分析和收集商品信息，并合理安排库存，同时减少手工操作导致的失误。

（3）在售后服务环节，消费者下单后，可以利用商品条形码对商品进行实时监控，并随时获取物流信息；同时当消费者所购商品出现质量问题时，只要生产该商品的企业建立了以商品条形码为基础的追溯系统，便可以通过商品条形码提供的信息，追溯问题所出现的环节并妥善解决。

对电子商务企业来说，无论是在网上做贸易还是在线下做买卖，有了国际统一的商品条形码，商品就可以在全球任何国家和地区通行无阻，保持交易主体的一致性，提高交易效率，实现无纸化贸易。针对在线销售的商品来说，商品条形码这一通行全球的合法"身份证"，不仅能让全球的消费者更加信赖该产品，还能使销往全球的商品都有据可查、有源可循。对于电商物流管理来说，物流过程中的任何参与方，都可以通过商品条形码等来标识，实现供应链上、下游信息互动，有效对接仓储物流运输等各环节信息，真正实现自动化、可视化管理。

2. 射频识别技术

1）RFID 技术的概念

射频识别（radio frequency identification，RFID）技术是一种无线通信技术，可以通过无线电信号识别特定目标并读取相关数据，而不需要识别系统与特定目标之间建立机械或光学的接触。RFID 技术的基本原理是利用射频信号或空间耦合（交变磁场或电磁场）的传输特性，实现对物体或商品的自动识别。从结构上看，RFID 系统是一种简单的无线识别系统，由阅读器、应答器和应用软件系统构成，该系统一般用于检测、控制、跟踪物体。目前，RFID 技术应用很广，如图书馆、门禁系统、食品安全溯源等。

2）RFID 技术的工作原理

RFID 技术的工作原理其实很简单，绝大多数依据电感耦合的原理进行设计，即阅读器在数据管理系统的控制下发送一定频率的射频信号，当标签进入磁场时产生感应电流从而获得能量，并使用这些能量向阅读器发送自身的信息，该信息被阅读器接收并解码后送至中央信息管理系统进行相关的处理，这一信息收集和处理过程都是以无线射频方式进行的。

3）RFID 技术的特点

RFID 技术在本质上是物品标识的手段，依靠计算机和互联网技术，已成为物品标识的最有效方式之一。RFID 技术主要有以下五个特点。

（1）非接触识别。不需光源，可以穿透雪、雾、冰、涂料、尘垢和不适用条形码的恶劣环境来识别标签；有效识别距离大，达到 30 米以上。

（2）识别速度快。标签一进入磁场，解读器就可以即时读取其中的信息，并能够同时处理多个标签，实现批量识别。

（3）数据容量大。一维码的容量是 50 B，二维码可储存 2 000～3 000 B，RFID 的最大容量则有数兆比特，并且随着记忆载体的发展，其数据容量也在呈现不断扩大的趋势。

（4）数据可更改。条形码一旦印刷就无法更改，而 RFID 标签可以重复增加、修改、删除标签内存储的数据信息，这样有利于标签数据的动态更新，可以提高效率。

（5）读取要求低。RFID 设备体积小型化、形状多样化，在读取上并不受设备尺寸与形状的限制，不需要为了读取精确度而配合纸张的固定尺寸和印刷品质。

4）RFID 技术在跨境电商物流中的应用

（1）RFID 技术在海外仓中的应用。海外仓的仓储作业和境内仓的操作流程基本相同，主要包括入库、存储、出库三个基本环节，RFID 技术的应用可以提高入库和出库操作的效率，做到实时更新库存信息，做好及时补货工作，提高企业对市场的反应速度。对于配送，RFID 技术可以降低货物的出错率，使配送和库存衔接得更加紧密，从而实现海外仓的一体化运作。

在仓储环节，在仓库里，RFID 技术最广泛地应用于存取货物与库存盘点，使存取等操作实现自动化。RFID 技术与供应链计划系统制订收货、取货、装运等计划。这样不仅提高了作业的准确性和快捷性，使服务质量提高，降低了成本，减少了劳动力和缩小了库存空间，同时还减少了整个物流流程中商品误置、送错、偷窃、损害和库存、出货错误等造成的损耗；RFID 系统用于智能仓库货物管理，RFID 技术完全有效地解决了仓库里与货物流动有关的信息的管理问题。

（2）RFID 技术在通关中的应用。在跨境电商物流中，通关服务一般是由物流企业提供的，所以可以把通关看成跨境电商物流的一部分。跨境电商的交易基本是小批量、多批次的，而且金额比较小，所以海关的报关、通关就变成了比较麻烦的事情。对于报关来说，RFID 技术可以把货物的信息和海关的报关系统连接起来，这样可提高报关的效率。如果货物是一件一件的，那么可以提前把货物的信息共享给海关，然后在货物上贴 RFID 标签；如果货物体量比较大，那么可以集中在海关报关。

（3）RFID 技术在物流整合中的应用。无论是四大国际商业快递公司，还是中国邮政都无法覆盖全世界的各个角落，所以目前境内跨境电商物流企业开始对涉及物流的跨境电商业务进行整合，通过与世界各地的物流服务商合作，更好地发挥自己的优势。RFID 技术可作用于跨境电商物流的各个环节，提升供应链的可视化，从产品出厂、干线运输、储存、销售、通关到国际运输和配送等，都可以使用 RFID 技术做到对货物及时跟踪，并提供对货物溯源查询真伪等服务。

（4）在运输环节的运输管理中，可在运输的货物和车辆上贴 RFID 标签，在运输线的一些检查点安装 RFID 接收转发装置。这样可在接收装置中收到 RFID 标签信息后，连同接收地的位置信息上传至通信卫星，再由通信卫星传送给运输调度中心，送入数据库中。

（5）在物流配送分销环节，RFID 技术能大大加快配送的速度和提高拣选与分发过程的效率与准确率，并能减少人工、配送成本。系统对读取到的这些信息与发货记录进行核对，能够检测出可能出现的错误，然后将 RFID 标签更新为最新的商品存放地点和状态。如此库存控制得到精确管理，甚至对目前还有多少货箱处于转运途中、转运的始发地和目的地，以及预期的到达时间等信息都可以确切了解。

6.1.2 信息存储、传输与交换技术

1. 电子数据交换技术

1）EDI 的概念

国际数据交换协会（IDEA）对 EDI（electronic data interchange，电子数据交换）的

描述：通过电子方式，采用约定的报文标准，从一台计算机向另一台计算机进行结构化数据的传输称为电子数据交换。该定义提到的"结构化数据"，指出了用于交换的数据是处于一种可以运用电子计算机进行处理的格式，而非处于一种非结构化、自由文本的格式。

电子数据交换是指按照统一规定的一套通用标准格式，将标准的经济信息通过通信网络传输，在贸易伙伴的电子计算机系统之间进行数据交换和自动处理。由于使用 EDI 能有效地减少直到最终消除贸易过程中的纸面单证，因而 EDI 也被称为"无纸交易"。它是一种利用计算机进行商务处理的新方法。

在基于互联网的电子商务普及应用之前，EDI 曾是一种主要的电子商务模式。它通过计算机通信网络将与贸易有关的运输、保险、银行和海关等行业的信息，用一种国际公认的标准程式，实现各有关部门或企业与企业之间的数据交换与处理，并完成以贸易为中心的全部业务过程。EDI 是将数据和信息规范化与格式化，并通过计算机网络进行交换和处理的信息交换系统，在国际贸易中，EDI 处理的数据和信息是订单、发票、报关单等商业文件，它大大提高了国际贸易的工作效率。

在国际、国内贸易活动中使用 EDI 业务，以电子文件交换取代了传统的纸面贸易文件（如订单、发货票、发票），双方使用统一的国际标准格式编制文件资料。

2）EDI 的工作流程

EDI 强调在其系统上传输的报文遵守一定的标准，因此，在发送之前，系统需要使用翻译程序将报文翻译成标准格式，如图 6-3 所示。

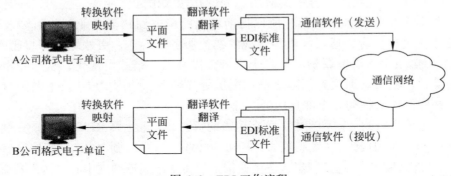

图 6-3　EDI 工作流程

（1）发送方计算机生成原始的用户数据。

（2）对发送报文的数据进行映射与翻译（映射程序将用户格式的原始数据报文展开成平面文件，以便翻译程序能够识别；翻译程序将平面文件翻译成 EDI 格式文件；平面文件是用户原始资料格式与 EDI 标准格式之间的对照性文件）。

（3）发送标准的 EDI 报文。

（4）贸易伙伴获取标准的 EDI 报文。根据 EDI 网络软件的不同，EDI 网络中心既可以通过计算机网络自动通知发送方的贸易伙伴，也可以被动地等待贸易伙伴通过计算机网络查询和下载。

（5）将接收到的文件的数据进行映射与翻译。

（6）接收方应用系统处理翻译后的文件。根据业务需要，EDI 软件在提供格式转换和翻译软件的同时，提供密码管理、权限管理、通信管理、记账管理、数据存档、第三方认证等功能。

3）EDI 的特点

（1）EDI 使用电子方法传递信息和处理数据。EDI 一方面用电子传输的方式取代以往纸张单据的邮寄和递送方式，从而提高了传输效率；另一方面通过计算机处理数据取代人工处理数据，从而减少了差错和延误。

（2）EDI 采用统一标准编制数据信息。与邮件、传真、远距离遥控输入输出系统和专用格式下的部门间工作系统等传输方式的区别在于，EDI 必须使用预先规定的标准化格式进行计算机到计算机的数据传输、交换与处理。

（3）EDI 是计算机应用程序之间的连接。在电子单据符合标准且内容完整的情况下，EDI 系统不但能识别、接收、存储信息，也能对单据数据信息进行处理，自动制作新的电子单据传输到相关部门，还能对电子单据的处理结果和进展情况进行反馈。

（4）EDI 系统采用加密防伪手段。EDI 使用的数据通信网络一般是增值网、专用网，同时为防止信息在传递过程中被破坏或篡改，采用信息加密的方式对电子单据在传输过程中和存储体内进行保护。

4）EDI 在跨境电商物流中的应用

利用 EDI 技术搭建信息平台，将运输企业（铁路、水运、航空、公路运输企业等）、货主、海关、商检、金融、仓储、报关以及承运业主有机地联系在一起。支持与跨境电商平台的订单信息交互，支持与第三方系统数据的对接，支持与海关、商检系统数据的对接，支持与企业财务管理及 OA（办公自动化）系统数据的对接。

在外贸领域，采用 EDI 技术，可以将海关、商检、卫检等口岸监管部门与外贸公司、来料加工企业、报关公司等相关部门和企业紧密地联系起来，从而避免企业多次往返多个外贸管理部门进行申报、审批等，大大简化了进出口贸易程序，提高了货物通关的速度，最终达到改善经营投资环境、提升企业在国际贸易中的竞争力的目的。

2. 大数据技术

1）大数据技术的概念

对于"大数据"（big data），麦肯锡全球研究所给出的定义是：一种规模大到在获取、存储、管理、分析等方面大大超出了传统数据库软件工具能力范围的数据集合，具有海量的数据规模、快速的数据流转、多样的数据类型和价值密度低四大特征。

大数据技术是指从各种类型的数据中快速获得有价值信息的技术，其关键技术有大数据采集、大数据预处理、大数据存储与管理、大数据分析与挖掘、大数据展现与应用等。其战略意义不在于掌握庞大的数据信息，而在于对这些含有意义的数据进行专业化处理。换而言之，如果把大数据比作一种产业，那么这种产业实现盈利的关键在于提高对数据的"加工能力"，通过"加工"实现数据的"增值"。

（1）大数据采集技术。大数据采集一般分为大数据智能感知层与基础支撑层，大数据智能感知层实现对结构化、半结构化、非结构化的海量数据的识别、定位、跟踪、接入、传输、转换、监控、初步处理和管理等；基础支撑层主要提供大数据服务平台所需的虚拟服务器、数据库和物联网资源等支撑环境。

（2）大数据预处理技术。大数据预处理技术主要完成对已接收数据的辨析、抽取、清洗等操作。因获取的数据可能具有多种结构和类型，数据抽取可以将复杂的数据转化为单一或者便于处理的结构和类型。大数据不全是有价值的，有些数据并不是我们所关心的内容，有些数据则是完全错误的干扰项，因此需要对这些数据进行"去噪"，从而提取出有效数据。

（3）大数据存储与管理技术。大数据存储与管理就是用存储器把采集到的数据存储起来，建立相应的数据库，并进行有序的管理和调用，主要解决大数据的可存储、可表示、可处理、可靠性及有效传输等关键问题。

（4）大数据分析与挖掘技术。大数据分析与挖掘技术是指改进已有数据挖掘和机器学习技术，或开发新型的数据挖掘技术。数据挖掘是从大量、不完全、有噪声、模糊、随机的实际应用数据中，提取隐含的、人们事先不知道的但又是潜在有用的信息和知识的过程。

（5）大数据展现与应用技术。在我国，大数据技术重点应用于商业智能、政府决策、公共服务三大领域，其中应用的技术有商业智能技术、政府决策技术等。

2）大数据技术在跨境电商物流中的应用

在这个信息爆炸的时代，物流企业每天都会涌现海量的数据，特别是全程物流，包括运输、仓储、搬运、配送、包装和再加工等环节，每个环节中的信息流量巨大，使物流企业很难对这些数据进行及时、准确的处理。随着大数据时代的到来，大数据技术能够通过构建数据中心，挖掘隐藏在数据背后的信息价值，从而为企业提供有益的帮助，为企业带来利润。

跨境电商物流行业的应用特点与大数据技术有较高的契合度，大数据技术与跨境电商物流的结合就成了必然的发展趋势。物流企业正一步一步地进入数据化发展的阶段，物流企业间的竞争逐渐演变成数据间的竞争。大数据技术能够让物流企业有的放矢，甚至做到为每一个客户量身定制符合他们自身需求的服务，从而颠覆整个物流企业的运作模式。目前，大数据技术在物流企业中的应用主要包括以下几个方面。

（1）预测销售和库存。利用大数据对库存结构进行优化，使库存成本不断下降，对商品品类进行有效分析，系统可对促销商品、引流商品进行精确划分。同时，系统还能以现有的销售数据为依据进行建模分析，对商品的安全库存作出科学判断，及时发布预警。这样一来，系统无须再以往年的销售情况为依据对当前的库存状况进行预测，可以降低库存，提升资金利用率。

借助不断变化的互联网技术，全球物流业可以实现有效调整。物流企业无须再在全国范围内布局配送中心，整个物流配送模式将从用户提交个性化订单向上推移，发生显著改变。过去供给决定需求的模式将被彻底改变，今后更多的是从需求倒推供给，以需求模式为依据对供给点进行设置。

（2）物流中心的选址。在物流中心选址过程中，企业需要综合考虑经营环境、基础设施状况、自然环境和其他因素等。企业要达到成本最小化这个目标，使用传统的方法如重心法大多不切实际。这时就需要利用大数据技术使企业根据不同的需求选择合适的算法，从而获得最高利益。在海外仓建设方面，重点分析出口比重较高国家/地区的用户收货地址，在收货地址分布密集的城市附近设立海外仓，缩短商品的物流配送时间，提高跨境商品的物流时效，提升跨境消费者的消费信任和购买体验。

（3）优化配送线路。配送线路的优化是一个典型的非线性规划问题，它一直影响着物流企业的配送效率和配送成本。物流企业运用大数据来分析商品的特性和规格、客户的不同需求（时间和金钱）等问题，从而用最快的速度对这些影响配送计划的因素作出反应（如选择哪种运输方案、哪种运输线路等），制定最合理的配送线路。物流企业还可以通过配送过程中实时产生的数据，快速地分析配送路线的交通状况，对事故多发路段提前作出预警。精确分析整个配送过程的信息，使物流的配送管理智能化，提高了物流企业的信息化水平和可预见性。

UPS 国际快递在使用大数据优化运输路线方面作出了有益示范，具体分析如下：UPS 国际快递的配送人员无须自己设计最优的配送路线，Orion 系统可实时对 20 万种可能的配送路线进行分析，在 3 秒内找到最佳的配送路线。通过大数据分析，UPS 国际快递作出了如下规定：卡车不能左转，以缩短行驶过程中的等待时间。未来，UPS 国际快递将使用大数据对快递员行为进行预测，以及时纠正其错误行为，降低问题发生的概率。

通过对大数据的应用，物流运输效率将得以大幅提升，物流企业之间的沟通、交流将变得更加便利，物流配送路径将实现优化。所以，UPS 国际快递的配送人员宁愿绕圈也不愿意左转的做法听起来不可思议，实际上真的节省了配送时间、降低了油耗。

（4）仓库储位优化。合理地安排商品储存位置对于仓库利用率和搬运分拣的效率有着极为重要的意义。对于商品数量多、出货频率高的物流中心，储位优化就意味着工作效率和效益。企业可以通过大数据的关联模式法分析商品数据间的相互关系来合理地安排仓库位置。企业可以根据跨境电商物流反馈的信息，利用大数据分析技术，调整商品存储的数量和位置，加大对热销国家/地区商品的备货量，减少对冷门国家/地区滞销商品的备货量，打造实时动态的数据化仓储。

6.1.3 物流动态跟踪与控制技术

1. 全球定位系统技术

1）GPS 的含义

GPS 是英文 global positioning system（全球定位系统）的简称。GPS 是 20 世纪 70 年代美国海、陆、空三军联合研制的新一代空间卫星导航定位系统。其主要目的是为海、陆、空三大领域提供实时、全天候和全球性的导航服务，并用于情报搜集、核爆监测和应急通信等。到 1994 年 3 月，全球覆盖率高达 94% 的 24 颗 GPS 卫星星座已经布设完成。GPS 已全面开放，成为一种全球公用设施，同时产生了巨大的社会效益与经济效益，是最具有开创意义的实用高新技术之一。目前，手机、PDA（掌上电脑）等通信移动设备都可以安装 GPS 模块，GPS 的便携性使人们在日常生活中对 GPS 的应用更加得心应手，电子地图、城市导航让人们身在他乡却不会感到陌生，城市的建筑和街道都在掌握中。

GPS 具有海、陆、空全方位、全天候、高效益、高精度、自动化等其他定位系统无法比拟的特点。

2）GPS 在跨境电商物流中的应用

就 GPS 应用而言，主要使用信息接收终端。在物流行业中，信息流占据着主导地位，是很多物流企业的制胜关键。GPS 在物流中的应用，更确切地说是在物流信息中的应用，主要有以下几点。

（1）海空导航。GPS 导航应用的最大用户是航海，在航海导航方面，GPS 可提供所在位置、航行速度、航行方向和时间信息，还可以显示航迹等。在空中导航方面，GPS 的精度高于现有任何航空航路的导航系统，可实现最佳的空域划分和管理、空中交通流量管理以及飞行路径管理，保证了空中交通管理的灵活性。

（2）实时监控。应用 GPS 技术，跨境电商物流企业可以建立起运输监控系统，在任何时刻查询运输工具所在地理位置和运行状况信息，并将其在电子地图上显示出来，以便工作人员做好相关工作准备，提高运输的安全性和效率。

（3）动态调度。应用 GPS 技术，调度人员能在任意时刻发出调度指令，并得到确认信息，同时对采集到的运输工具运能信息、维修记录信息、车辆运行状况登记信息、在途信息等多种信息进行分析，以辅助调度决策，尽可能减少、缩短空载时间和距离，充分利用运输工具的运能。

（4）路线优化。根据 GPS 数据获取路网状况，如通畅情况、是否有交通事故等，应用运输数学模型和计算机技术，规划设计出车辆的优化运行路线、运行区域和运行时段，合理安排车辆运行通路。

2. 地理信息系统技术

1）GIS 的概念

地理信息系统（geographic information system，GIS）是在计算机硬、软件系统支持下，对整个或部分地球表层（包括大气层）空间中的有关地理分布的数据进行采集、储存、管理、运算、分析、显示和描述的技术系统。

目前，GIS 已经成功应用于测绘、制图、资源和环境等领域，而且已成为城市规划、公共设施治理、工程建设等领域的重要工具，此外还涉及军事战略分析与决策、文化教育、商务策划乃至人们日常生活的各领域。因此 GIS 技术是信息产业的重要组成部分，同样 GIS 也在跨境电商物流行业中发挥其特殊的优势。应用 GIS 技术，跨境电商物流企业可以建立相关的计算机模型，通过模拟实际配送情况，合理确定配送中心的地址，有效规划运输路径，准确定位客户地理信息，在缩短运输时间和降低成本的同时，提高经济效益。

GIS 融入物流配送有助于物流企业有效利用资源、降低消耗、提高效率。配送人员根据跨境电商下单地址与 IP（网际互连协议）地址共同确定配送目的地，通过 GIS 对实时地理信息进行查看，了解当前路况信息。配送人员再根据 Dijkstra、SPFA、Floyd 等最短路径算法，选出最短路径，依据就近原则和沿途顺带原则，安排配送的先后顺序，从而整理出配送时间短、配送效率高的配送路径，并据当前车辆运行情况，进行车辆的合理调配。基于 GIS 的物流配送系统的过程主要有以下六个方面。

（1）通过跨境电商消费者提供的详细地址，确定客户的地理位置和车辆路线。

（2）基于 GIS 的查询、地图表现等功能，合理编辑（如创建、删除、修改）车辆路线，制定配送先后顺序。

（3）用特定的地图符号标记客户的地理位置，不同类型的客户（如普通客户和会员客户）采用不同的符号表示。

（4）在地图上查询客户的位置以及客户周围的环境，以发现潜在客户。

（5）通过业务系统调用 GIS，以图形方式显示业务系统各种相关操作结果的数值信息。

（6）基于综合评估模型和 GIS 的查询，实现对配送区域的拆分、合并。

2）GIS 在物流行业的应用

GIS 在物流行业的主要应用包括物流中心选址、最佳配送路线、车辆跟踪和导航、配送区域划分。

（1）物流中心选址。物流中心选址是物流系统中具有战略意义的投资决策问题，对整个系统的物流合理化和商品流通的社会效益有着决定性的影响。但受商品资源分布、需求状况、运输条件和自然条件等因素的影响，即使在同一区域内的不同地方建立物流中心，整个物流系统和全社会的经济效益也是不同的。企业利用 GIS 的空间查询功能、叠加分析、缓冲区分析、网络分析等功能可以方便地确定哪些地理位置适合筹建物流中心，哪些地理位置的物流成本比较低，哪些地理位置的运营成本比较低，在考虑了种种因素之后就可以确定最佳的物流中心位置。利用 GIS 的可视化功能可以显示在包含区域地理要素（如现存物流节点、道路、客户等要素）的背景下的整个物流网络，一般规划者能够直观方便地确定地理位置或线路，从而形成选址方案和备选方案。

（2）最佳配送路线。企业利用 GIS 可以设置车辆型号以及载货量限制条件，车速限制、订单时间限制、融合多旅行商分析与导航规划，精选最优配送路线；还可以跟进用户需求，将目的地一次性批量导入 GIS 当中，根据订单地址精确生成地图点位，进而生成最佳配送路径，提高配送效率，节约配送成本。

（3）车辆跟踪和导航。GIS 能接收 GPS 传来的数据，并将它们显示在电子地图上，帮助企业动态地进行物流管理。第一，可以实时监控运输车辆，实现对车辆的定位、跟踪与优化调度，以达到配送成本最低，并在规定时间内将货物送到目的地，在很大程度上避免了迟送或者错送的现象；第二，根据电子商务网站的订单信息、供货点信息和调度信息等，货主可以对货物随时进行全过程的跟踪与定位管理，掌握运输中货物的动态信息，从而提高供应链的透明度和控制能力，提高客户的满意度。

（4）配送区域划分。企业可以参照地理区域，根据各个要素的相似点把同一层次上的所有或部分要素分为几个组，用以解决确定服务和销售市场范围等问题。例如，某一公司要设立若干分销点，要求这些分销点覆盖某一地区，而且使每个分销点的顾客数目大致相等。

6.2 智慧物流

6.2.1 智慧物流的概念

2008年，IBM（国际商业机器公司）提出"智慧地球"这一概念，2009年，美国总统奥巴马公开肯定了IBM的"智慧地球"思路。2010年，我国把"物联网"写入《政府工作报告》。在众多行业中，物流可以说是最早接触物联网，应用物联网技术，让物流实现智能化、自动化、网络化的行业。"智慧物流"这一概念也在2009年被正式提出。

"智慧物流"概念自提出至今一直是社会各界的焦点，从整体来看，关于智慧物流的研究刚刚起步，关于智慧物流的概念、体系结构、实施框架还未达成共识。

根据IBM对"智慧物流"的理解，智慧物流指的是借助信息技术，在物流各环节实现感知功能、规整功能、智能分析功能、优化决策功能、系统支持功能、自动修正功能、及时反馈功能的现代综合性物流系统。

根据中国物联网校企联盟对"智慧物流"的定义，智慧物流指的是借助集成智能化技术，让物流系统模仿人的智能，具备学习、感知、推理判断、解决问题等能力，对物流过程中出现的各种难题自行解决。也就是利用各种互联网技术从源头开始对商品进行跟踪、管理，让信息流快于物流，以便在货物流通过程中及时获取信息，对信息进行分析，作出决策。简单来说，智慧物流就是借助传感器、RFID、移动通信技术让货物配送实现自动化、信息化、网络化。

"智慧物流"概念的提出顺应了历史发展潮流，与现代物流自动化、网络化、智能化、可视化、实时化的发展趋势相符，同时也迎合了物联网的发展趋势。智慧物流的实现能带来诸多益处，比如降低物流成本，提升物流效率，控制物流风险，改善物流服务，实现节能环保等。

6.2.2 智慧物流的作用及制约智慧物流发展的因素

智慧物流的建设与历史发展潮流相适应，与物联网发展趋势相吻合。对于物流行业乃至整个国民经济来说，智慧物流的建设意义重大。

1. 智慧物流的作用

1）对企业的作用

首先，能通过智慧供应链管理拓展企业的利润源，增加企业利润；其次，借助智慧物流系统，企业能更好地预测风险、掌控风险，降低各环节成本；最后，借助智慧物流系统，企业还能有效提升客户服务能力，带来更好的客户体验。

2）对国家的作用

一方面，智慧物流的建设能使物流成本在GDP（国内生产总值）中的占比大幅下降，使国民经济的运行效率大幅提升；另一方面，智慧物流迎合了科学发展、可持续发展的理念，节能环保，能有效减轻环境污染。

2. 智慧物流的制约性因素

1）基础信息缺乏

在整个物流系统中，物流信息是中枢神经，对物流系统的变革起着决定作用。智慧物流系统必须对海量物流信息进行收集、处理，让其为系统决策提供有效支持。如果物流行业缺乏基础信息，智慧物流系统的构建就无法实现。

2）智慧物流功能需求、市场需求不明

智慧物流系统要想成功运行，其提供的功能就必须被系统的参与使用者接受。所以，对于智慧物流系统的构建来说，做好智慧物流系统的功能需求分析是关键。

3）传统物流企业发展层次较低

首先，传统物流企业没有做好整体发展规划，基础平台比较薄弱，难以使物流资源的整合效应充分发挥出来；其次，物流企业专业化、信息化水平较低，没有能力参与国际竞争；最后，第三方物流的功能较少，物流服务不太专业。

4）缺少人才

物流行业是一个技术密集型与人才密集型行业，智慧物流的实现离不开经验丰富的物流运营人才与专业的IT人才。因此，人才缺乏或从业人员素质不高都会使智慧物流的建设与发展受到不良影响。

6.2.3 智慧物流的实施基础

（1）对于智慧物流体系来说，信息网络是基础。离开发达的信息网络，智慧物流系统就无法收集信息，交换共享、指令下达等操作也都无法实现。如果失去准确、实时的供应信息、需求信息、控制信息，智慧物流系统就无法筛选、规整、分析信息，无法发现物流过程中存在的问题，无法作出创造性的决策，智慧物流系统的构建也就无法实现。

（2）智慧物流系统的构建需要引入数据挖掘与商业智能技术，筛选、规整、分析、处理海量信息，提取其中有价值的信息，规整并发现智慧，以辅助系统作出智慧决策。在此基础上，智慧物流系统能自动生成解决方案，为决策者提供有效参考，推动技术智慧与人的智慧有效结合。

（3）智慧物流系统的构建要以物流运作与管理水平为保障。只有物流运作与管理水平达到一定的程度，信息系统才能实现有序发展，达到改善业绩的目的，否则就会取得相反的结果。因此，只有将智慧物流系统与水平较高的物流运作和管理结合起来，才能完成智慧物流系统的构建，将其协同、协作、协调效应发挥出来。

（4）智慧物流的实现离不开经验丰富的物流经营人才与专业IT人才的努力。智慧物流属于专业密集型与技术密集型行业，如果没有相关人才，信息筛选、信息分析、信息应用等工作就无法开展，应用也就无法与技术实现有效结合。

（5）要建设智慧物流，传统物流必须向现代物流转变。智慧物流要求产品实现智能追溯，物流实现可视化智能管理，物流配送中心与企业供应链实现智能化。这一切都要以综合物流为基础来实现。如果传统物流不能转变为现代物流，智慧物流就无法实现系统智能，只能实现局部智能。

（6）智慧物流系统必须让物流技术、智慧技术与其他技术有机结合。具体来看，这些技术包括新传感技术、条形码技术、RFID 技术、视频监控技术、无线网络传输技术、互联网技术、基础通信网络技术、移动计算技术、EDI 技术、GPS 技术等。只有如此，才能实现感知智慧、发现智慧、规整智慧、创新智慧、系统智慧，让智慧物流成为现实。

———— 即测即练 ————

第 7 章

跨境电商进口物流模式

【本章学习目标】
1. 了解跨境电商进口物流模式的演变；
2. 熟悉直邮进口和保税备货进口的含义、特点、业务流程及二者对比；
3. 掌握跨境电商综合税的计算。

案例导入

天猫国际首个保税区工厂正式投产，大进口创新升级！

当季燕窝原料从马来西亚空运到境内，经过海关检疫后进入保税区。消费者下单当日，在保税区工厂炖煮，第二天，小瓶装的鲜炖燕窝即可送达消费者手中。

2020 年 7 月 21 日，天猫国际联合杭州综保区正式启动"保税区工厂"项目，全国首创"保税进口+零售加工"大进口新模式。这是双方在进口供应链升级上的又一新进展，也是天猫国际推进阿里巴巴 5 年 2 000 亿美元进口战略取得的新成果。当天，保税区工厂的首条品牌生产线——马来西亚品牌"正典"鲜炖燕窝工厂正式投产。

据介绍，"保税进口+零售加工"的模式发挥了综保区制度优势，对成熟的跨境零售进口供应链进行流程改造，将境外的成品终端加工前置到境内保税区，通过进口原料保税加工，实现面向消费者零售、定制化销售，为商家提供了极致供应链服务。

这不仅为境外品牌降本提效，更有效满足境内消费者对于高品质、可溯源的进口短保商品的需求。

"以保健食品为例，我们发现，消费者对'鲜炖燕窝'这类的进口短保期商品需求特别强烈，但原本的跨境供应链很难满足这类新需求。"天猫国际副总经理王浩洋表示，如今，将生产加工环节前置到境内，大幅缩短供应周期，打造新的进口模式。

"消费者当天下单，工厂当天生产，第二天就能品尝鲜炖燕窝，让每日配送成为常态。"正典燕窝品牌负责人介绍，品牌在保税区的工厂已于 2020 年 6 月开始试运行，截至目前已卖出近 4 万瓶鲜炖燕窝。

"保税进口+零售加工"的大进口创新模式不只服务于鲜炖燕窝这类短保质期商品，接下来还将扩大到进口坚果、果干、咖啡茶制品以及家居轻纺等品类。

2020 年以来，天猫国际持续推出品牌入驻新政策、进口新模式，帮助境外品牌抓住境内疫后涌现出的多样化消费新需求。疫情也未阻挡境外品牌进入中国的步伐，数据显示，2020 年上半年，境外新品牌入驻天猫国际的数量同比增长超 60%；618 期间，境外品牌成交同比增长 43%，超 4 000 个境外品牌同比增长翻倍。

资料来源：天猫国际首个保税区工厂正式投产，大进口创新升级！[EB/OL].(2020-07-21). https://mp.weixin.qq.com/s/nh2d1j9G3nA7TYitHf1j6g.

7.1 跨境电商进口物流模式演变

目前，跨境电商进口物流模式主要包括直邮进口和保税进口两种。直邮进口又分为代购模式（CC）、海淘模式（BC）、直购进口 9610 模式（BC），保税进口又称保税备货进口 1210 模式（BBC）。几种进口物流模式的对比如表 7-1 所示。

表 7-1　几种进口物流模式的对比

方式	代购 （2019 年起已违法）	海淘 （2019 年起已边缘化）	跨境电商 （2019 年起政策鼓励）	
简介	通过境外个人或买手直接购买境外商品并寄回境内	在境外电商网站直接购买，由电商网站寄回境内	在境内的 B2C 电商网站上购买	
交易模式	C2C	B2C	B2C	
商品品类	无限制	无限制	《跨境电子商务零售进口商品清单》	
物流模式	海外直邮 / 人肉带回	海外直邮	直邮模式（9610）	保税备货（1210）
物流时效	慢	慢	慢	快
通关速度	慢	慢	走海关通关 EDI 申报系统，快	
清关	不报关、抽查	不报关、抽查	需要报关（三单对碰）	
税收	抽检到缴纳行邮税	抽检到缴纳行邮税	跨境电商综合税	

1. 代购模式

代购模式是指早期很多境外华人代购到超市或专营店散买货物，自己打包，再通过当地华人创立的快递／转运公司将货物直接送达境内消费者手里。比如生活中常见的华人通过邮局或联系快运公司从境外寄些书籍、衣物之类的东西回境内的家，帮境内的亲朋买些小礼物等寄回来，就大多是通过这种方式。这种方式缴纳的是行邮税，以个人名义清关，比较适合个人买家、代购群体和转运公司，这种模式流量及运营能力有限。

这种代购模式虽然具有碎片化弹性采购和直邮物流的灵活性优势，但受当地取件公司效率、境内海关及快递送货的多重影响，很难控制物流的进程、效率及质量。随着 2019 年《中华人民共和国电子商务法》(以下简称《电商法》）的施行，代购者避税及无证经营带来法律问题，这种代购模式已不合法。

2. 海淘模式

海淘模式是指通过内容分享或社区作为流量入口将消费者导流至境外电商平台，消费者下单后，境外电商平台发货寄回境内，由于境外运输距离远、物流时效较慢、遇到商品质量问题难以退换以及申报不合规导致海关查验及惩罚力度加大。随着2019年电商法的施行，海淘模式因为存量和可发展空间不大，已经趋向边缘化，将会逐步退出历史舞台。

3. 跨境电商模式

我国作为全球第一大贸易体，正主动扩大进口，为世界经济增长创造新需求、注入新活力，推动建设开放型世界经济。跨境电商零售进口的初衷不是替代一般贸易进口，而是提升消费者购物体验，带动消费多元化，对内推动消费升级，同时引导境外消费回流。相比之下，跨境电商进口的最大优势不是税收优惠，而是准入时间短、清关便利、流通效率高，对境内电商及消费品贸易进口波及甚广，挤压了部分传统中小进口商的生存空间。

进口物流主要以清关方式来区别，且将各环节串成线路，比如，什么样的产品从哪个国家或地区，通过什么样的运输和存储方式，进入境内哪个口岸，再经过哪种方式清关，最后到境内用什么样的快递送达消费者手里。

2019年起，符合法律的跨境电商进口交易模式只有直邮模式和保税模式。消费者通过境内的电商平台下单，平台通过集邮或保税模式将货物快递交付，这两种模式由于更便捷、更高效、更透明，加上政策鼓励，将进入大规模发展阶段。

虽然这几种演变、共存的商业模式都满足了人民日益增长的物质文化需求，但是很显然跨境电商模式从消费体验、售后服务、法律风险、税收、国际收支等方面都好过前两者。随着国家电子商务政策的不断调整，当前代购模式和海淘模式逐渐退出电商舞台，国家更为鼓励和支持合法合规的直邮（9610）和保税仓（1210）的跨境电商模式。

下面将从运营模式、税收等方面详细阐述跨境电商的直邮进口和保税备货进口。

7.2 直邮进口与保税备货进口

7.2.1 直邮进口与保税备货进口的概念与特点

1. 直邮进口的概念与特点

直邮进口模式是指符合条件的电子商务企业或平台与海关联网，境内消费者跨境网购后，电子订单、支付凭证、电子运单等由企业实时传输给海关，商品以邮件、快件方式运送，通过个人包裹的形式入境，采用跨境电商清关模式，按照跨境电商零售进口商品征收税款的进口模式。

扩展阅读7.1 跨境电子商务零售进口商品清单

进境电商邮件、快件具备批次多、品名繁杂、敏感物多等特点，甚至混有禁止进境物。为防止商家将在境内有现货的进口商品虚假为境外发货，对消费者产生误导，消费者可以用中检、宁波跨境购等认证溯源系统对发出的快递包裹进行溯源。各电商平台的监管也日趋严格，例如，淘宝平台2017年11月更新规则要求"海外直邮"实为"海外发货"，即发货地为海外或境外，不得将境内现货进口商品发送给买家（跨境保税进口模式另行规定）；天猫国际帮助商家引入符合条件的物流商、转运商，商家只能在线发运,引导商家使用菜鸟国际直邮体系。

由于货物在境外发货,物流耗费时间较长,费用可能更高,但是可供选择商品种类比较丰富。2016年4月8日后,起运的跨境电商进口商品(含网购保税模式和直邮模式)须满足"跨境电子商务零售进口商品清单"(简称正面清单)及清单备注要求;不在正面清单内的商品,不得以跨境电商方式进口。正面清单中的商品可免于向海关提供许可证。对跨境电商直邮进口商品按照邮寄物和快件管理相关文件规定实施检验检疫。直邮模式是先有订单后物流的形式,是基于跨境电商平台零售,入境采用包裹形式申报。

集货直邮模式是跨境直邮进口模式的升级版,指消费者购买境外商品之后,供货商集中发货到海外仓,货物被包装后由国际物流公司转运发货,然后在完成境内清关后配送到消费者手中。集货直邮使原来分散、小批量、规格和质量混杂、不容易进行批量运输和销售的货物,形成批量运输的起点,从而实现大批量、高效率、低成本和快速的快递运作。

2. 保税备货进口的概念与特点

保税备货进口是指符合条件的电子商务企业或平台与海关联网,电子商务企业将整批商品运入海关特殊监管区域或保税物流中心(B型)内,海关实施账册管理的进口方式。境内个人网购区内商品后,电子商务企业或平台将电子订单、支付凭证、电子运单等传输给海关,电子商务企业或其代理人向海关提交清单,海关按照跨境电商零售进口商品征收税款,验放后账册自动核销。

保税模式是商家通过大数据分析提前将热卖商品屯放在境内的保税区,消费者下单之后,直接从保税区发货,一方面节省商家的物流和人力成本,物流速度还几乎与境内订单无异;另一方面,通过保税模式进入仓库的货物,以个人物品清关,在税收和检验检疫的环节都享有优势。小规模的直邮进口模式无法撑起整个跨境电商进口,保税区内建仓,跨境电商保税进口模式,可以极大地改善跨境网购的速度体验。先备货后接单,境外商品整批抵达境内海关特殊监管区域和保税监管场所,如保税区、保税港区、保税物流中心等。

商家根据消费者的下单情况,将商品从保税区直接清关发出。消费者的退换货体验如同境内电商,海关的商品备案及溯源机制,规避了以往海淘"灰色"进境的风险。同时,"拼箱海运+保税仓"可大幅降低物流成本,高效、批量引入境外产品,货物进入保税区,理货后再报关,入仓处于保税状态(出区时才缴税),滞销产品也可以不缴出口关税直接退回境外。保税进口适合规模经营,成为实力较为雄厚的跨境平台获取市场份额的重要手段。一时间保税仓成为被争夺的"粮仓",资源的稀缺性直接导致试点口岸的保税仓租金大涨。除了需要抢资源、投入大,保税进口在各个试点城市的政策执行细节也不一样,入驻前置手续烦琐。通常,跨境电商公司选择保税仓及配套服务公司后,通关、支付必须跟海关已准入的公司合作。从前端消费者的反馈来看,这一发货方式已经被普遍认可,只要不断有品类能通过保税进口方式进口,整个跨境电商市场会越做越大。

7.2.2 直邮进口与保税备货进口的业务流程

2019 年起，受海关认可的跨境电商零售进口的主要运营模式如图 7-1 所示。

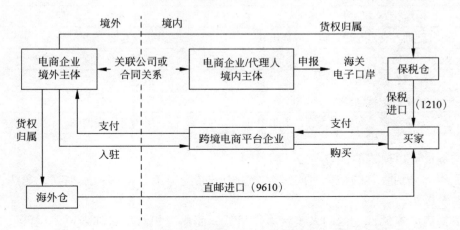

图 7-1 直邮进口和保税备货进口的运营模式

1. 直邮进口流程

（1）消费者下单，提交收货人身份信息及收货地址。
（2）跨境电商企业（B）的境外团队完成销售商品的采购。
（3）发货到跨境电商企业的海外仓，收到用户订单后，进行拣货、包装、装箱、贴国际物流快递面单等操作。
（4）通过国际空运送至境内机场。
（5）包裹到达境内后进入机场海关监管仓库，待查。
（6）海关检查包裹后，检查偷税及违禁品。
（7）跨境电商企业统一完成货物的报关程序，海关放行。
（8）通过商业快递或 EMS（邮政特快专递服务）配送到消费者（C）手中。

2. 保税备货进口流程

（1）跨境电商企业（B）进行前期备案，根据"正面清单"的要求备货。
（2）跨境电商企业主动进行报检。
（3）报检通过后进行保管，品类在"正面清单"内的商品，海关予以放行。
（4）货物进入保税物流中心（B 型）后，仓库收货质检、上架。
（5）当消费者在跨境电商平台上下单，跨境电商企业负责缴税。消费者在平台上提交个人身份信息。国检进行布控抽检，符合要求的商品国检、海关放行，保税物流中心拣货、出区。
（6）商品通过境内的物流公司完成配送，消费者收货（C）。

7.2.3 直邮进口与保税备货进口对比

跨境电商两种进口模式的对比如表 7-2 所示。

表 7-2　跨境电商两种进口模式的对比

模式	保税备货进口	直邮进口
购物	从已经备案电商平台网购、均有累计限额	
始发	境内关外、保税仓	境外
物流	整批入仓、仓内打包、包裹出仓	小件包裹
时效	出仓后 3～5 天	送货 1～2 周
查验	集中查验、出仓核销	过 X 光机、同屏比对
费用	运费及跨境电商综合税	
适用	资金雄厚、备货量大、品类集中	境内外电商网站、长尾品类

保税备货进口模式的优点有以下几个。

（1）从下单到收货的物流时间短，与境内的传统电商差不多，短则当天送达，长的话 3～5 天送达。

（2）物流成本低，境内的人工费本身很低，而集运相对于直邮来说，也可以节省大量的物流成本。

（3）退换货更便捷。海关总署对跨境电商零售进口模式下的退货方式进行了明确规定：退回的商品应当在海关放行之日起 30 日内原状运抵原监管场所，相应税款不予征收，并调整个人年度交易累计金额。

保税备货进口模式的缺点有以下几个。

（1）SKU 有限。对于保税备货进口模式来说，保税仓的规模是有限的，在竞争激烈的情况下，对于保税仓的争夺也会很激烈，所以，有限的仓储就成了一个蹩脚的难题。

（2）资金回流慢。保税备货进口模式是针对大宗商品的，商品量很大，一般需要较长的售卖周期。

（3）选品要求高。保税区对入库商品有严格的审核，海关会定期进行检查，所以，不是优质商品要慎选这个渠道。保税备货进口模式存在一定的供应链风险，若选品不当造成库存积压，企业就要承担很大的库存成本，这对企业的选品能力提出了很大要求。

（4）存在经营风险。保税备货进口模式下，备货提高了资金占用成本，库存、滞销及汇率的影响不容回避。如人民币连续贬值，以高汇率从美国提前运到保税仓的商品迅速集体贬值，售价却无法变化，集采压力骤增。常规化囤货需要稳定的供应链，"爆品"同质化，很多跨境电商的产品授权来自国际商贸公司，中间辗转经过多个供应商或经销商，没有品牌的直接授权，提高货源的不确定性。

（5）保税仓容易滋生假洋货及假授权，不管各大 B2C 平台如何宣称正品，从流程上看，保税仓最方便"洗白"。比如，商家拿一批仿品去境外兜一圈再放到保税区，经"保税区一日游"拿到境外发货凭证和入境许可，消费者无从辨别。因此，保税仓备货天生适合大电商，拥有可靠的资金链，利用本身品牌影响为其背书，提高消费者的信任度。

商家结合自己的实际情况，选择直邮进口或保税备货进口。如果商家品牌方在境外有自己的团队,并且有能力做发货,对于一些低频消费、品类较多的商品,可以考虑走直邮进口;而对于高频消费、库存周转率大、对保质期要求不高的商品,可以考虑入海关监管保税仓,走保税备货进口模式,两种模式可互补不足。无论哪种模式,既然是"跨境电商",就需要解决商城搭建、对接海关、物流和支付的问题,这样才能实现三单核验,阳光化操作;另外,直邮进口通常物流时效为7~10个工作日(港澳台地区为3~5个工作日),保税备货进口通常物流时效为3~5个工作日。工作日时效方面,保税备货进口更快,但是同时其要承担压货、高额库存仓储费用以及退货成本高的风险,而这些问题直邮进口就不存在,所以商家应该根据自己销售的情况去做合理的选择。历经政策的波动,折中的规避风险做法是,两条腿走路,基本形成"日用爆品保税进口、贵品长尾品海外空运"的局面。

7.3 跨境电商综合税计算

近年来,我国跨境电商贸易保持高速增长,这得益于一系列政策利好。2016年3月24日,财政部、海关总署、国家税务总局联合发布《财政部 海关总署 国家税务总局关于跨境电子商务零售进口税收政策的通知》(财关税〔2016〕18号),于2016年4月8日正式实施(简称"4·8新政")。"4·8新政"前后跨境电商进口税收政策的区别如表7-3所示。

扩展阅读7.2 常见的跨境电商增值税和消费税率表

表7-3 "4·8新政"前后跨境电商进口税收政策的区别

跨境电商包裹		包裹免征额	单个包裹限值 (个人自用,数量合理范围内)	商品税费 (关税、增值税、消费税)
4·8 新政前		征收行邮税, 若税额低于 50元,免征	单个包裹限值1 000元以内, 超出限值且单件不可分割的 可按个人物品办理	按照行邮税税率10%、20%、30%、 50%(见《中华人民共和国进境 物品完税价格表》)进行征税
4·8 新政后	2019年1月 1日前	征收跨境电 商综合税, 取消免征额	单个包裹限值提高到2 000元, 个人年度交易限值为2万元	在限值以内,关税税率暂设为 0%;进口环节增值税、消费税暂 按法定应纳税额的70%征收(超 过单次限值、累计后超过个人年 度限值的单次交易,以及完税价 格超过限值的单个不可分割商品, 均按照一般贸易方式全额征税)
	2019年1月 1日至今		单个包裹限值提高到5 000元, 个人年度交易限值为2.6万元	

进口缴税主要有三种:关税、增值税和消费税。关税是世界各国海关对进出境货物或物品普遍征收的一种税。增值税,即进口环节征缴的增值税,是以环节增值额为征税对象的流转税。消费税主要针对小部分高价值的进口消费品,个别还要加收奢侈品税。

行邮税是行李和邮递物品进口税的简称,是海关对入境旅客行李物品和个人邮递物品征收的进口税。由于其中包含了进口环节的增值税和消费税,行邮税也是对个人非贸易性入境物品征收的进口关税和进口工商税收的总称。"4·8新政"后，一件商品或物品从境外发运至境内，合规的入境方式主要有一般贸易、跨境电商和行邮通道，这三种入境方式的对比如表7-4所示。

表7-4 不同通关模式进口税收缴情况

入境方式	商品状态	税收	特征
一般贸易	进出口货物	关税、消费税、增值税	按照现行规定办理
跨境电商	个人货物	关税、消费税、增值税	"三单"对碰
行邮通道	个人物品	行邮税	身份证、运单、购物小票

为避免工业原材料等商品通过跨境电商零售进口渠道进境，扰乱正常贸易秩序，同时便于日常征管操作，对跨境电商零售进口实施新的税收政策及清单管理。2016年4月6日，财政部、国家发改委等11个部门公布跨境电子商务零售进口商品清单（即正面清单）。同年4月15日，跨境电子商务零售进口商品清单（第二批）发布。只有在清单内的商品才能通过跨境电商方式进口并在跨境电商平台销售。其他商品需按照一般贸易方式进口。

跨境电商零售进口商品从2016年4月8日起不再按照邮递物品征收行邮税，改为按照货物征收关税、进口环节增值税和消费税。根据跨境电商零售进口税收政策（中华人民共和国财政部第49号文件《关于完善跨境电子商务零售进口税收政策的通知》）的规定，2019年1月1日起跨境电商零售进口商品个人单笔交易限值人民币5 000元，个人年度交易限值人民币26 000元。完税价格超过5 000元单次交易限值，但是低于26 000元年度交易限值，且订单下仅一件商品时，可以自跨境电商零售渠道进口，按照货物税率全额征收关税和进口环节增值税、消费税，交易额计入年度交易总额，但年度交易总额超过年度交易限值的，应按照一般贸易管理。

根据跨境电商零售进口税收政策的规定，在限值以内进口的跨境电商零售进口商品，关税税率暂设为0，进口环节增值税、消费税按照法定应纳税额的70%征收。计算规则如下：

（1）完税价格 = 单价 + 保险费。

（2）在限值以内进口的跨境电商零售商品，关税税率暂设为0，进口环节增值税、消费税取消免征额，暂按照法定应纳税额的70%征收，计算规则如下：

应纳税额 = 完税价格 × 件数 × 跨境电商综合税税率

跨境电商综合税税率 = [（消费税税率 + 增值税税率）/（1- 消费税税率）] × 70%

（3）进口货物完税价格超过5 000元单次交易限值但低于26 000元年度交易限值，且订单下仅一件商品时，可以自跨境电商零售渠道进口，按照货物税率全额征收关税和进口环节增值税、消费税，交易额计入年度交易总额，计算规则如下：

应纳税额 = 完税价格 × [（进口关税税率 + 消费税税率 + 增值税税率 + 进口关税税率 × 增值税税率）/（1- 消费税税率）]

即按照一般贸易方式计算进口税费。

跨境电商年度个人额度查询可登录中国国际贸易单一窗口（https://www.singlewindow.cn/）标准版应用—跨境电商公共服务口（图7-2、图7-3、图7-4、图7-5）。

图7-2　查询跨境电商年度个人额度

图7-3　查询跨境电商年度个人缴税

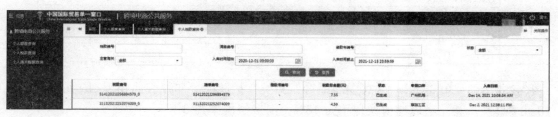

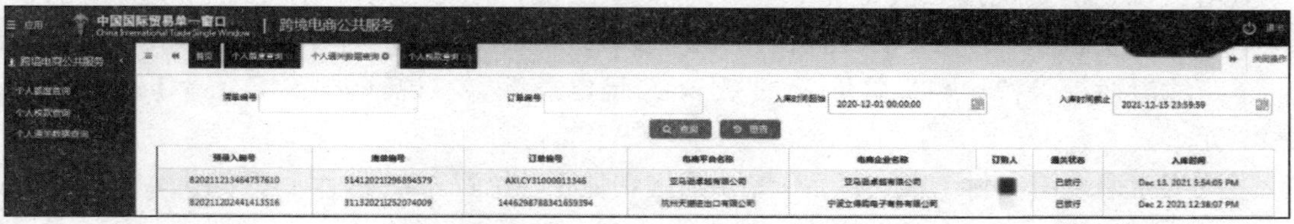

图7-4　查询跨境电商个人通关数据

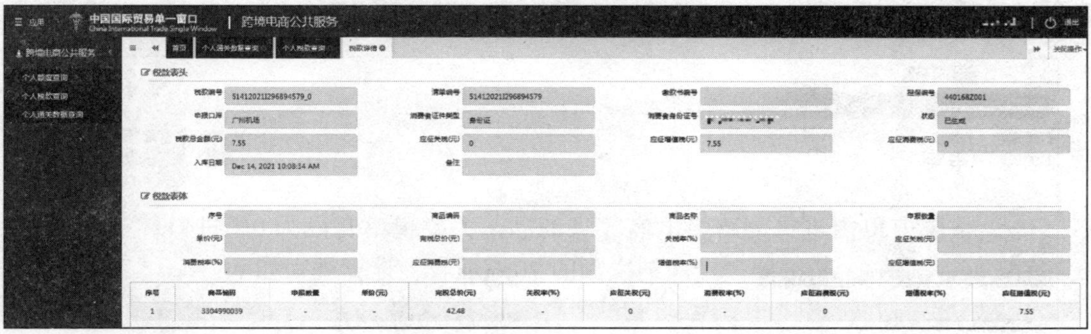

图7-5　查询某笔跨境电商个人税款详情

【例7-1】某买家在亚马逊平台美国站上购买一瓶30毫升防晒霜，防晒霜销售价格为42.48元，配送费为40.54元，试计算该笔订单需缴纳的跨境进口税，并计算该买家为该笔订单支付的最终金额是多少。

解：防晒霜属于化妆品类，查询消费税税率和增值税税率表，化妆品增值税税率和消费税税率表如表7-5所示。

表 7-5　化妆品增值税税率和消费税税率表

类目		增值税税率 /%	消费税税率 /%
化妆品	面膜（片装）<15 元 / 片	13	0
	面膜（片装）≥ 15 元 / 片	13	15
	护肤品（非片装面膜）<10 元 / 克或 <10 元 / 毫升	13	0
	护肤品（非片装面膜）≥ 10 元 / 克或 ≥ 10 元 / 毫升	13	15
	化妆品 / 彩妆（片装）<15 元 / 片	13	0
	化妆品 / 彩妆（片装）≥ 15 元 / 片	13	15
	化妆品 / 彩妆（非片装）<10 元 / 克或 <10 元 / 毫升	13	0
	化妆品 / 彩妆（非片装）≥ 10 元 / 克或 ≥ 10 元 / 毫升	13	15
	香水 <10 元 / 毫升	13	0
	香水 ≥ 10 元 / 毫升	13	15

42.48 元 ÷30 毫升 = 1.416 元 / 毫升，归类在护肤品（非片装面膜）<10 元 / 克，或 10 元 / 毫升一类，所以增值税税率为 13%，消费税税率为 0。

根据跨境电商零售进口税收政策，在限值以内进口的跨境电商零售进口商品，进口环节增值税、消费税按照法定应纳税额的 70% 征收。跨境电商综合税税率 =[（消费税税率 + 增值税税率）/（1− 消费税税率）]×70% =[（0＋13%）/1]×70% = 9.1%。

跨境电商综合税 = 购买单价 × 件数 × 跨境电商综合税税率 = 42.48 元 ×1×9.1% ≈ 3.87 元。

该买家最终需支付金额 = 商品价格 + 配送费 + 进口税费 = 42.48 元 + 40.54 元 + 3.87 元 ≈ 86.89 元。

图 7–6 至图 7–10 为该笔订单的物流跟踪信息，图 7–11 为该笔订单通关状态清单详情。

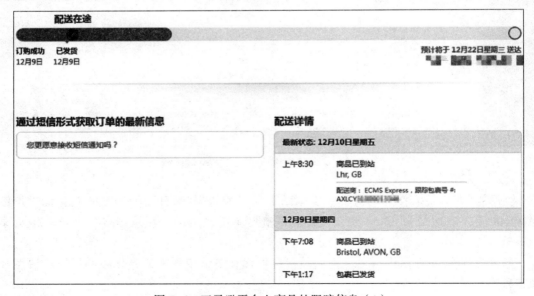

图 7–6　亚马逊平台上商品的跟踪信息（1）

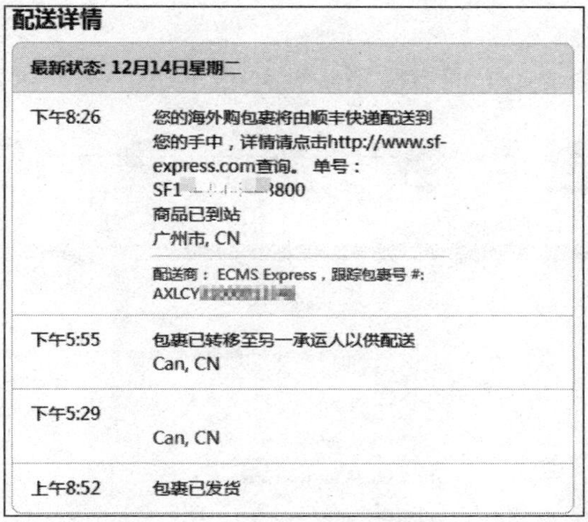

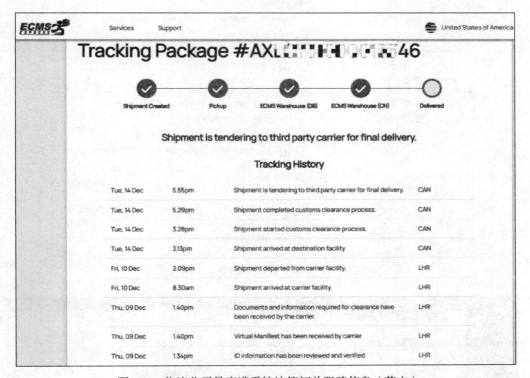

图 7-7　亚马逊平台上商品的跟踪信息（2）

图 7-8　物流公司易客满系统该笔订单跟踪信息（英文）

【例 7-2】如图 7-12 所示，小王准备在亚马逊海外购（亚马逊德国）平台上购买一个背包，销售价格为人民币 6 356.27 元，背包从德国直邮进口，配送费用为 0 元，假设小王今年年度交易额可用，试计算小王需缴纳的跨境电商综合税。

解：小王此次购买的背包，售价已经超过"个人单笔交易限值人民币 5 000 元"的限额，无法享受跨境电商清关通道的专属税收优惠，该笔订单商品将会通过一般贸易清关的方式进口，需要按照一般贸易进口税税率计征进口税费并进行缴纳。

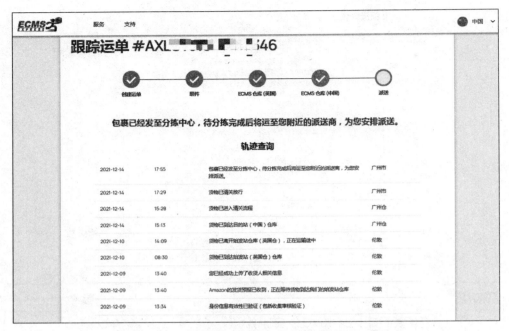

图 7-9 物流公司易客满系统该笔订单跟踪信息（中文）

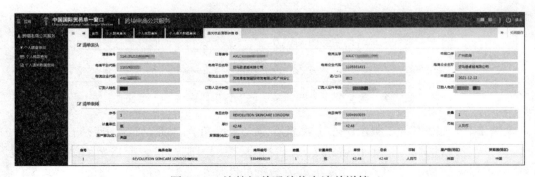

图 7-10 顺丰物流系统中该笔订单跟踪信息

图 7-11 该笔订单通关状态清单详情

登录中华人民共和国海关总署网站（http://www.customs.gov.cn/）—互联网+海关—我要查—关税税率查询，得到背包的关税税率为 6%，如图 7-13 所示。

第 7 章 跨境电商进口物流模式

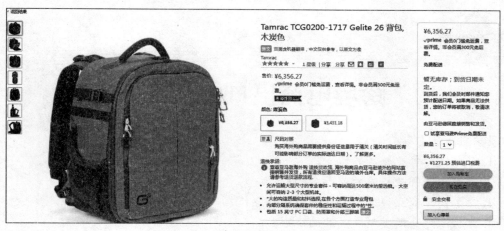

图 7-12 跨境电商平台税费提醒

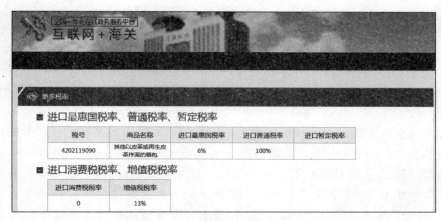

图 7-13 背包关税税率查询

一般贸易进口税税率 = [（进口关税税率 + 消费税税率 + 增值税税率 + 进口关税税率 × 增值税税率）/（1 - 消费税税率）] = [（6% + 0 + 13% + 6% × 13%）/（1-0）] = 19.78%

所交税额 = 商品单价 × 件数 × 一般贸易进口税税率 = 6 356.27 元 × 1 × 19.78% ≈ 1 257.27（元）

值得注意的是，预估进口税费不是向海关部门支付的实际金额（"实际进口税费"）。从对进口税费的估算之日到实际进入境内缴纳这些税费之日，适用于特定商品的海关条例和税率可能会在此期间有所变化。进口税费的税率通常是由商品的类别决定的。

即测即练

第 8 章

跨境电商出口物流模式

【本章学习目标】
1. 了解国际邮政物流的特点；
2. 熟悉中国邮政物流的业务分类；
3. 熟悉国际商业快递、专线物流的特点；
4. 掌握海外仓的类型及选品的规则。

 案例导入

天猫海外自行车出口连续 6 个月翻倍，海运专线保障物流

全球疫情下，海外自行车工厂停工停摆，中国自行车出口爆单，订单排到了 2021 年 6 月份。

自行车概念股大热，上海凤凰、永久一字涨停。天猫海外平台上自行车连续 6 个月成交额同比翻倍。自 2020 年五五购物节成交额增长超 300% 以来，国产自行车出口一路保持激增，2020 年的天猫双 11，国产自行车出口成交额同比增长 305%。永久、凤凰通过天猫海外出口 40 多个国家和地区。定居在澳大利亚悉尼的华人珊妮是个户外爱好者，2020 年 5 月从天猫上买了一辆公路自行车，因为当地缺货，她还帮户外俱乐部的澳大利亚朋友们又代购了两辆。为满足境外消费者不断上涨的自行车需求，凤凰的 7 条生产线火力全开。2020 年下半年，上海凤凰还全资收购天津爱赛克与天津天任两家自行车厂，产能实现翻倍。

全球疫情影响下，公共交通受限，越来越多人骑自行车出行。加上境外车厂停工停摆，而境内自行车工厂稳定的产能保障供应，让很多境外消费者也通过天猫海外来购买中国境内生产的自行车。除了凤凰和永久两个老品牌外，广东惠州的萨瓦（SAVA）以及正步、雅特等品牌出口成交也在快速增长，仅天猫双 11 期间，出口的成交额同比增长分别达到了 839%、107% 和 341%。新加坡、马来西亚、澳大利亚的消费者购买自行车最多。天猫海外相关负责人表示，商家和境外消费者不必担心自行车的出境物流问题，为提供更好的服务和保障，天猫海外 2020 年双 11 开通了船舶运输专线并开始常态化运营，每周二、六固定发船。

与此同时，通过天猫海外的"分销平台"，天猫和淘宝商家一键签约即可开通多个境外销售渠道，然后自动发货到中国境内集运仓，跨境段物流则由菜鸟负责。

在天猫海外的推动下，国货出境正在为境外消费者提供丰富的产品选择与便捷的购物体验。目前，淘宝上国货商品已经通过天猫海外平台销往全球 200 多个国家和地区，

商家产品和服务的提升,将进一步推动中国品牌在境外的崛起。

资料来源:天猫海外自行车出口连续6个月翻倍,海运专线保障物流[EB/OL].(2020-11-20).https://www.cifnews.com/article/83313.

8.1 国际邮政物流

8.1.1 国际邮政物流的含义和特点

1. 国际邮政物流的含义

国际邮政物流是通过各国/地区的邮政物流网络,将物品在全球范围内运送的一种物流模式。随着近些年我国跨境电商的发展,国际邮政物流业务逐渐被社会大众所熟知,如中国邮政的"中国邮政航空小包"。事实上,国际邮政物流在跨境电商之前就已经存在,并历经长期的发展,国际邮政包裹通过万国邮政联盟体系采用个人邮包的形式实现商品的运输配送,各国/地区的邮政体系都能提供相关业务,如中国邮政、新加坡邮政、英国皇家邮政等。虽然各国/地区邮政所提供的服务存在一定差异,但在万国邮政联盟的框架协议下,它们共同遵守相关的国际标准。

邮政物流的支持推动了跨境电商的发展,反过来跨境电商的发展又助推邮政物流的规模效应显现,两者相互促进,开拓了全球贸易的新趋势。近些年,在跨境电商的带动下,邮政物流规模持续扩大。

2. 国际邮政物流的特点

1)优点

邮政物流不同于国际商业快递,更不同于传统外贸的商品运输,邮政的全球性与公共服务性决定了其有自身显著的特征。

(1)全球范围内网点齐全。在全球范围内,邮政物流可以将包裹送达几乎任何一个国家/地区的客户手中,只要有邮局的地方都可以到达,大大拓展了传统外贸的市场空间,特别是在跨境电商平台与移动手机终端开始被广泛认可与使用之后,跨境电商与邮政物流相互促进、彼此赋能。

(2)价格相对低廉。与商业快递相比,邮政物流的价格较低。国际商业快递一般是500克计重一次,且首重费用较高,而邮政物流的费用核算则是以1克为基本计重单位,且费率低。这样一来,邮政物流的总费用相对国际商业快递便宜很多,适合小件包裹的邮寄。

(3)公共服务的便捷性。虽然世界各国/地区邮政的运营存在差异,但是邮政一般属于国家直营机构,因此相比其他物流模式而言,邮政具有一定的公共服务属性。这就决定了邮政物流能够为绝大多数人服务,无论是寄件还是收件都较为方便。卖家根据要求在箱身粘贴航空标签、地址和挂号单号码后,就可以完成投递,商品投递之后所有的手续包括报关、商检等都由邮政代为完成。

2)缺点

(1)时效低。邮政物流在各国/地区的环境差异性大,即法律法规、人文习俗、语言、科技发展程度和硬件设施等的差异较大,所以从整体上来说,邮政物流的运送时效低,即便是在较为发达的国家/地区,由于邮政系统并不是以盈利为首要目标,而是要兼顾公共服务属性,因而成本的限制在一定程度上牺牲了运送效率与服务水平。

(2)跟踪信息有待完善。邮政物流的信息化要求决定其先进性,对信息的提供、收集与管理有更高的要求,要求有国际化信息系统的支持。而信息化系统的建设需要全球各国/地区的共同支持与维护,各国/地区经济发展与硬件建设的不平衡性,再加之产业发展与城镇化进程的不一致,导致了邮政物流信息系统建设的落后。

(3)丢包与纠纷率高。邮政物流由于系统的广泛性、快递本身的复杂性,再加上国际业务的特殊性,其操作难度较大,面临风险更多。相对于追求服务质量与专业水平的国际商业快递而言,邮政物流的丢包率较高,由此而产生的纠纷率相应地变高。

总之,邮政物流的属性特征,决定了其在一定的时期内扮演着重要的角色。特别是跨境电商在全球范围内的兴起,B2C端业务量的迅猛增长,让邮政物流进入大众的视野,并在跨境电商领域内提供了重要支持。但是各国/地区物流环境的差异,尤其是软环境的差异,诸如法律法规、人文习俗、管理水平等因素不同,使邮政物流受到很多限制。

8.1.2 万国邮政联盟

万国邮政联盟,简称"万国邮联"或"邮联",是商定国际邮政事务的政府间国际组织,其前身是1874年10月9日成立的"邮政总联盟",1878年改为现名。万国邮联自1978年7月1日起成为联合国一个关于国际邮政事务的专门机构,总部设在瑞士首都伯尔尼。万国邮联的徽志(图8-1)是1900年为庆祝万国邮政联盟成立25周年伯尔尼竖立的雕塑的复制图像。

图8-1 万国邮联的徽志

万国邮联的宗旨是:以万国邮政联盟的名义组成一个邮政领域,以便互相交换函件;组织和改善国际邮政业务,发展邮政方面的国际合作;在力所能及的范围内给予成员国所要求的邮政技术援助;使转运自由在整个万国邮联领域内得到保证。

2016年10月6日,在土耳其伊斯坦布尔举行的第26届万国邮联大会上,我国成功当选新一届万国邮联行政理事会和邮政经营理事会理事国,这对于推动我国邮政深度参与国际邮政事务,扩大我国在邮政领域影响,推动我国邮政业发展"走出去"战略实施和加强我国"一路一带"建设、"中欧班列"实施,具有重要的作用。万国邮联行政理事会理事国当选两届之后必须休一届,方能继续竞选。这次高票当选之后,我国再次获得"双料"理事国地位,大大提高了中国在国际邮政合作事务中的话语权。当地时间2021年8月25日至26日,在科特迪瓦阿比让召开的第27届万国邮联代表大会上,中国成功连任新一届行政理事会理事国、邮政经营理事会理事国。

对于跨境电商物流而言,万国邮联通过其在全球范围内构建的邮政包裹服务网络,为跨境电商提供了有力的支持。邮政的国际包裹业务以其遍布全球的网点、低廉的价格、统一的服务、便利的通关等优势为跨境电商,特别是B2C的客户提供了极具竞争力的物流方案选择。这在一定程度上推动了全球范围内的普惠贸易,让更多的经济主体参与到全球经济中,推动了全球化进程。

8.1.3 中国邮政物流业务分类

中国邮政速递物流股份有限公司（以下简称"中国邮政速递物流"，https://www.ems.com.cn/）是经国务院批准，由中国邮政集团公司作为主要发起人，于 2010 年 6 月发起设立的股份制公司，是中国经营历史最悠久、网络覆盖范围最广的快递物流综合服务提供商。

中国邮政速递物流在国内 31 个省（自治区、直辖市）设立分支机构，并拥有中国邮政航空有限责任公司、中邮物流有限责任公司等子公司。

中国邮政速递物流主要经营国内速递、国际速递、合同物流等业务，国内、国际速递服务涵盖卓越、标准和经济不同时限水平和代收货款等增值服务，合同物流涵盖仓储、运输等供应链全过程。拥有享誉全球的"EMS"特快专递品牌和国内知名的"CNPL"（中邮物流）物流品牌。

国际速递又分为以下几类。

（1）经济类：时效较低、价格最有竞争力的寄递服务，使用成本较低的运输工具运递，境外使用非优先网络处理和投递，部分节点轨迹可视。该类别目前有国际平常小包、e 速宝小包两种产品。

（2）标准类：时效较稳定的寄递服务，邮政内部快速处理，使用性价比较高的运输工具运递，境外使用标准类网络处理和投递，主要节点轨迹可视。该类别目前有 e 邮宝、e 速宝专递、国际挂号小包、国际跟踪小包、国际及港澳台包裹五种产品。

（3）优先类：时效最高的寄递服务，邮政内部优先处理，使用最快的运输工具运递，境外使用快递类网络优先处理和投递，全程节点轨迹可视。该类别目前有国际及港澳台包裹、中速快件、e 特快三种产品。

下面针对跨境电商卖家常用的几款产品进行介绍。

1. 国际平常小包

1）产品介绍

国际平常小包是中国邮政基于万国邮联网络，针对 2 千克以下小件物品推出的经济类直发寄递服务，通达全球 200 多个国家和地区，可通过线上与线下两种渠道发货，为客户提供经济实惠、清关便捷的轻小件寄递服务。

2）服务优势

平台认可：该业务是最早在主流电商平台上线的物流解决方案之一，可通过线上、线下两种渠道发货。

交寄便利：全国大部分地区可交寄平常小包，线上渠道提供上门揽收、客户自送等多种交寄方式。

性价比高：该业务为经济型产品，性价比高。其中提供平+服务的路向还会提供 1~2 个境外段关键节点反馈信息。

渠道多样：部分路向提供航空、陆运多种运输方式。

3）尺寸限重

国际小包限重：2 千克。

国际小包尺寸规格如下。

最大：长、宽、厚合计 900 毫米，最长一边不得超过 600 毫米，公差不超过 2 毫米。圆卷状的，直径的两倍和长度合计 1 040 毫米，长度不得超过 900 毫米，公差 2 毫米。

最小：至少有一面的长度不小于 140 毫米，宽度不小于 90 毫米，公差 2 毫米。圆卷状的，直径的两倍和长度合计 170 毫米，长度不得小于 100 毫米。

4）运费核算

在国际包裹的运费核算中，对于计费重量的核算一般有两种方法：第一种是以克为单位进行计重，如中国邮政挂号小包只要发往同一个地区的两个包裹重量不一样，计重运费就不一样；第二种是阶梯性的区间计重，如中国邮政平常小包以 30 克为一个计重区间，那么一个 15 克的包裹和 25 克的包裹计重运费是相同的。

下面以中国邮政平常小包+（China Post Ordinary Small Packet Plus）为例阐述运费是如何核算的。

中国邮政平常小包+是中国邮政针对订单金额 5 美元以下、重量 2 千克以下小件物品推出的空邮产品，运送范围通达全球 212 个国家和地区。

中国邮政平常小包+的费用核算可分为两个部分：当包裹重量在 30 克及以下时，按照区间计费，即包裹在 0～30 克时，都是一样的费用；当包裹重量在 30 克以上时，按照克重计费，2021 年 8 月新调整后的费用报价如表 8-1 所示。

表 8-1　中国邮政平常小包+正向配送费率表（节选部分国家）

配送范围/目的地国家列表 destination			包裹重量为 0～30 克	包裹重量为 30～80 克		包裹重量为 80 克以上	
			首重价格（首重 30 克）元（RMB）	首重价格（30 克）元（RMB）	高出 30 克的配送服务费（根据包裹重量按克计费）元（RMB）/千克	首重价格（首重 30 克）元（RMB）	高出 30 克的配送服务费（根据包裹重量按克计费）元（RMB）/千克
美国	United States	US	22.36	22.36	91.46	22.36	91.46
澳大利亚	Australia	AU	9.42	9.42	93.99	9.42	68.76
以色列	Israel	IL	9.51	9.51	101.37	9.51	78.94
瑞典	Sweden	SE	9.32	9.32	73.22	9.32	57.73
加拿大	Canada	CA	9.83	9.83	114.73	9.83	90.10
挪威	Norway	NO	9.90	9.90	106.88	9.90	87.88
瑞士	Switzerland	CH	9.32	9.32	72.90	9.32	55.27
日本	Japan	JP	8.92	8.92	60.71	8.92	48.09
墨西哥	Mexico	MX	7.82	7.82	96.08	7.82	77.60

续表

配送范围/目的地国家列表 destination			包裹重量为 0～30克	包裹重量为 30～80克		包裹重量为 80克以上	
			首重价格（首重30克）	首重价格（30克）	高出30克的配送服务费（根据包裹重量按克计费）元（RMB）/千克	首重价格（首重30克）	高出30克的配送服务费（根据包裹重量按克计费）元（RMB）/千克
			元（RMB）	元（RMB）	元（RMB）/千克	元（RMB）	元（RMB）/千克
丹麦	Denmark	DK	9.31	9.31	72.09	9.31	55.27
土耳其	Turkey	TR	8.02	8.02	92.63	8.02	73.32
芬兰	Finland	FI	9.57	9.57	90.27	9.57	74.22
匈牙利	Hungary	HU	7.42	7.42	70.12	7.42	52.36
新西兰	New Zealand	NZ	9.44	9.44	91.20	9.44	77.28
斯洛伐克	Slovakia	SK	7.56	7.56	73.01	7.56	56.20
奥地利	Austria	AT	9.33	9.33	74.69	9.33	55.27
爱沙尼亚	Estonia	EE	8.95	8.95	88.93	8.95	66.60
拉脱维亚	Latvia	LV	9.90	9.90	93.37	9.90	68.32
泰国	Thailand	TH	7.24	7.24	55.49	7.24	36.27
葡萄牙	Portugal	PT	10.62	10.62	115.88	10.62	90.83
爱尔兰	Ireland	IE	9.40	9.40	95.07	9.40	72.51
克罗地亚	Croatia	HR	10.16	10.16	103.98	10.16	79.21
希腊	Greece	GR	9.50	9.50	100.31	9.50	77.48

（1）包裹重量在30克及以下：费用＝固定值。
（2）包裹重量超过30克：费用＝首重价格＋（小包重量－0.03）×计重费率。
例如，发往美国的包裹，一个15克的包裹和一个25克的包裹，费用都是22.36元。
具体计重费率可查询表8-1，发往美国的包裹，30克及以下的都是22.36元。
再如，发往澳大利亚的包裹，重量为50克，则

　　　　费用＝9.42元＋（0.05－0.03）千克×93.99元/千克≈11.30元

又如，发往澳大利亚的包裹，重量为100克，则

　　　　费用＝9.42元＋（0.10－0.03）千克×68.76元/千克≈14.23元

2. 国际挂号小包

1）产品介绍

国际挂号小包业务是中国邮政基于万国邮联网络，针对2千克以下小件物品推出的

标准类直发寄递服务，通达全球 200 多个国家和地区，可通过线上与线下两种渠道进行发货，为中国客户提供全程可控、清关便利的轻小件寄递服务。

2）服务优势

平台认可：挂号小包业务是最早在主流电商平台上线的物流解决方案之一，可通过线上、线下两种渠道发货。

交寄便利：全国大部分地区可交寄挂号小包，线上渠道提供上门揽收、客户自送等多种交寄方式。

赔付保障：丢损赔付，安心交寄（不同渠道赔付标准详情请咨询本地客户经理）。

全程可控：主要路向提供全程跟踪信息，并提供异常情况查询、收件人签收等增值服务。

3）尺寸限重

国际小包限重：2 千克。

国际小包尺寸规格如下。

最大：长、宽、厚合计 900 毫米，最长一边不得超过 600 毫米，公差不超过 2 毫米。圆卷状的，直径的两倍和长度合计 1 040 毫米，长度不得超过 900 毫米，公差 2 毫米。

最小：至少有一面的长度不小于 140 毫米，宽度不小于 90 毫米，公差 2 毫米。圆卷状的，直径的两倍和长度合计 170 毫米，长度不得小于 100 毫米。

4）运费核算

2021 年 8 月中国邮政调整了国际小包的费率，费用和挂号服务费（cost by parcel）根据国家/地区与克重区间而不同，如表 8-2 所示，根据包裹重量按照千克计费，费率以人民币为计算单位。

表 8-2 中国邮政挂号小包费率（节选部分国家）

配送范围/目的地国家列表 destination			0～150 克（含 150 克）		151～300 克（含 300 克）		301～2 000 克	
			正向配送费（根据包裹重量按克计费）	挂号服务费	正向配送费（根据包裹重量按克计费）	挂号服务费	正向配送费（根据包裹重量按克计费）	挂号服务费
			元（RMB）/千克	元（RMB）/单	元（RMB）/千克	元（RMB）/单	元（RMB）/千克	元（RMB）/单
俄罗斯	Russian Federation	RU	72.91	24.00	72.91	23.00	68.41	23.00
美国	United States	US	90.35	39.00	89.35	39.00	88.35	39.00
法国	France	FR	67.52	13.45	49.75	15.82	49.75	15.82
英国	United Kingdom	UK	52.41	17.95	52.41	17.95	51.41	17.95
澳大利亚	Australia	AU	79.57	16.50	74.57	16.50	71.57	16.00
德国	Germany	DE	60.13	16.32	54.13	16.52	51.13	17.02
以色列	Israel	IL	78.84	18.50	78.84	18.50	77.34	19.00

续表

配送范围/目的地国家列表 destination			0～150克（含150克）		151～300克（含300克）		301～2 000克	
			正向配送费（根据包裹重量按克计费）	挂号服务费	正向配送费（根据包裹重量按克计费）	挂号服务费	正向配送费（根据包裹重量按克计费）	挂号服务费
			元（RMB）/千克	元（RMB）/单	元（RMB）/千克	元（RMB）/单	元（RMB）/千克	元（RMB）/单
瑞典	Sweden	SE	58.04	27.80	57.04	27.80	56.04	27.80
西班牙	Spain	ES	53.63	20.63	53.63	20.63	53.63	20.63
加拿大	Canada	CA	92.13	19.00	92.13	19.00	91.13	19.00
荷兰	Netherlands	NL	52.72	20.76	52.72	20.76	52.72	20.76
意大利	Italy	IT	55.90	25.59	55.90	25.59	54.90	25.59
挪威	Norway	NO	89.88	19.30	89.88	19.30	89.88	19.30
捷克	Czech Republic	CZ	71.88	14.97	57.88	14.97	54.88	14.97
瑞士	Switzerland	CH	61.72	25.81	59.72	25.81	56.72	26.31
日本	Japan	JP	49.71	26.00	49.71	26.00	49.71	26.00
波兰	Poland	PL	67.44	15.50	61.44	15.50	53.44	16.50
智利	Chile	CL	118.67	18.00	105.67	18.00	98.67	18.00
比利时	Belgium	BE	58.73	26.21	58.73	26.21	54.73	26.21
墨西哥	Mexico	MX	92.97	22.30	83.97	23.00	78.97	24.00

例如，一个100克的包裹运往俄罗斯，费率为72.91元/千克；挂号费为24.00元，则

运费=72.91元/千克×0.1千克+24.00元≈31.29元

当包裹重量为200克的时候，费率与挂号费就要按照151～300克（含300克）的区间进行计算，则

运费=72.91元/千克×0.2千克+23.00元≈37.58元

3. e邮宝

1）产品介绍

e邮宝业务是中国邮政为适应跨境轻小件物品寄递市场需要而推出的一款标准类直发寄递业务。该业务依托邮政网络资源优势，境外邮政合作伙伴优先处理，为客户提供价格优惠、时效稳定的跨境轻小件寄递服务。

e邮宝暂不受理延误、丢失、破损、查验等附加服务。

2）服务优势

在线打单：在线订单管理，方便快捷。

时效稳定：重点路向全程平均时长（参考时长）为7～15个工作日，服务可靠。提供主要跟踪节点扫描信息和妥投信息，安全放心。

平台认可：主流电商平台认可和推荐物流渠道之一，品牌保障。

3）尺寸限重

单件最大尺寸：长、宽、厚合计不超过90厘米，最长一边不超过60厘米。圆卷邮件直径的两倍和长度合计不超过104厘米，长度不得超过90厘米。

单件最小尺寸：长度不小于14厘米，宽度不小于11厘米。圆卷邮件直径的两倍和长度合计不小于17厘米，长度不小于11厘米。

4）运费核算

e邮宝的运费根据包裹重量按克计费，奥地利、俄罗斯等国家按照1克起重计费，巴西、日本等国家按照50克起重计费。2020年7月中国邮政调整后的费用报价如表8-3所示。

表8-3 e邮宝费率（节选部分国家）

序号	路向	资费标准		起重	限重	备注
		元/件	元/千克	克	克	—
1	美国	25	70	1	2 000	—
2	奥地利	25	60	1	2 000	—
3	澳大利亚	19	60	1	2 000	—
4	巴西	25	80	50	2 000	—
5	比利时	25	60	1	2 000	—
6	加拿大	19	65	1	2 000	—
7	日本	15	40	50	2 000	—
8	德国	19	60	1	2 000	—
9	俄罗斯	17	55	1	3 000	北京、上海、江苏、浙江、福建、广东、黑龙江、新疆
		18	55	1	2 000	其他地区
10	法国	19	60	1	2 000	—

例如，一个发往美国的100克的包裹，资费标准是25元/件和70元/千克，则运费 = 25元/件 +0.1千克 ×70元/千克 = 32元。

4. 国际及港澳台包裹

1）产品介绍

国际及港澳台包裹业务是中国邮政基于万国邮联体系推出的标准类直发物品寄递服务，可以通达全球200多个国家和地区。使用国际及港澳台包裹服务时，客户可以自主选择航空、陆运或者空运水陆路三种运输方式（部分路向只接受特定运输方式的包裹服务）。

2）服务优势

通达广泛：通达全球200多个国家和地区。

运输灵活：客户可以自主选择航空、陆运或者空运水陆路三种运输方式（部分路向只接受特定运输方式的包裹服务）。

全程跟踪：提供全程轨迹跟踪信息。
补偿服务：丢失损毁的国际及港澳台包裹提供补偿服务。
国际及港澳台包裹通达范围及尺寸限重如表 8-4 所示。

表 8-4　国际及港澳台包裹通达范围及尺寸限重（节选部分国家/地区）

序号	寄达地	水陆路包裹最高限重/千克	航空包裹最高限重/千克	水陆路包裹最大尺寸规格	航空包裹最大尺寸规格
1	阿松森岛	30	30	第三类尺寸	第三类尺寸
2	阿拉伯联合酋长国	30	30	第一类尺寸	第一类尺寸
3	阿富汗	30	30	第一类尺寸	第一类尺寸
4	安圭拉	25	20	第二类尺寸	第一类尺寸
5	阿尔巴尼亚	20	20	第二类尺寸	第一类尺寸
6	亚美尼亚	20	20	第二类尺寸	第二类尺寸
7	安哥拉	20	20	第二类尺寸	第二类尺寸

注：第一类尺寸：2 米 × 2 米 × 2 米，或者长度和长度以外最大横周合计不超过 3 米。
　　第二类尺寸：1.5 米 × 1.5 米 × 1.5 米，或者长度和长度以外最大横周合计不超过 3 米。
　　第三类尺寸：1.05 米 × 1.05 米 × 1.05 米，或者长度和长度以外最大横周合计不超过 2 米。

5. e 特快

1）产品介绍

e 特快业务是中国邮政为适应跨境电商高端寄递需求而设计的一款快速类直发寄递服务，在内部处理、转运清关、落地配送、跟踪查询、尺寸规格标准等各方面均有更高要求，是提高跨境卖家发货效率、提升客户体验、协助店铺增加好评提升流量的重要服务品牌。

2）服务特点

性价比高：50 克起续重计费，降低寄递成本。
在线打单：使用发件系统在线下单，高效方便。
全程跟踪：邮件信息全程跟踪，随时了解邮件状态。
平台认可：主流电商平台认可，物流提质加分。

3）通达范围及尺寸限重

邮件体积重量大于实际重量的按体积重量计收资费。体积重量计算办法：邮件任一单边长度超过 60 厘米时开始计泡，长（厘米）× 宽（厘米）× 高（厘米）/6 000。e 特快通达范围及尺寸限重如表 8-5 所示。

表 8-5　e 特快通达范围及尺寸限重（节选部分国家）

序号	目的地	收寄规格	
		限重/千克	最大尺寸限制
1	朝鲜	30	标准 2
2	韩国	30	标准 1
3	日本	30	标准 1

续表

序号	目的地	收寄规格	
		限重/千克	最大尺寸限制
4	菲律宾	30	标准1
5	柬埔寨	30	标准1

注：标准1：任何一边的尺寸都不得超过1.5米，长度和长度以外的最大横周合计不得超过3.0米。
标准2：任何一边的尺寸都不得超过1.05米，长度和长度以外的最大横周合计不得超过2.0米。

8.2 国际商业快递

国际商业快递指的是由国际商业快递公司［如四大商业快递公司UPS、TNT（Thomas National Transport，天地物流）、FedEx、DHL］运用自身的物流网络和信息系统来为跨境客户提供门到门的服务。这些快递公司拥有自己的全球物流网络和发达的信息系统，能依靠自身的物流运输能力，帮助客户完成货物的运输。国际商业快递主要利用航空飞机将货物运输到全球各地，为各国/地区客户提供了极大的便利和良好的购物体验。

扩展阅读8.1 四大商业快递其他各种附加费用

8.2.1 主要的国际商业快递公司

1. DHL

1）公司介绍

DHL成立于1969年，最早以运送文件为主，总部建在比利时的布鲁塞尔，是目前航空快递业市场份额最大的快递公司之一，后德国邮政完成了对DHL的收购工作，使DHL成为德国邮政的全资子公司。

DHL这个公司名称来自三位创始人姓氏的首字母，他们分别是艾德里安·德尔西（Adrian Dalsey）、拉里·希尔布洛姆（Larry Hillblom）和罗伯特·林恩（Robert Lynn）。一开始，创始人们自己乘坐飞机来往于旧金山和檀香山之间运送货物单证，这样就使在货物实际到达之前对货物进行海关处理成为可能，从而显著地缩短货物在港口的等待时间，客户因此节省了大量时间。DHL的成立也代表着一个新行业的诞生：国际航空快递服务——通过飞机快速运输文件和货物。DHL的网络不断以惊人的速度扩展，在远东和环太平洋地区扩张（1971年）之后，DHL还开始在日本、中国香港、新加坡和澳大利亚（1972年）以及后来的欧洲（1974年）、拉丁美洲（1977年）、中东和非洲（1978年）提供服务。

目前，DHL主要包括以下四个业务部门：DHL Express（敦豪快递）、DHL Global Forwarding（敦豪全球货运物流）、DHL Freight（敦豪货运）和DHL Supply Chain（敦豪供应链）。DHL是四大国际快递公司中最早进入中国的。为了谋求在中国的发展，DHL与中国外运（集团）总公司合作组建了中外运—敦豪国际航空快件有限公司（以下简称"中外运—敦豪"），并于1986年12月正式成立。2006年4月，在中外运—敦豪成立

20周年之际，DHL正式发布了"中国优先"战略。目前，中国是DHL全球网络中发展最快的市场之一，在DHL亚太以及全球的发展中占有重要的战略地位。中外运—敦豪将继续执行"中国DHL优先"的业务战略，不断强化网络优势，提升产品与服务，与中国经济共同发展。

网址：http://www.cn.dhl.com/zh.html。

2）快递业务优缺点

优点：速度快，发往欧洲一般只需要3个工作日，到东南亚一般只需要2个工作日，派送网络遍布世界各地，查询网站货物状态更新也比较及时，遇到问题解决快，21千克及以上物品寄送时可享受单独的大货价格，部分国家/地区的大货价格比国际EMS便宜。在日、韩、东南亚、欧洲等国家和地区服务相当好。

缺点：走小货价格较贵，对所托运的物品限制较多，拒收许多特殊商品，且在部分国家/地区不提供DHL包裹寄送服务。

2. UPS

1）公司介绍

1907年，两位青年企业家克劳德·赖安（Claude Ryan）和吉姆·凯西（Jim Casey）在西雅图的一间地下室，用借来的100美元成立了美国信使公司（American Messenger Company）。1919年，公司第一次将业务由美国西雅图扩展至加州奥克兰市，自此，UPS的名称首次亮相。同年，公司将运送车辆的经典标志颜色涂成棕色，代表着出类拔萃、成熟度和专业性。

UPS现已成长为一家营业额达到数百亿美元的全球性公司。成立之初，由于以"最好的服务、最低的价格"为业务原则，UPS逐渐在整个美国西岸打开局面。到20世纪30年代，UPS的服务已遍布美国西部大城市，并开发了第一个机械包裹分拣系统；到20世纪50年代，UPS取得了"公共运输承运人"的资质，并将自己的包裹递送业务从零售店扩展到普通居民，从而成为美国邮政的直接竞争对手。

如今的UPS，是一家全球性公司，其商标是世界上最知名的商标之一。作为世界上最大的包裹递送公司和全球领先的专业运输与物流服务的供应商，UPS通过结合货物流、信息流和资金流，不断开发物流、供应链管理和电子商务的新领域。

UPS开展中国市场的业务始于1988年，同年UPS与拥有40多年运输经验的中国外运（集团）总公司签订了代理业务合作协议，正式进入中国市场。2001年，美国运输部授予UPS中国直航权。2003年，UPS将大中华区总部设在上海，表明了公司对中国市场客户的重视，并推进全球商务同步协调战略的实施。2004—2010年，UPS着重于基础设施建设和运营网络部署，在中国建立了与世界接轨的海、陆、空等不同规模的信息和交通运输网络，相继成立了上海国际转运中心和深圳亚太转运中心。上海国际转运中心将中国的各个地区与UPS的国际网络连接，主要为高科技、高附加值产品提供至欧洲、美洲和亚洲的直航服务，而深圳亚太转运中心主要是负责亚洲内部货物中转。2017年，UPS与顺丰速运成立了合资公司，该合作将两大运输网络高效连接，通过跨境B2B和B2C的物流解决方案，助力中国消费者和制造企业与美国客户实现无缝对接。

网址：http://www.ups.com/cn/zh。

2）快递业务优缺点

优点：服务好、速度快，强项在于美洲等线路，特别是美国、加拿大、南美洲、英国、日本，适合发快件。送往美国的包裹，差不多 48 个小时能送达。货物可送至全球 200 多个国家和地区，可以在线发货，在国内 100 多个城市提供上门取货服务。

缺点：运费较贵，要计算产品包装后的体积重量，对托运物品的限制比较严格。

3. FedEx

1）公司介绍

FedEx 专为遍及全球的客户和企业提供涵盖运输、电子商务和商业运作等一系列的全面服务。

FedEx 创始人是美国耶鲁大学毕业生弗雷德里克·史密斯（Frederick Smith），史密斯是富有想象力的退伍军人，1971 年他在美国阿肯色州的小石城成立了阿肯色航空公司。由于小石城机场官员拒绝为公司提供作业基地，史密斯向孟菲斯市机场提出申请并得到了批准，两年后阿肯色航空公司迁入田纳西州孟菲斯市，改名为"联邦快递公司"。现在，FedEx 设有环球航空及陆运网络，通常只需 1～2 个工作日，就能迅速运送货件，而且确保准时送达，同时设有"准时送达保证"承诺。FedEx 为全球超过 220 个国家和地区提供快捷、可靠的快递服务。

FedEx 从 1984 年就开始在中国市场提供服务，但正式进入中国则是在 20 世纪 90 年代。1995 年，FedEx 以 6 750 万美元收购了当时唯一可以直飞于美国和中国之间的常青国际航空公司。在完成此收购之后，FedEx 成为第一家由美国直飞至中国的国际快递物流公司，美中主要城市之间的快递时间只需要 3 天。FedEx 是率先进入中国市场的航空快递公司，也是率先运用自设机队服务中国的航空快递公司。为更好开展国际快递业务，FedEx 把市场定位在业务量最为密集的地区，即外商集中的沿海和中心城市，从而提高了业务收益率，避免了不必要的损耗和成本。

网址：http://www.fedex.com/cn/。

2）快递业务优缺点

优点：到中、南美洲和欧洲的价格较有竞争力，而其他公司的报价则比较高，价格相差 30%～40%。适宜走 21 千克及以上的大货，FedEx 的价格是 DHL、UPS 的一半，运输速度却是一样的；网站信息更新快，网络覆盖全，查询响应快。

缺点：价格较贵，折扣比同类快递公司高 15% 左右，若体积重量超过实际重量则按体积重量计算，对所运物品限制较多。

4. TNT

1）公司介绍

TNT 是世界领先的快递与物流公司，公司总部设在荷兰阿姆斯特丹，有超过 14.3 万名员工，为超过 200 个国家和地区的客户提供邮运、快递和物流服务。TNT 是欧洲最大的快递公司。

TNT 的创始人是澳大利亚人肯·托马斯（Ken Thomas），托马斯于 1946 年在澳大利亚悉尼成立 TNT 公司。1997 年，TNT 被荷兰邮政兼并，总部移至荷兰的阿姆斯特丹。1998 年，荷兰实行邮政改革（邮电分营），荷兰邮政兼并了十几家大公司并成立了荷兰邮政集团（TNT Post Group）。TNT 提供全球门到门、桌到桌的文件和包裹的快递服务，特别是在欧洲、亚洲和北美洲等地，可以针对不同客户的需求，提供 9 点派送、12 点派送、次日（next day）派送、收件人付费快件等服务内容。

TNT 1978 年进入中国香港，1988 年进入中国内地。TNT 先与中国外运（集团）总公司合作，2003 年又与超马赫国际运输代理有限公司合作，在 2007 年 3 月对华宇物流公司进行了收购，后更名为天地华宇。TNT 致力于向客户提供个性化的服务，让客户在递送途中的每个阶段均感到满意。

2016 年 5 月，FedEx 宣布完成对 TNT 的收购。FedEx 和 TNT 携手合作并发挥两家公司的优势，在全球各地联系更广阔的客户群和开拓更广泛的服务，共同迈步向前。本次收购对世界最大的空运网络和一个无与伦比的欧洲公路运输网络进行了整合，以大幅拓展联邦快递的服务范畴，重塑全球交通运输和物流行业。

网址：https://www.tnt.com/express/zh_cn/site/home.html。

2）快递业务优缺点

优点：速度快，通关能力强，提供报关代理服务。在欧洲、西亚、中东国家/地区有绝对优势，特别是到西欧只要 3 个工作日，网络信息比较全，查询网站信息更新快，遇到问题响应及时。

缺点：需要考虑产品的体积重量，对所运货物限制比较严格，价格较高。

8.2.2　国际商业快递费用核算

1. 基本概念

1）实际重量

实际重量是指一批货物包括包装在内的实际总重量。凡重量大而体积相对小的货物，以实际重量为计费重量。实际重量包括实际毛重（gross weight，G.W.）和实际净重（net weight，N.W.）。最常见的是实际毛重。

2）体积重量

体积重量是运输行业内的一种计算轻泡货物重量的方法，即根据一定的折算系数或公式，通过货物体积计算得来的重量，其单位为千克。国际快递中体积重量大于实际重量的货件又常称为泡货（light cargo/low density cargo），也叫抛货或者轻货。空运一般称为泡货，海运一般称为轻货，叫法有所不同。

DHL、UPS、FedEx、TNT 四大商业快递公司的体积重量计算方法：对于规则物品，体积重量（千克）= 长（厘米）× 宽（厘米）× 高（厘米）÷ 5 000；对于不规则物品，体积重量（千克）= 最长（厘米）× 最宽（厘米）× 最高（厘米）÷ 5 000。

3）计费重量

将整票货物的实际重量与体积重量比较，取大的为计费重量（chargeable weight）。例如，经过 UPS 的称重，一票货物的实际重量是 52 千克，体积重量是 60 厘米 × 70 厘米 × 70 厘米 ÷ 5 000 = 58.8（千克），那么取整后的体积重量就是 59 千克。因为 52 千克 < 59 千克，所以计费重量是 59 千克。若一票货件包含多个托盘，则每个托盘计费重量的总和为该票货件的总计费重量。

4）计费重量单位

国际快递公司的常用计费单位是千克。

（1）DHL、UPS、FedEx、TNT四大商业快递公司，21千克以下的货物，按照每0.5千克进行计费，不足0.5千克的按0.5千克计费。以此类推，以第一个0.5千克为首重，以每增加一个0.5千克为续重。例如，1.67千克就按2.0千克计费。通常首重的费用相对续重费用较高。

（2）DHL、UPS、FedEx、TNT四大商业快递公司，21千克及以上货物，按照每1千克计费，不足1千克的按1千克计费。例如，40.12千克按41千克计费，42.71千克按43千克计费。

【例8-1】 若客户选择通过四大商业快递公司来递送一票共计3个托盘的货件，其实际重量分别为50千克、400千克和300千克，所有托盘的体积均为122厘米×102厘米×150厘米，试计算计费重量。

解：

（1）计算实际重量：实际重量 = 50 + 400 + 300 = 750（千克）。

（2）计算体积重量：每个托盘的体积重量 =（122厘米×102厘米×150厘米）÷5 000=373.32（千克），那么取整后每个托盘的体积重量是374千克。

（3）计算计费重量：由于400千克>374千克>300千克>50千克，则该票货件计费重量 = 374千克 + 400千克 + 374千克 = 1 148（千克）。

2. 国际商业快递费用构成

1）运费

运费即根据适用运价计得的发货人或收货人应当支付的每批货物的运输费用。

2）燃油附加费

燃油附加费（fuel oil surcharge/fuel adjustment factor），即航运公司和班轮公会收取的反映燃料价格变化的附加费。该费用以运输每吨多少金额或者以运费的百分比来表示，缩写为FOS或FAF。所有的燃油附加费都可以通过官网查询，像DHL、UPS、TNT、FedEx都可以通过官网查到相对应的当月燃油附加费。燃油附加费一般会和运费一起打折。

3）包装费

通常情况下，如果交运的货物本身就包装良好，或者只需要快递公司进行简单的包装、加固等，快递公司不会收取包装费；若贵重物品、易碎物品等需要特殊处理和包装的，则快递公司会收取一定的包装费。如果运费有折扣，那么包装费一般不会和运费一起进行打折。

4）总费用构成

DHL、UPS、FedEx、TNT四大商业快递公司的递送总费用 =（运费 + 燃油附加费）×折扣 + 包装费用（若有）+ 其他各种附加费用。

3. 国际商业快递费用计算方式

1）DHL、UPS、FedEx、TNT四大商业快递公司递送21千克以下货物的运费计算方式

21千克以下货物的计算公式为

运费 = 首重运费 +（计费重量 ×2–1）× 续重运费

燃油附加费 =［首重运费 +（计费重量 ×2–1）× 续重运费］× 当月燃油附加费率

总费用 = 运费 + 燃油附加费 =［首重运费 +（计费重量 ×2–1）× 续重运费］×（1+ 当月燃油附加费率）

例如，某15千克货物按首重150元、续重28元/千克、当月燃油附加费率为23.5%计算，则总运费 =［150 +（15×2–1）×28］×（1+23.5%）=1 188.07（元）。

2）DHL、UPS、FedEx、TNT四大商业快递公司寄送21千克及以上货物的运费计算方式

21千克及以上货物的计算公式为

总运费 = 计费重量 × 每千克运费 ×（1+ 当月燃油附加费）

例如，一票货物的总实际重量是60千克，长、宽、高分别是60厘米、80厘米、70厘米，每千克运费是23元，当月燃油附加费是23.5%，则总运费计算过程如下。

体积重量 = 60×80×70/5 000 = 67.2（千克），取整后的体积重量是68千克。

因为60千克<68千克，即实际重量小于体积重量，所以计费重量是68千克，则

总运费 = 68×23×（1+23.5%）= 1 931.54（元）

备注：每千克运费 ×（1+ 当月燃油附加费率），这个费用通常称为每千克含油报价。因此，在上例中，23×（1+23.5%）= 28.405，"28.405元/千克"就是含油报价。

8.3 专线物流

8.3.1 专线物流的含义和特点

1. 专线物流的含义

随着我国跨境电商的迅速发展，专线物流也日渐进入人们的视野。国家（地区）间跨境专线物流一般是指针对特定国家（地区）推出的跨境专用物流线路，具有"五固定"特征，即物流起点、物流终点、运输工具、运输线路、运输时间基本固定。专线物流可以将运送至某一国家（地区）的货物大批量集中，通过规模效应降低物流成本，其物流价格低于一般的商业快递，并且物流速度快、丢包率较低。然而，与邮政小包相比，当前专线物流的运输成本仍然较高，且在境内的快件揽收范围主要集中于东部沿海的一线城市。

现阶段，从包裹到达的目的地来看，业内使用最多的专线物流产品有欧洲专线、美国专线、澳大利亚专线和俄罗斯专线等，也有许多物流公司推出了中东专线、南美专线和南非专线等。从运输方式来看，专线物流主要包括航空专线、铁路专线、大陆桥专线、海运专线以及固定多式联运专线，如郑欧班列、中俄专线、渝新欧专线、中欧（武汉）班列、中英贸易直通车、顺丰速运深圳—台北全货机航线等。另外，随着全球消费者需求的不断变化，出现了单一货物品种的专线物流。例如，为了满足平衡车、独轮车等带电产品的特殊配送需求，国内某物流平台就推出了平衡车美国专线。从服务对象的不同来看，专线物流可以分为跨境电商平台企业专线物流和国际物流企业专线物流，其

中跨境电商平台企业专线物流是大型电商平台专门为电商平台内线上销售商品的中小企业开发的物流项目，通过在国内设立仓库实现提供简单易行且成本较低的物流服务的目的。

专线物流服务向进出口两端延伸。进口方面，部分拥有航空及通关资源的货运代理或物流公司，成为境外电商平台指定线路的运输配送商，为电商平台提供直送境内的包裹运输、通关清关以及境内配送等服务。出口方面，专线物流公司为境内卖家提供集货、拼货、出关等服务，通过国际段运输到达目的国（地区），选择目的国（地区）的物流商完成"最后一公里"的配送。专线物流公司不依赖于资源投入，其运作的本质是整合与转手，需具备特定的渠道资源、外贸资质、通关及风险管控等能力。

本节讨论的专线物流是指通过航空包舱方式将货物运输到目的国（地区），再通过合作物流商进行目的国（地区）配送的物流模式。

2. 专线物流的特点

1) 专线物流的优势

（1）时效性强。专线物流公司拥有自主专线，可控性非常强，一般采取固定航班，所以不会出现淡旺季配送有很大时效差别的情况，时效性比国际邮政小包强。专线物流的优势就在于对特定线路的资源整合，将一条线路做精，这是其时效性的保障与基础。

（2）成本低。专线物流能够集中大批量到某一特定国家/地区的货物，通过规模效应降低单位成本，同时可有效控制目的国/地区配送的整体成本，服务比国际邮政小包更稳定，物流成本较国际商业快递低。

（3）安全性高。专线物流的头程运输是大批量运输，有专用的运输线路和运输工具，丢包率和货损率一般都较低。同时，目的国（地区）的合作物流商负责单件配送，相对配送距离近，类似于目的国（地区）内包裹配送，丢包率远远低于国际配送的邮政小包。此外，专线物流一般都有保险，总体而言安全性较高。

（4）易清关。专线物流通常是运输批量货物至目的国（地区），然后由目的国（地区）的物流公司对货物进行统一清关，并有专业人员跟进，这样就减少了清关问题的出现。专线物流不需要消费者解决清关问题，一方面提高了清关效率，另一方面提升了消费者体验。在其他国际配送中，包裹出现问题频率最高的环节是清关，而这正是专线物流的显著优势。

2) 专线物流的劣势

（1）通达地区有限。由于规模效应的限制，只有物流体量较大的国家/地区才有专线物流，且可选择的物流方案也较单一。同时，在境内的揽件范围相对有限，境内只有几个一线城市提供上门揽件服务，服务覆盖面有待进一步扩展。

（2）配送能力有限。相对于商业快递来说，专线物流的配送能力略低。货物到达终端客户的时间会受到目的国（地区）配送物流商的影响，容易出现"最后一公里"的运送延误。这其中涉及专线运输与目的国（地区）配送物流商的衔接问题，因此，不同目的国（地区）的配送服务水平差异较大。

（3）运输产品有限。可提供专线物流服务的公司虽然逐渐增多，但是其可运输的产品种类依然有限。由于专线物流大部分采用航空运输方式，受飞机的舱容影响，对大件货物或大批量货物的运输有一定限制,这就使一些大宗商品的卖家只能采用邮政包裹或其他方式运货至境外。

鉴于专线物流的优势,针对固定线路的跨境电商业务,专线物流是一种较好的物流解决方案。专线物流适合运送多批次、小批量、时效要求高的货物,适合小额批发和样品的运输。专线物流的性价比高于国际小包与商业快递。同时,专线物流也可以作为一种补充模式,为消费者提供多样化的物流选择,以"专线物流+海外仓"的混合式物流模式,提高跨境物流效率,提升顾客满意度。

8.3.2 几种常用的专线物流产品

1. 美国专线

美线海快是佳成国际物流与美森、以星集装箱船运公司合作,为亚马逊卖家提供境内揽收、国际配送、物流详情追踪、物流纠纷处理、售后赔付一站式的物流解决方案,目前只运送到美国。美森海快是由佳成国际物流揽收后交给承运商美森船运公司完成干线运输,货柜到港后转交 UPS 完成末端派送。美森海快的相关信息与报价单如表 8-6 和表 8-7 所示。

表 8-6 美森海快的相关信息

预计时长	13~18 天
运送价格	以 1 千克为单位进位;计费重量:整票的实际重量和整票的体积重量相比,取较大者计算〔体积重量计算方式为:长(厘米)×宽(厘米)×高(厘米)/6 000 = 重量(千克)〕。超重或超长费:如果单件实际重量超过 22 千克,介于 22 千克和 65 千克之间的加收 180 元/件;拒收单件超过 65 千克的货物;外箱尺寸单边超过 120 厘米或第二边长超过 76 厘米,未达到大型包裹尺寸标准的,则加收超长费用 130 元/件
运送价格	大型包裹附加费:当每个包裹满足以下条件时,即大型包裹:单边最长超过 230 厘米或长度加周长〔(2×宽度)+(2×高度)〕超过 260 厘米、小于 310 厘米时,加收超长费用 130 元/件;单边周长加〔(2×宽度)+(2×高度)〕超过 310 厘米、小于 400 厘米,加收 950 元/件大型包裹附加费,同时计费重量最低按 40 千克计算。以下亚马逊地址快递界定为偏远或超偏远区域,加收 30 元/箱,其他偏远地区以实际查询为准。 注:以上价格包含关税、清关费、运费及后段 UPS 派送费,免海关查验费(如客户瞒报、产品本身问题造成将按实收取)
重量限制	一票货最低标准为 100 千克,即整票货重量须在 100 千克及以上,不足 100 千克则计费重按 100 千克计算;单件计费重量不高于 22 千克,不得低于 12 千克(不足 12 千克按 12 千克计);单票限制不要超 226 千克,如果超了就拆单出货
一般贸易报关费	一般贸易报关费:500 元/票
申报要求	客户需提供完整的形式发票、完整的装箱清单、申报价值、HS 编码,由于其不承担客户产品认证、产品侵犯知识产权〔如品牌、蓝牙、HDMI(高清多媒体接口)〕、虚假申报或者产品不符合目的地海关或政府要求而导致的扣关、货物没收等责任,客户需在发货前自己评估风险;每票最多接受 5 个申报品名,每增加 1 个品名加收 30 元/个;非亚马逊地址加收 1 元/千克;FDA(美国食品和药物管理局)产品收 FDA 申报费 200 元/品名

运送范围	服务仅限美国 48 州，邮箱地址（P.O.BOX）、军方地址、阿拉斯加、夏威夷、拉斯维加斯、波多黎各、关岛及各岛屿均无服务，其他偏远地区附加收费 4 元 / 千克或最低 200 元 / 票，两者取较大者，是否偏远以 UPS/FedEx 后端派送确认为准，我司保留发货后加收的权利
赔付无忧	出货后无提取信息的，无论任何原因造成，例如海关查验、扣件、丢件等各种原因造成无提取的，退未提取部分的运费，且按实际采购货值进行赔偿，赔偿最高不超过 30 元 / 千克；末端派送提取后出现的丢失、破损，一律按照 UPS 赔偿规则执行，最高赔偿 100 美元 / 票。（例如单票 10 件，UPS 提取签收 8 件，视为 UPS 丢失 2 件，将按照 UPS 标准赔偿 20 美元）
其他要求	不接任何仿牌，纯电池、移动电源、违禁品、粉末、液体、食品、管制刀具、原木制品或含有木的商品、太阳眼镜、成人用品、危险品、儿童玩具、激光笔、头盔等产品，一经查出，罚款 1 000 元 / 票

表 8-7 美森海快的报价单（参考）

渠道名称	分 区	100 千克以上	计抛方式
JCEX001	美国西岸（邮编 8.9 开头）	23.00	体积 /6 000
	美国中部（邮编 4.5.6.7 开头）	24.00	非亚马逊地址 +1 美元 / 千克
	美东（USE）（邮编 0、1、2、3 字头）	25.00	本价格已包含燃油附加费

2. 欧洲专线

中欧公铁是佳成国际物流通过中欧班列铁路运输通道和优质的快递资源开发的专线服务，包裹在上海/深圳集货、装柜，从西安/义乌/重庆发车，经过边境口岸阿拉山口，进入哈萨克斯坦，再经俄罗斯、白俄罗斯、波兰，至德国的杜伊斯堡，完成清关后送至 UPS 仓库，由 UPS 派送至目的国。相关信息如表 8-8 和表 8-9 所示。

表 8-8 中欧公铁的报价单（参考） 元 / 千克

重量	德国	法国	意大利	西班牙	奥地利、荷兰、比利时、捷克等	丹麦、芬兰、希腊、瑞典、葡萄牙等
包税 50 千克～100 千克	18.00	19.00	19.00	19.00	20.00	20.00
包税 101 千克以上	13.00	14.00	15.00	15.00	16.00	16.00
VAT（增值税）101 千克以上	11.50	12.50	13.50	13.50	14.50	14.50

表 8-9 中欧公铁其他相关信息

本价格已包含燃油附加费，按单票重量计费计全泡，UPS 派送	
公铁线路运行	上海/深圳装柜→西安/义乌/重庆→阿拉山口→哈萨克斯坦→波兰马拉→杜伊斯堡→德国 UPS
服务类型	此渠道暂时可接 FBA 或者自建仓货物（法国 FBC 拒接），整柜业务费用请单独咨询
发车时间	上海：周三、五、日发车；深圳：周二、四、六发车
运行时效	上海到马拉为 12～14 自然日；深圳到马拉为 13～15 自然日；转关 4～5 天，清关 1～2 天，提取 1～2 天（不含铁路堵车、海关查验、亚马逊排仓）

续表

附加杂费说明	①单件计费重量不得低于12千克，需自行做好并件处理，不足12千克按20元/件加收超轻费。②61～64开头HS编码为纺织品类，加收5元/千克。③针对眼镜类、陶瓷类，加收2.0元/千克。④反倾销类产品根据税率额外增收关税，需单独确认费用。比如陶瓷类、烫衣板、轮毂、自行车、电动自行车、带电子屏幕车载设备等。⑤VAT渠道VAT操作费：400元/票（发货前需确保境外备案通过，VAT税号备案，提交VAT递延备案材料，签署POA文件）
UPS接收尺寸范围	德国境内偏远：加收100元/件；欧盟偏远：加收200元/件，部分岛屿加收280元/件。单箱实重或体积重/5 000大于30千克，或最长边超过100厘米或次边超过76厘米；加收130元/件（旺季180元/件）。任何装在由金属或木材制成的箱子里面的物品，任何圆柱形物品，如桶或轮胎，未完全装在纸箱中的物品；加收130元/件（旺季180元/件）。（最大边长+2×第二边长+2×最小边长）大于300厘米小于400厘米；加收550元/件（旺季1 015元/件）。单箱实重或体积重/5 000大于70千克,（最大边长+2×第二边长+2×最小边长）大于400厘米，拒收
拒收	①防疫物资，木制品，平衡车/平板车/滑板车等成品车，药物、化工品类产品及原料，食品类，化妆品类，烟酒类；②所有不能正常打开包装查验的货物寄运，危险品，液体，粉末，颗粒，强磁，易燃易爆，毒性物质及腐蚀性，专利类，仿牌产品，冒牌，书籍，音像制品，带内容的光盘，敏感类产品，宗教用品，政策模糊的货物
查询	查询网址 http://www.jcex.com
货物要求	计费重量按体积重量和实际重量取大者，体积重量=长×宽×高/6 000，计全泡 每票申报品名限制5个，超过的加收30/个，最多申报8个品名
特殊说明	资料模板
	发货资料
	赔偿规则如下。 （1）免责条款：产品自身涉嫌侵权或者违规违法问题、产品申报及数量不符导致海关扣关，佳成国际物流不承担任何责任，同时佳成国际物流有权追究相关责任及损失。 （2）如货物遗失，佳成国际物流按照运费免一赔一标准赔偿，单个产品丢失不予赔偿。 （3）佳成国际物流可额外提供保险服务，按货值的千分之二收取保费（保全程），货物在运输过程中或快递提取丢失未上架按照免运费+货值赔偿。（必须通过佳成国际物流购买此保险，提供正式发票箱单，自己购买了保险除外）（克罗地亚不在保险区域内）
特殊说明	（1）交货前需提交电子档清单，货物品名和价值需要如实申报，图片和链接一并提供 （2）货物重量的计算方式：长×宽×高/6 000，实重与体积重取大值为计费重 （3）如亚马逊拒收货件，产生的退回运费以及其他任何额外费用，客人自理 （4）铁路可接带磁、内置电池货（纯电除外） （5）所有电子电器类产品，产品或者外包装上要有CE（欧盟安全认证）标识，要有CE证书，包装或者外箱上面都需要有制造商名称和地址。 以下列举的这些货物，是特别要注意的，一定要符合这些条件：智能手表，手机，台灯，充电器，滑板车；另外，机械类、机器类、仪器类产品还要附带产品的操作手册。 如果海关检查货物，发生电子、电器类产品不符合以上规则，产生的一切风险和费用将由客人承担

8.3.3 专线物流的费用核算

专线物流费用的计算方法与航空快递的计算方法大致相似，但是起重数量比较少，续重单位量也比较小，有限重，一般收取挂号服务费。不同物流供应商会有不同的报价方式，有些是全包报价（即一口价），有些没有起重要求，有些还需要考虑燃油附加费、汇率等因素。专线物流费用会随着时间的推移而发生变化，具体价格以发货当时的报价为准。不同物流商和不同专线或多或少都有价格差异，跨境电商卖家要根据实际需求，选择合适的专线物流方案。专线物流费用通常以每克为单位进行收费。同时还需要考虑货物的实际重量和体积重量，在货物运输过程中，国际空运的收费标准是按整批货物的实际重量和体积重量两者之中的较高者进行计算。

本小节以俄速通在速卖通线上发货的物流服务为例进行说明。俄速通的运送范围包括俄罗斯全境邮局可到达区域。俄速通的运费根据包裹重量按克计费，起重为1克，每个单件包裹限重2 000克以内，具体如表8-10所示。

表8-10 俄速通线上发货（发往俄罗斯）的运费价格

配送服务费/(元/千克)	挂号服务费/(元/件)
1克＜包裹重量＜2千克	
57.4	16.9

1. 无燃油附加费的运费核算

由表8-10可以核算不同重量的包裹的运费，其计算公式为专线物流费用 = 配送服务费 × 重量 + 挂号服务费，按照表8-10中的标准，以100克、200克和1 000克的包裹为例，核算这三个包裹的运费。

100克包裹的运费 = 57.4 × 0.1+16.9=22.64（元）
200克包裹的运费 = 57.4 × 0.2+16.9=28.38（元）
1 000克包裹的运费 = 57.4 × 1.0+16.9=74.3（元）

由此可见，随着包裹重量的增加，总运费的平均费率是下降的。

2. 有燃油附加费的运费核算

在实际的运费核算中，有些专线物流的费用核算稍微复杂一些，价格也会随时变动，例如，有些线路其计算公式为：专线物流费用 = 配送服务费 × 重量 × （1+ 燃油附加费）× 折扣 + 挂号服务费。

假设某专线物流的配送服务费为80元/千克，限重为2千克，挂号服务费为7.5元/件，折扣为九折，燃油附加费率为11%。还以100克、200克和1 000克的包裹为例，核算这三个包裹的运费。

100克包裹的运费 = 80 × 0.1 × （1＋11%）× 0.9 + 7.5 ≈ 15.49（元）
200克包裹的运费 = 80 × 0.2 × （1＋11%）× 0.9 + 7.5 ≈ 23.48（元）
1 000克包裹的运费 = 80 × 1.0 × （1＋11%）× 0.9 + 7.5 ≈ 87.42（元）

8.4 海外仓

8.4.1 海外仓概述

1. 海外仓的含义

随着跨境电商的蓬勃发展，越来越多的企业采用直邮渠道将自己的产品销往全球各地。但是,"高成本、低效率"的物流快递劣势困扰着企业,加上物流方面频频传出爆仓、延误、禁运等消息,在这样的背景下,海外仓应运而生。不少电商平台和出口企业正通过建设"海外仓"布局境外物流体系。"海外仓"的建设可以让出口企业将货物批量发送至境外仓库,实现该国(地区)当地销售、当地配送。自诞生开始,"海外仓"就不单单是在海外建仓库,它更是一种对现有跨境物流运输方案的优化与整合。

海外仓是指境内企业将商品通过大宗运输的形式运往目标市场国家(地区),在当地建立仓库、储存商品,然后再根据当地的销售订单,第一时间作出响应,及时从当地仓库直接进行分拣、包装和配送的物流方式。简单地说,海外仓是指建立在海外的仓储设施,是跨境电商企业按照一般贸易方式,将货物批量出口到境外仓库,实现当地销售、当地配送的跨境物流形式。跨境电商企业按照一般贸易方式,将商品批量出口到境外仓库,电商平台完成销售后,再将商品送达境外消费者手中,从而实现物流的本土化,避免复杂的跨境物流及通关手续,最大限度地提高跨境物流效率,解决丢件率高、退换货难等问题。

海外仓服务是指为卖家在销售目的地进行货物仓储、分拣、包装和派送的一站式控制与管理服务。

2. 海外仓兴起的原因

1)跨境电商的迅速发展对物流业的要求日益提高

退换货在境内网购中较为普遍,境外买家的心态与境内买家是一样的,也希望购买到的东西快点送到手中,不满意还能轻松退换货,那怎么解决这个问题呢?答案是走出关境,提供与境外电商一样的本土化服务,充分参与国际竞争,这将是跨境电商实现可持续发展的关键。实际上,海外仓将会成为电商时代物流业发展的必然趋势。

2)跨境电商企业的发展需要海外仓

跨境电商与境内电商最大的区别就是把货物卖到境外,不稳定的物流体系是一大挑战。无论是企业还是个体电商,要想把生意做大,不仅要维护好自己的电商平台,还需要一个能降低成本、加强配送时效、规避风险的海外仓。在前期,卖家只要把货物大批量运到海外仓库,就有专门的海外仓库工作人员代替卖家处理后续各项琐事,在线处理发货订单,一旦有人下单就立即完成配货、打包、贴单、发货等一系列物流程序,这可以给卖家腾出时间和精力进行新产品开发,从而获取更大的利润。

3)海外仓的数据化物流体系带动跨境电商产业链的升级

根据相关国家的经验,其海外仓已采取数据化、可视化的运营方式,我国可效仿这一模式。从长远来看,数据化物流日趋完善将进一步促进跨境电商产业链的升级。通过数据管理物流,分析流程中的时间点数据,有利于卖家在配送过程、成品发货流程等方面找出问题,在供应链管理、库存水平管控、动销管理等方面提高效率。

3. 海外仓的优点

(1)配送时效提升 70% 以上。跨境物流的链条相对较长,主要环节包括境内物流、境内海关、境外海关、境外物流等,即便在空运物流形式下,通常也需要 15 天左右的时间才能到达消费者手中,且要面临破损率高、旺季拥堵等风险。B2B2C(企业对企业对消费者）海外仓出口模式下，商品到达消费者手中只需经历国外本土物流一个环节，其他环节都已经前置完成，大大缩短了物流时间，甚至能够实现当日达、次日达，同时破损丢包率也有效降低，消费者购买体验大幅提升，促进消费者复购。

（2）销量提升20%以上。商品进入海外仓后，在跨境电商平台中，商品所在地即为本地，境外消费者在选购商品时，为缩短收货时间，通常会优先选择当地发货，因此海外仓出口有助于提高销量。在疫情中，据业内人士表示，在美国、英国、德国和澳洲的海外仓交易量上升明显。此外，海外仓出口模式下物流时间大幅缩短，使得物流时间过长和物流信息不及时导致的消费者物流纠纷明显减少，对于商品交易量提高和快速回款都有明显助益。

（3）物流成本更低。跨境电商B2C直邮出口以邮政小包为主，其物流通常采用航空客带货方式，近年来，e邮宝价格逐年上涨。而B2B2C先将商品以一般贸易方式批量出口到海外仓，物流方式通常以海运为主，成本相对更低。以3C（计算机－通信和消费电子产品）数码商品为例，B2C直邮运费约为120元人民币，B2B2C海运至海外仓运费则约合60元人民币。更低的物流成本意味着出口企业可以拥有更高的利润。

（4）售后更有保障。B2C模式下，商品发生退换货问题时，由于再发货成本过高和时间过长，大多数卖家会退单，而商品通常在本地进行销毁、废弃，即便是换货，也大概率会导致境外消费者的负面评价，售后体验较差。B2B2C模式下，卖家通过海外仓可以对商品进行有效的退换货处理，退换的商品也可以通过海外仓进行维修和二次包装，或批量复运回国内进行维修，给消费者带来更高品质的售后服务保障。

4. 海外仓运作流程

海外仓从兴起到现在，已经形成一套较为成熟的运作流程。海外仓不仅仅只是跨境电商企业和跨境物流的简单配合，还包含计算机信息技术、金融支付、报关报检和咨询管理等行业的工作内容，而且这些工作是以提供知识密集型的服务为主。海外仓有效整合了这些行业的优势及特点，并将此运用到海外仓的经营管理当中，不仅解决了跨境物流的种种难题，还为跨境电商企业提供了多元化的服务，满足跨境电商及物流的一体化需求，促进双方的发展。

海外仓的运作流程可以分为三部分：头程运输、仓储管理以及尾程配送（也称本地配送）。

1）头程运输

一般国内出口跨境电商企业在未接收到国外客户订单之前，就通过传统的运输方式，将商品提前运送到海外仓，其中包括集中式报关、个性化加工等额外的增值服务。

2）仓储管理

仓储管理不仅是单纯地存储商品，还会对海外仓的商品进行精细科学的分类存储，以便商品出库时更加高效、方便。此外，仓储管理还能提供订单管理服务，可根据订单及时发货，也可根据订单的数量预测下一季度或某个相似时间段的商品销售数量，还可将海外仓当地季节、节日等因素及时反映给跨境电商企业，以便跨境电商企业及时仓储合适数量的商品。这可以避免缺货情况的出现或者库存量过多的压力，从而减少跨境电商企业的仓储成本，提高海外仓的利用率。

3）尾程配送

境外消费者通过跨境电商平台下单，跨境电商企业收到客户的订单信息之后发送给海外仓管理系统，由海外仓出库商品发货。这就使跨境的购买行为转换为境内销售行为，缩短了跨境电商所在国（地区）到目标市场的距离，缩短了客户从下单到接收商品的时间，使客户无须经历漫长的等待。同时，海外仓也成为跨境电商企业展示自身商品的一个窗口，吸引消费者，使消费者更加了解远在境外的跨境电商企业，从而提高了跨境电商企业的知名度，增加消费者重复购买行为。

海外仓的运作流程如图8-2所示。在境内，卖家或卖家供应商通过自提送货或集货理货的方式把商品运送至头程仓，头程仓根据商品的特性和数量办理拼箱或整箱的运输，然后由跨境电商企业或货运代理公司办理订舱报关及退税手续，将商品送到目的国/地区。办理完入境清关、缴税等手续之后，将商品运送至海外仓，海外仓对货物即时入库上架，进行精准分类、安全有效的仓储管理。境外的买家通过亿贝、亚马逊或其他平台购买商品（即下单），跨境电商企业上传订单至海外仓管理系统，仓库管理人员及时履行订单，拣选商品出库进行本地配送，将商品送到消费者手中，此外，海外仓还可以履行退换货、补货管理等增值服务。头程运输、仓储管理以及本地配送这三个流程并不是孤立运转的，而是由海外仓管理系统对整个流程进行全局掌控。

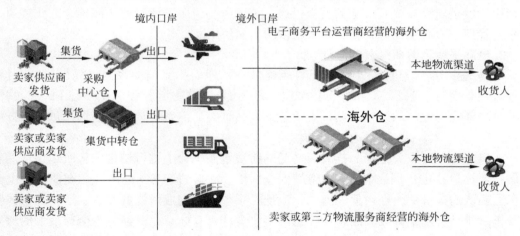

图8-2　海外仓的运作流程

8.4.2　海外仓的类型

海外仓是跨境电商物流模式的重大创新，是解决跨境电商物流成本高昂、配送周期漫长问题的有效方案，本质就是将跨境贸易实现本地化，提升消费者购物体验，从而提高出口跨境电商企业在出口目的地市场的竞争力。根据投资、运营主体的不同，本节将对海外仓不同物流模式的流程进行分析。根据经营主体的不同，海外仓可分为卖家自营的海外仓、第三方物流服务商经营的海外仓和电商平台运营商经营的海外仓三种模式。

1. 卖家自营的海外仓

这是跨境电商企业自己建立并且运营的海外仓库，仅为本企业的产品提供仓储、配送等服务。整个跨境物流过程都由跨境电商企业自身控制，换言之，管理权掌握在跨境电商企业自己手中。研究报告显示，个性化服务是大型电商选择自建海外仓的首要原因，此外，第三方服务质量不可靠、降低自身综合成本的需求及销售产品本身的特性也成为商家选择自建海外仓的原因。其缺点是，在自建海外仓模式中，跨境电商卖家需要面对当地的清关规则、税收制度、劳工政策等壁垒，需要自己解决仓储、报关、物流运输等问题，同时自建海外仓的建造成本、风险等也较大。如果日均订单和运送货量不大，在运输方面很难得到有优势的价格。

2. 第三方物流服务商经营的海外仓

这是指由第三方企业（多数为物流服务商）建立并运营的海外仓，并且可以提供多家跨境电商企业的清关、入库质检、接受订单、商品分拣、配送等服务，有的第三方海外仓还可提供FBA退换货、转仓、重打或代贴标签、产品检测、代缴关税等服务。第三方海外仓管理权由海外仓建设企业掌握。换句话说，第三方海外仓模式就是指由第三方企业掌控整个跨境物流体系。

出口跨境电商企业与第三方物流服务商经营的海外仓的合作模式主要有两种：一是租用，在这种情况下，会产生操作、租用、运输等多重费用；二是合作建设，仅产生运输费用，但是前期需要有一定的资金投入。第三方物流服务商经营的海外仓在头程清关和库存管理方面有其优势，吸引越来越多的卖家使用。

3. 电商平台运营商经营的海外仓

亚马逊FBA海外仓模式是由亚马逊提供一系列的物流辅助服务，提供包括仓储、拣货打包、派送、收款、客服与退货处理等一条龙式的物流服务。亚马逊FBA的物流水平是海外仓行业内的标杆，其日发货量、商品种类、消费者数量都远远超过第三方海外仓。

出口跨境电商企业把产品挂到亚马逊的跨境电商平台上进行销售，将所销售产品直接送到亚马逊在进口国/地区当地市场的仓库中，一旦进口国/地区客户在亚马逊电商平台上确认购买订单，即由亚马逊的物流配送系统自动完成后续的发货、送货等具体物流操作。亚马逊基于其强大的跨境配送网络、全球云仓体系，已经成为全球最大的海外仓运营商，也是最早开始建立海外仓的企业。其海外仓遍布全球，有非常成熟的仓储管理和配送体系，所以出口跨境电商企业承担的风险较小。企业在使用FBA海外仓时不需要前期的大规模固定投入，也不需要有专业的仓储管理人员，更不用为选择海外仓服务商而进行前期调研，而且在短时间内就可以投入使用。

对于亚马逊卖家来说，使用FBA还可以帮助提高清单（listing）排名和得到购物车，获取更多流量，同时省去物流引起的纠纷，但也存在仓储成本和配送费用较高、灵活性较低等问题。

卖家自营的海外仓、第三方物流服务商经营的海外仓和电商平台运营商经营的海外仓这三种海外仓模式的优劣势对比如表8-11所示。

表 8-11 三种海外仓模式的优劣势对比

模 式	优 势	劣 势
卖家自营的海外仓	（1）有利于树立品牌形象，进行本土化运营； （2）卖家可以根据目标市场选择建仓地址，量身打造个性化海外仓； （3）灵活性较强，不会受到商品类型、存放时间等条件的限制	（1）前期需投入大量资本，对从业人员的要求较高； （2）面临当地的政治、经济、法律等宏观条件的制约； （3）不确定因素导致经营风险较高
第三方物流服务商经营的海外仓	（1）提供有效的专业化服务； （2）选品范围比亚马逊 FBA 广； （3）同一批次货物存放在同一海外仓，方便管理	（1）服务质量、仓储地址依赖于第三方； （2）起步较晚，服务质量良莠不齐，难以选择合适的物流服务商
电商平台运营商经营的海外仓（亚马逊 FBA）	（1）会为卖家提供各类辅助服务，降低卖家的广告宣传费用； （2）操作简单； （3）覆盖范围广，可以提供更多选择	（1）对入仓商品有严格限定； （2）亚马逊设置默认分仓，会将卖家的同一批商品发送到不同的仓库； （3）卖家必须在亚马逊平台上进行产品销售

8.4.3 海外仓的操作流程（以亚马逊 FBA 为例）

1. 什么是 FBA

FBA 全称为 Fulfillment by Amazon，是指卖家将商品批量发送至亚马逊运营中心，由亚马逊负责帮助卖家存储，当商品售出后，由亚马逊完成订单分拣、包装和配送，并为这些商品提供买家咨询、退换货等客户服务，帮助卖家节省大量的人力、物力和财力的模式。FBA 运作流程图如图 8-3 所示。总的来说，亚马逊物流不仅可以帮助卖家开启跨境电商的优选物流解决方案，还能帮助卖家吸引更多的全球消费者，加速拓展业务。

2. FBA 的优缺点

1）FBA 的优点

根据亚马逊的统计，一半的买家不愿意选择不提供 FBA 服务的卖家，选择 FBA 服务可以让卖家的商品被更多的买家选择，同时买家也会得到更好、更快的物流配送服务。加入 FBA 服务可以提前进行清单排名，增加抢夺黄金铺位（Buy Box）的机会。

（1）不用担心物流引起的差评。

（2）提供 7×24 小时客户服务热线，解决卖家的客服问题。

（3）拥有丰富的仓储和物流经验，以及先进的智能管理系统。

2）FBA 的不足

（1）成本较高，尤其是仓储费。

（2）语言转换难题尚未解决，只能用英语与客户沟通。

（3）FBA 不会为卖家头程发货提供清关服务。

（4）退货地址只支持美国（如果是做美国站的 FBA）。

（5）容易提升买家的退货率。

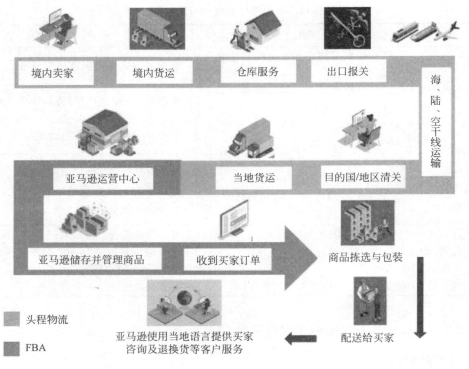

图 8-3　FBA 运作流程图

3. FBA 的发货流程

亚马逊平台发货一般有两种方式：一种是自发货，一种是 FBA 配送。下面简单介绍 FBA 发货的操作流程。

（1）单击卖家后台页面的"库存"，单击"管理库存"，进入"管理库存"页面，如图 8-4 所示。

图 8-4　选择"管理库存"

（2）"转换为'亚马逊配送'"设置。在库存管理页面，首先，卖家对商品状况进行选择，可以是"所有"或"在售"或"不可售"；其次，卖家可以通过搜索 SKU、标题等找到要转换为 FBA 发货的产品，并在左侧勾选框中选择该商品，若卖家仅勾选 1 款商品，其选择信息将显示为"应用于 1 件选定商品"；若卖家勾选 2 款商品，则显示为"应用于 2 件选定商品"，如图 8-5 所示。单击"应用于 2 件选定商品"按钮，再单击"转换为'亚马逊'配送"按钮，如图 8-6 所示。

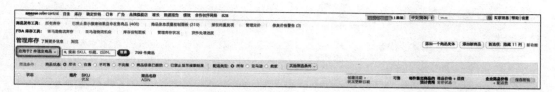

图 8-5　单击左上角"应用于 2 件选定商品"

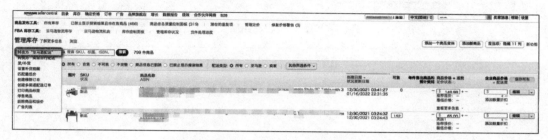

图 8-6　选择"转化为'亚马逊配送'"

（3）"转换并发送库存"设置。确认所选产品无误，确认当前的订单配送方为亚马逊，单击"转换并发送库存"按钮，如图 8-7 所示。"转换"是指成功转化为亚马逊配送，"转换并发送库存"是指成功转化为亚马逊配送的同时开始发货。

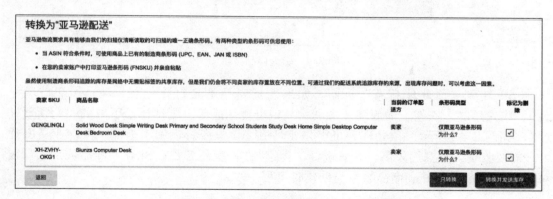

图 8-7　单击"转换并发送库存"按钮

（4）选择并确认发货地址和打包方式。

① 选择并确认发货地址。方法一，选择默认的发货地址，则无须再操作；方法二，选择"从另一地址发货"，则需要填写全新的公司地址或者工厂地址。

② 选择并确认打包方式。一种是混装商品，即一个箱子里可以放不同 SKU 的产品；另一种是原厂包装发货商品，即一个箱子里只能放同一个 SKU 的产品，不能放其他 SKU 的产品。在产品 SKU 比较多的情况下，一般建议选择混装商品，然后单击"继续处理入库计划"按钮，如图 8-8 所示。

（5）转到"设置数量"页面。这里"所有商品"会显示选为 FBA 发货的产品信息，卖家如果还需要新增 SKU，单击"添加商品"按钮；如果需要删除，则单击每个 Listing 后面的"×"按钮。根据实际情况，卖家输入每个商品的发货数量，再单击"继续"按钮，如图 8-9 所示。

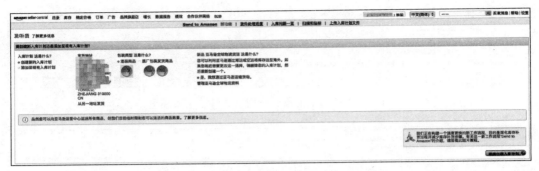

图 8-8 选择并确认发货地址和打包方式

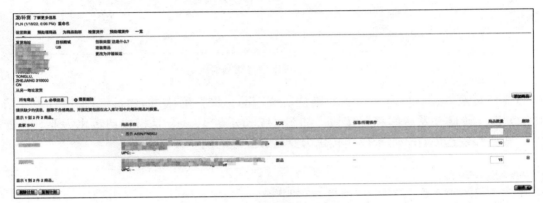

图 8-9 输入商品数量

（6）转到"预处理商品"页面。如果发货商品不是打孔包装、液体（非玻璃瓶装）、成人用品、衣架上的服装、尖利物品、母婴用品等，则选择最下方的"无须预处理"，如图 8-10 所示；预处理方可以是亚马逊、卖家或者适用于全部，由于亚马逊预处理需要收费，且费用较高，一般选择"卖家"；卖家还需要对 SKU 和商品数量进行核对，确保发货的 SKU 和商品数量与创建时填写一致。

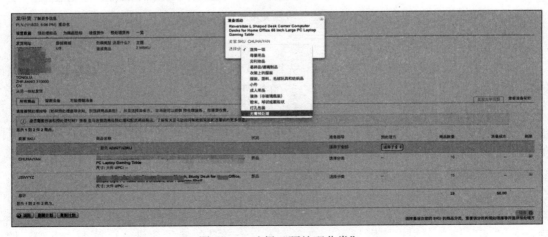

图 8-10 选择"预处理分类"

（7）转到"为商品贴标"页面，如图8-11所示。由于商品的销售地在美国，卖家需要下载英文标签，而非中文标签，下载之前先进行中英文标签转化操作。卖家单击"管理亚马逊货件"按钮，如图8-12所示；单击语言框，选择"English"，在货件处理进度的英文界面，找到需要的货件，单击"Work on shipping plan"按钮，如图8-13所示，选择"Label Products"进入为商品贴标的英文界面，如图8-14所示，完成了中英文标签转化。卖家根据产品包装尺寸选好标签的大小，如图8-15所示，之后单击"Print labels for this page"，英文标签如图8-16所示。

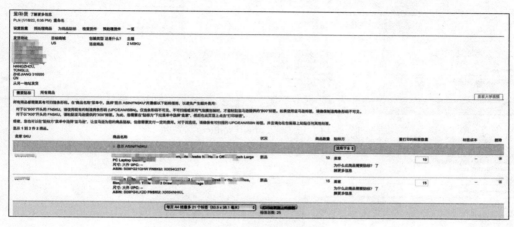

图8-11 为商品贴标页面

图8-12 选择"管理亚马逊货件"

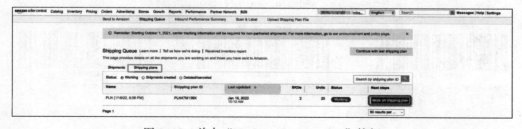

图8-13 单击"Work on shipping plan"按钮

（8）按照上述步骤进行英文转中文的操作，来到"检查货件"的中文页面。检查货件的发货地址、包装类型、主题、可选服务费用、商品数量、配送地址等信息，卖家确认没问题后，单击"批准并继续"按钮，如图8-17所示；再次确认货件，单击"处理货件"按钮，如图8-18所示。

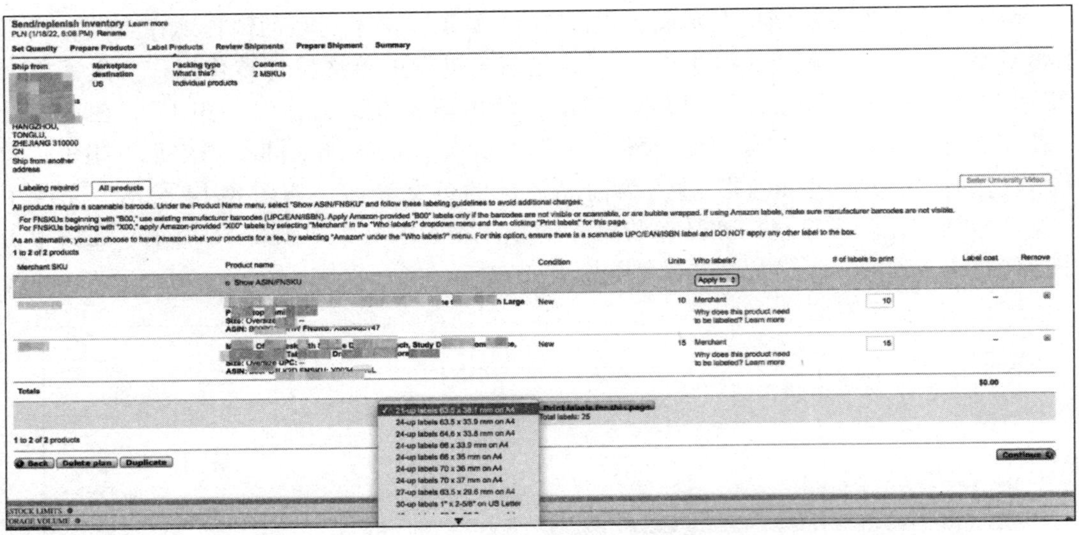

图8-14 进入"Label Products"界面

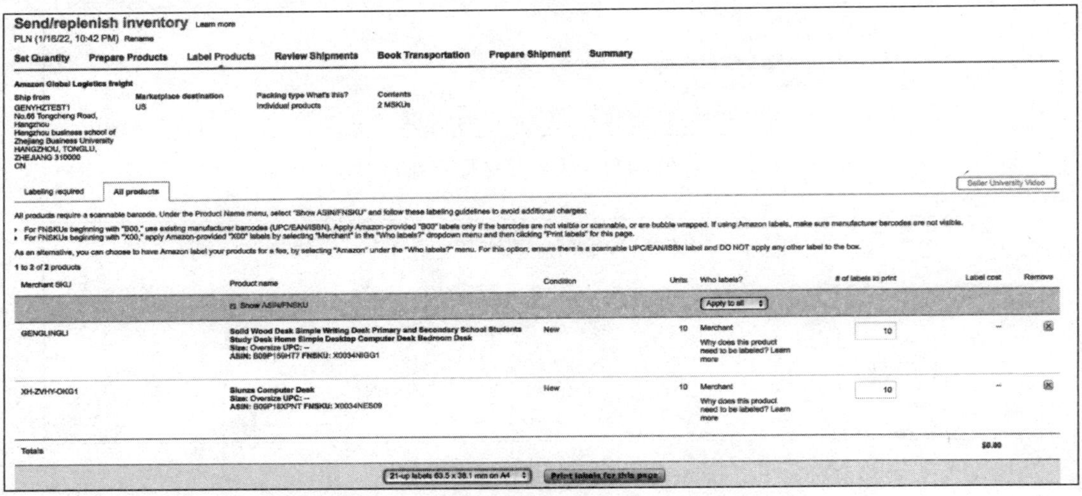

图8-15 单击"Print labels for this page"

图8-16 英文标签

第 8 章 跨境电商出口物流模式　165

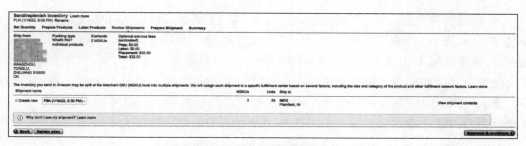

图 8-17　单击"批准并继续"按钮

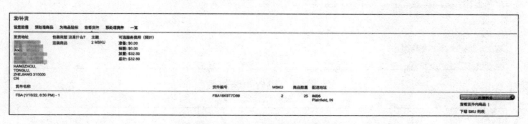

图 8-18　单击"处理货件"按钮

（9）转到"预处理货件"页面，这里包括检查货件内容、设置配送服务、设置货件包装、下载/打印货件标签四个步骤。

① 检查货件内容，如图 8-19 所示。卖家单击"检查并修改商品"按钮，可以查看和修改商品数量。

图 8-19　单击"检查并修改商品"按钮

② 设置配送服务，包括配送方式和配送商。如果每个箱子的重量不超过 150 磅（1 磅 ≈ 0.45 千克），配送方式需选择小包裹快递（SPD），否则选择汽车零担（LTL）。亚马逊卖家一般都是自己联系配送商，选择"其他承运人"，并在下拉列表选择具体的承运人，如图 8-20 所示。

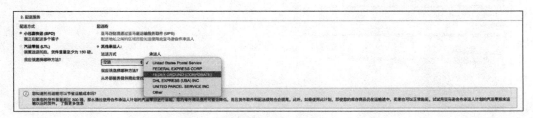

图 8-20　设置配送方式和配送商

③ 设置货件包装。设置包装箱数量，如图 8-21 所示，根据实际情况选择"所有商品装于一个箱子"，或"每箱一个 SKU"，或"每箱不止一个 SKU（不超过 15 个包装箱）"，或"每箱不止一个 SKU（超过 15 个包装箱）"。在只有一个箱子的情况下，卖家仅能通过"使用网页表格"填写箱子的尺寸和重量；在有两个及两个以上箱子的情况下，卖家可以通过"使用网页表格"或"上传文件"填写箱子的尺寸和重量，如图 8-22 所示。为节约物流成本，卖家一般不选择"跳过箱子信息并收取人工处理费用"。

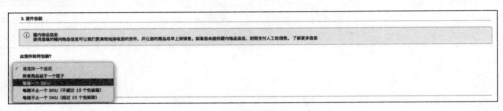

图 8-21　设置包装箱数量

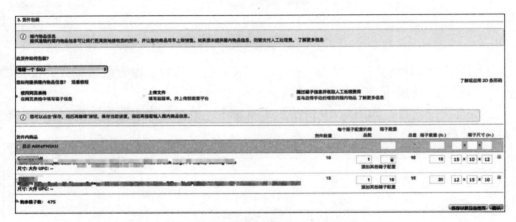

图 8-22　使用网页表格设置包装箱重量和尺寸信息

④ 下载/打印货件标签。箱签尺寸选择第 1 个"Plain paper"，如图 8-23 所示，下载完毕后，单击"完成货件"按钮。箱签下载下来的格式是 PDF（便携式文档格式）文件，如图 8-24 和图 8-25 所示，用 A4 纸直接打印，裁剪后粘贴在外箱上即可。每个箱子上的标签都是唯一的，卖家必须打印所有箱子的标签并粘贴。

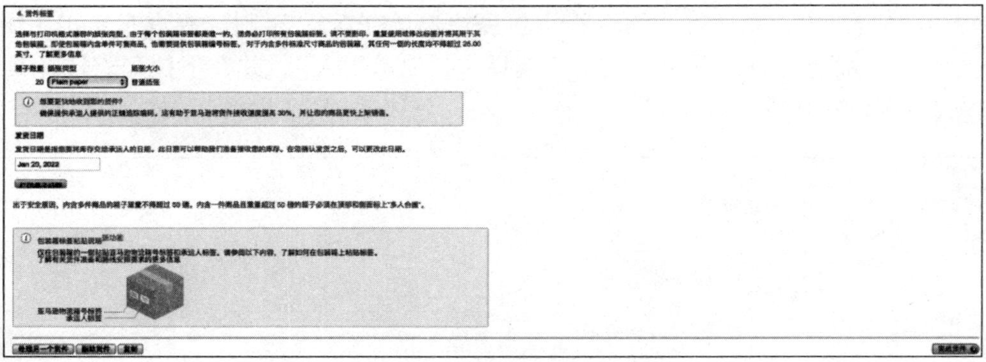

图 8-23　下载货件标签

第 8 章 跨境电商出口物流模式

图 8-24 打印货件标签 1

图 8-25 打印货件标签 2

（10）填写追踪单号，然后单击"更新全部"按钮，最后一步"标记已发货"，完成全部操作，如图 8-26 所示。

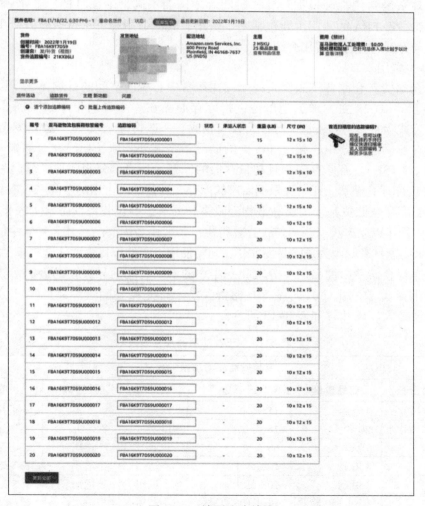

图 8-26 填写追踪单号

8.4.4 海外仓的费用核算

1. 海外仓的费用组成

海外仓的费用是通过公式计算出来的，因为该费用会随着时间的增加而增加很多。海外仓费用主要由头程运费、处理费、仓储费、尾程运费、关税/增值税/杂费等组成，如表8-12所示。

表8-12 海外仓运费组成

费用类型	每种费用的收费情况
头程运费	空运、海运散柜、海运整柜、陆运散柜、陆运整柜
处理费	入库、出库
仓储费	淡季、旺季
尾程运费	FedEx、UPS、当地邮政等
关税、增值税、杂费等	

每个环节的费用都会根据尺寸、时间等不同而不同，下面具体以亚马逊FBA为例来说明。亚马逊FBA的费用主要包括基本费用、其他费用和可选付费服务费用等。以下以美国站点为例进行各项费用介绍。

1）基本费用

（1）仓储费。仓储费按照卖家的库存在运营中心所占空间的日均体积［以立方英尺（1立方英尺≈0.028立方米）为单位，指库存商品在一个月内平均每天所占空间的大小，计算公式为长×宽×高/当月天数］收取。一般情况下按照月度收取库存仓储费。对于储存在亚马逊运营中心超过365天的商品，将额外收取长期库存仓储费（long-term storage fee，LTSF）。有库存限制且超量存储的库存，超量部分将收取仓储超量费。

① 月度库存仓储费。亚马逊根据商家的库存在运营中心占用的空间来收取月度库存仓储费。月度库存仓储费基于按亚马逊物流政策和要求正确包装且准备发货的商品的尺寸，根据日均体积（以立方英尺为单位）计算得出。其费用会因商品尺寸和一年中的不同时间而异。如果卖家具有归类为危险品的库存，则会使用不同的价目表评估这些库存的费用。

月度库存仓储费因商品尺寸分段和一年中的不同时间而异，亚马逊通常会在次月的7日到15日之间收取上个月的库存仓储费。卖家首先需要确定商品的尺寸分段，如是标准尺寸还是大件尺寸，如表8-13所示。

表8-13 FBA的商品尺寸分段

包装后商品的重量和尺寸					
商品尺寸分段	商品重量	最长边	次长边	最短边	长度+周长
小号标准尺寸	16盎司	15英寸	12英寸	0.75英寸	不适用
大号标准尺寸	20磅	18英寸	14英寸	8英寸	不适用
小号大件	70磅	60英寸	30英寸	不适用	130英寸
中号大件	150磅	108英寸	不适用	不适用	130英寸
大号大件	150磅	108英寸	不适用	不适用	165英寸
特殊大件	超过150磅	超过108英寸	不适用	不适用	超过165英寸

基于卖家的库存在亚马逊运营中心所占空间的日均体积，根据商品类型、尺寸分段和一年中的时间计算得出的费率，如表 8-14 所示。

表 8-14　FBA 月度库存仓储费用

非危险品商品		
月　份	标 准 尺 寸	大 件 商 品
1—9	每立方英尺 $0.75	每立方英尺 $0.48
10—12	每立方英尺 $2.40	每立方英尺 $1.20
危险品商品		
月　份	标 准 尺 寸	大 件 商 品
1—9	每立方英尺 $0.99	每立方英尺 $0.78
10—12	每立方英尺 $3.63	每立方英尺 $2.43

计算公式为：每件商品的费用 = 日均商品数量 × 每件商品的体积 × 适用费率。

例如，商品信息如下。尺寸分段：标准尺寸；当月：7 月；每件商品的体积：0.05 立方英尺；日均储存商品数量：100；危险品分类：非危险品。

每月平均商品数量 100 × 每件商品的体积 0.05 立方英尺 × 每立方英尺费用 $0.75（7 月标准尺寸费率）= 月度仓储费总额 $3.75。

② 长期库存仓储费。除月度库存仓储费外，亚马逊还会对亚马逊运营中心的商品评估收取长期库存仓储费。长期库存仓储费适用于储存在亚马逊运营中心超过 365 天的商品。每月 15 日，FBA 会进行库存清点。根据亚马逊运营中心收到商品的时间进行估算，存放在美国运营中心超过 365 天的商品，将按照每立方英尺 6.90 美元或每件商品 0.15 美元的标准（以较大值为准）收取长期库存仓储费，如表 8-15 所示。长期库存仓储费是除月度库存仓储费之外需要支付的费用。

表 8-15　长期库存仓储费用示例

库存清点日	收 费 详 情
每月 15 日	针对在运营中心存放 365 天以上的商品收取每立方英尺 $ 6.90 或每件商品 $ 0.15

以下以玩具产品为例，说明长期库存仓储费的计算方式。

假设玩具尺寸为 11 英寸 ×8 英寸 ×2 英寸，不同数量玩具的长期库存仓储费的计算方式如表 8-16 所示。

表 8-16　不同数量玩具的长期库存仓储费用示例

玩具	存放时间	每立方英尺所适用的 LTSF	每件商品所适用的 LTSF	收取的 LTSF（以较大值为准）
1 件	超过 365 天	$0.70	$0.15	$0.70
2 件	超过 365 天	$1.41	$0.30	$1.41
10 件	超过 365 天	$7.03	$1.50	$7.03

（2）订单配送费。订单配送费是针对每件商品收取的固定费用，具体取决于商品的分类、尺寸和重量。首先需要确定商品尺寸分段（标准尺寸或大件）。之后可以根据

表 8-17 和表 8-18 中的尺寸分段和发货重量，查看商品的配送费用。值得注意的是，如果注册了亚马逊物流轻小商品计划，则此费用的详情、计算或费率会有所不同。

表 8-17 标准尺寸商品单件配送费用

标准尺寸商品分段			
商品类型	尺寸分段	发货重量	每件商品的配送费用
大多数商品（非危险品和非服装）	小号标准尺寸	不超过 6 盎司	$2.92
		6～12 盎司（不含 6 盎司）	$3.07
		12～16 盎司（不含 12 盎司）	$3.59
	大件标准尺寸	不超过 6 盎司	$3.54
		6～12 盎司（不含 6 盎司）	$3.77
		12～16 盎司（不含 12 盎司）	$4.52
		1～2 磅（不含 1 磅）	$5.14
		2～3 磅（不含 2 磅）	$5.79
		3～20 磅（不含 3 磅）	$6.13 + $0.30/磅（超出首重 3 磅的部分）
服装	小号标准尺寸	不超过 6 盎司	$3.27
		6～12 盎司（不含 6 盎司）	$3.43
		12～16 盎司（不含 12 盎司）	$3.95
	大件标准尺寸	不超过 6 盎司	$4.22
		6～12 盎司（不含 6 盎司）	$4.40
		12～16 盎司（不含 12 盎司）	$5.07
		1～2 磅（不含 1 磅）	$5.81
		2～3 磅（不含 2 磅）	$6.50
		3～20 磅（不含 3 磅）	$6.68 + $0.30/磅（超出首重 3 磅的部分）
危险品	小号标准尺寸	不超过 6 盎司	$3.85
		6～12 盎司（不含 6 盎司）	$4.08
		12～16 盎司（不含 12 盎司）	$4.16
	大件标准尺寸	不超过 6 盎司	$4.29
		6～12 盎司（不含 6 盎司）	$4.52
		12～16 盎司（不含 12 盎司）	$5.09
		1～2 磅（不含 1 磅）	$5.71
		2～3 磅（不含 2 磅）	$6.23
		3～20 磅（不含 3 磅）	$6.57 + $0.30/磅（超出首重 3 磅的部分）

表 8-18 大件尺寸商品单件配送费用

大件商品分段			
商品类型	尺寸分段	发货重量	每件商品的配送费用
非危险品（服装和非服装）	小号大件	不超过 70 磅	$8.94 + $0.38/磅（超出首磅的部分）
	中号大件	不超过 150 磅	$12.73 + $0.44/磅（超出首磅的部分）
	大号大件	不超过 150 磅	$82.58 + $0.79/磅（超出首重 90 磅的部分）
	特殊大件	超过 150 磅	$150.94 + $0.79/磅（超出首重 90 磅的部分）

续表

商品类型	尺寸分段	发货重量	每件商品的配送费用
大件商品分段			
危险品（服装和非服装）	小号大件	不超过 70 磅	$9.66 + $0.38/ 磅（超出首磅的部分）
	中号大件	不超过 150 磅	$13.56 + $0.44/ 磅（超出首磅的部分）
	大号大件	不超过 150 磅	$93.94 + $0.79/ 磅（超出首重 90 磅的部分）
	特殊大件	超过 150 磅	$170.74 + $0.79/ 磅（超出首重 90 磅的部分）

2）其他费用

除了基本费用外，卖家在使用 FBA 的过程中进行的其他操作也可能带来额外的费用支出，因此卖家在具体操作之前，需要对这些可能导致运营成本上升的因素有所了解，下面介绍三种常见的额外费用。

（1）移除订单费用。卖家可以让亚马逊退还或弃置其储存在亚马逊运营中心的库存，此项服务按件收取费用，如表 8-19 所示。通常情况下，移除订单会在 14 个工作日内处理完毕。但是，在节假日和移除订单高峰期，亚马逊处理移除订单可能需要 30 个工作日或更长时间。

表 8-19 移除 / 弃置订单费用（以美国站点为例）

尺寸分段	发货重量	每件商品的弃置费用
标准尺寸	0～0.5 磅	$0.52
	0.5～1.0 磅（不含 0.5 磅）	$0.75
	1.0～2.0 磅（不含 1.0 磅）	$1.14
	超过 2 磅	$1.51+$0.63/ 磅（超出 2 磅的部分）
大件商品和需要进行特殊处理的商品*	0～1.0 磅	$1.50
	1.0～2.0 磅（不含 1.0 磅）	$1.96
	2.0～4.0 磅（不含 2.0 磅）	$2.89
	4.0～10.0 磅（不含 4.0 磅）	$5.05
	超过 10.0 磅	$7.25+$0.63/ 磅（超出 10 磅的部分）

注：*需要进行特殊处理的商品可能包括服装、鞋靴、钟表、珠宝首饰和危险品。

（2）退货处理费。如果买家退回的商品是在亚马逊上购买的，且该商品属于亚马逊免费退货配送的商品分类，则亚马逊将向卖家收取亚马逊物流退货处理费，这些商品分类如表 8-20 所示。

表 8-20 收取退货处理费的商品分类

国家 / 站点	收取退货处理费的商品分类
美国	服饰、钟表、珠宝首饰、鞋靴、手提包、箱包、太阳镜
欧洲	钟表、珠宝首饰、鞋靴、手提包
日本	服装和配饰、鞋靴、箱包

根据商品的尺寸分段来确定适用的退货处理费用，如表8-21所示。

表8-21 根据商品的尺寸分段来确定适用的退货处理费用

尺寸分段	发货重量	退货处理费
小号标准尺寸	不超过6盎司	$2.12
	6～12盎司（不含6盎司）	$2.23
	12～16盎司（不含12盎司）	$2.32
大号标准尺寸	不超过6盎司	$2.40
	6～12盎司（不含6盎司）	$2.76
	12～16盎司（不含12盎司）	$2.85
	1～2磅（不含1磅）	$2.96
	2～3磅（不含2磅）	$3.41
	3～20磅（不含3磅）	$3.41+$0.20/磅（超出首重3磅的部分）
大件	小号	$4.19+$0.20/磅（超出首重2磅的部分）
	中号	$10.57+$0.25/磅（超出首重2磅的部分）
	大号	$43.70+$0.25/磅（超出首重90磅的部分）
	特殊	$75.08+$0.25/磅（超出首重90磅的部分）

（3）计划外服务费。如果卖家遵守亚马逊FBA的包装和预处理要求以及运输与路线安排要求，并确保卖家的承运人和供应商也遵循这些要求，则亚马逊运营中心可以高效、准确地接收并存入卖家的库存。如果亚马逊运营中心在接收库存时出现问题，亚马逊将执行计划外服务，以成功将商品放入卖家的可售库存中，费用由卖家负担。

亚马逊将商品入库过程中可能出现的问题划分为多个问题组，包括商品相关、包装箱相关、托盘相关等多个类型。当卖家运往亚马逊的商品存在问题时，亚马逊将会根据卖家的货件所属的问题组为卖家提供指导建议，并划分所属的指导级别。如果卖家发往亚马逊的商品中，同一问题组重复发生，那么亚马逊会升级卖家的指导级别（标准、提升、重要）。指导级别高低将与计划外服务费用的多少相关。计划外服务费用费率如表8-22所示。

表8-22 计划外服务费用费率

问题组	问题	问题发生率	基于指导级别收取的计划外服务费用		
			标准 每件商品费用	提升 每件商品费用	重要 每件商品费用
缺少标签-商品相关	缺少亚马逊条形码	商品级别	$0.20	$0.40	$0.40
计划外预处理-商品相关	封装	商品级别	$0.20	$0.40	$0.40
计划外预处理-装袋	装袋	商品级别	$0.70	$1.40	$1.40
计划外预处理-气泡膜包装	气泡膜包装	商品级别	$1.00	$2.00	$2.00

3）可选付费服务费用

（1）FBA预处理服务。FBA对卖家运送并存放到运营中心的商品有包装和预处理要求。对商品进行适当的包装和预处理有助于减少商品接收时间的延迟，在商品存放于运营中心期间为商品提供保护，并打造更出色的买家体验。亚马逊为卖家提供合适的包装和预处理服务，以帮助减少卖家的物流操作，其收费根据符合要求的商品预处理分类及商品尺寸分段计算。

（2）FBA 贴标服务。所有商品都必须具有可扫描的标签，且要在完成商品预处理后依然能够看到这个标签。对于需要使用亚马逊条形码且符合要求的商品，FBA 可替卖家粘贴这类条形码，并按件收取费用。但预处理服务中贴标服务不是强制性的，卖家可以自行处理商品标签，选择不支付此部分费用。可选的亚马逊物流贴标服务按照每件商品 0.30 美元收取费用。

（3）FBA 人工处理服务。卖家发往运营中心的每个箱子，都需要提供准确的箱内物品信息，以确保亚马逊快速、准确地接收商品。如果卖家选择不提供箱内物品信息，亚马逊将在运营中心人工处理卖家的箱子，因此将收取相应费用。与提供箱内物品信息的货件相比，人工处理货件的速度会较慢。

亚马逊物流人工处理费因时间段不同而有所变化：对于 1—10 月收到的货件，按照每件商品 0.15 美元收取。对于 11—12 月收到的货件，按照每件商品 0.30 美元收取。此费用将会在亚马逊运营中心收到卖家货件中的第一件商品的 14 天后收取，收取的费用涵盖截至收费日前所收到的商品，如果卖家的货件中有商品在收费日之后送达运营中心，则会在下一个 14 天后收取该笔费用。这意味着卖家的费率预览可能与实际适用的费率不同。

（4）FBA 重新包装和翻新服务。亚马逊将会为符合条件的买家退货商品进行重新包装，以便作为新品销售。该服务适用于零售商品和 FBA 退货商品。亚马逊将对每件退货商品进行评估，以确定其是否可以进行重新包装。重新包装包括更换聚乙烯塑料袋或气泡膜包装，或重新装箱商品，还包括对（有品牌的和无品牌的）包装箱以及聚乙烯塑料袋进行重新包装。

亚马逊通过可选翻新提供其他包装服务。FBA 将评估商品的状况，并提供重新包装、清洁或重新整理服务（如塑料袋包装、气泡膜包装、装箱或擦亮）。

在了解 FBA 的费用由仓储费和配送费组成后，卖家还可以根据自身需要选择多种付费服务，以减轻运营压力，如商品贴标服务等。FBA 费用总览如表 8-23 所示。

表 8-23　FBA 费用总览

FBA 费用		详 细 内 容
基本费用	仓储费	月度库存仓储费
		长期库存仓储费
	订单配送费	普通商品配送费
		危险品配送费
其他费用	移除订单费用	卖家可以让亚马逊退还或弃置储存在亚马逊运营中心的库存，此服务按件收取费用
	退货处理费	对于在亚马逊上销售，且属于亚马逊为其提供免费退货配送的买家退货商品，亚马逊将收取退货处理费
	计划外服务费	如果库存抵达亚马逊运营中心时未经过适当的预处理或贴标，亚马逊将为卖家提供这些服务，此服务将按件收取费用

续表

FBA 费用		详 细 内 容
可选付费服务费用	FBA 预处理服务	FBA 对卖家运送并存放到运营中心的商品有包装和预处理要求，启用 FBA 预处理服务后，亚马逊将对符合要求的商品进行预处理，并按件收取费用
	FBA 贴标服务	FBA 可以为需要使用亚马逊条形码，且符合要求的商品提供贴标服务，此项服务按件收取费用，每件商品 0.3 美元
	FBA 人工处理服务	如果卖家在将库存发往亚马逊运营中心时，选择不提供箱内物品信息，亚马逊运营中心人工处理卖家的箱子，则会产生相应的费用
	FBA 重新包装和翻新服务	亚马逊将对买家退回的符合条件的亚马逊物流商品进行重新包装，以便再次销售；或为包装残损但处于可售状况的商品提供翻新服务

2. 海外仓的产品定价

由于海外仓的特殊性，所以海外仓产品要有针对性地作出定价。下面为大家提供计算定价的参考方法：

产品成本 1 = 采购成本 + 国内运费

产品成本 2 = 头程运费 + 仓储费 + 处理费 + 尾程运费 + 关税 / 增值税

产品成本 3 = 平台佣金 + 计提损失

产品定价 =（产品成本 1 + 产品成本 2 + 产品成本 3）+ 规划利润

———— 即测即练 ————

第 9 章

跨境电商平台店铺物流综合业务操作

【本章学习目标】

1. 了解亚马逊平台运费模板的设置流程；
2. 了解阿里巴巴国际站平台运费模版的设置流程。

 案例导入

无忧仓储，拯救库容！补货神器–亚马逊 FBA 卫星仓（STAR）重磅上线！

亚马逊 FBA 卫星仓（STAR）是什么

亚马逊 FBA 卫星仓（STAR）是为亚马逊运营中心（FBA 仓库）发补货的神器，由亚马逊全球物流团队（AGL）提供的一站式物流仓储解决方案，助力卖家实现从跨境运输、卫星仓存储、智能自动补货到运营中心的全程可视化供应链管理。

当卖家预订亚马逊 FBA 卫星仓（STAR）服务，可提前通过亚马逊全球物流团队使用海运整箱服务，将库存货物运送到美国的 FBA 卫星仓进行存储。

当卖家的亚马逊运营中心（FBA 仓库）有库容且触发自动补货机制后，亚马逊 FBA 卫星仓（STAR）将在 7～10 个自然日将卖家的货物补充至亚马逊运营中心（FBA 仓库）。

亚马逊 FBA 卫星仓（STAR）的四大优势

无忧仓储

亚马逊 FBA 卫星仓（STAR）没有入驻限制、没有库存限制，享受大批量货件运输、快速补货，可缓解因目的港运营中心的库存限制而面临的入库不及时等尴尬。

节省费用

从亚马逊 FBA 卫星仓（STAR）补货到亚马逊运营中心（FBA 仓库）的操作费用和补货费用具有竞争力。

操作便捷

一旦库存被运送到亚马逊 FBA 卫星仓（STAR），亚马逊将在自动补货触发后的 7～10 天的交货时间内处理到亚马逊运营中心（FBA 仓库）的补货；卖家可以随时查看端到端库存状态，无须与多个物流服务商打交道。

智能补货

当适用自动补货的 ASINs（亚马逊标准识别号）在亚马逊运营中心（FBA 仓库）缺货时，在亚马逊 FBA 卫星仓中的 ASINs 或从亚马逊 FBA 卫星仓运输到运营中心（FBA

仓库）途中的 ASINs 可以被搜索到且可被购买。

资料来源：亚马逊全球开店．无忧仓储，拯救库容！补货神器－亚马逊 FBA 卫星仓（STAR）重磅上线！[EB/OL]．（2022-05-13）．https://www.amz123.com/thread-905214.htm.

9.1　B2C 平台店铺运费模板设置——以亚马逊为例

1. 自发货商品的运费模型

对于亚马逊的卖家而言，采用合适的配送模式是很重要的。目前，亚马逊卖家在配送方式上，除了 FBA 配送外，也可以选择自发货模式。本节将重点讲解在自发货模式下，卖家如何在亚马逊后台进行运费模板的设置。在自发货之前，卖家需要知道运费模型，而亚马逊提供以下三种标准运费模型。

（1）"每件商品/基于重量"计算运费。这种模式是基于商品或重量的计算方式，即按每件商品收费，或者是按重量（磅）收费。

（2）"商品价格分段式配送"（price banded）计算运费。这种模式需要卖家创建订单价格分段，每个价格分段对应不同的运费设置。

（3）"图书、音乐及影视类商品"计算运费。如果卖家销售的是图书、音乐及影视类商品，那么运费将由亚马逊设定。

2. 自发货商品运费模板设置

下面以美国站为例来讲解如何设置亚马逊自发货物流方式。

（1）登录亚马逊后台，单击"设置"→"配送设置"，如图 9-1 所示。

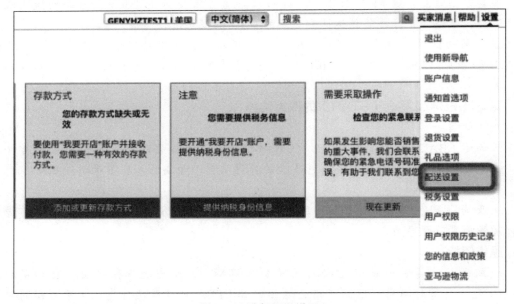

图 9-1　进行配送设置

（2）创建新配送模板。亚马逊提供了一份默认模板（"migrated template"），卖家单击右侧"编辑模板"按钮，可以进行重新设置；或者单击左上侧"创建新配送模板"进行新建，如图 9-2 所示。

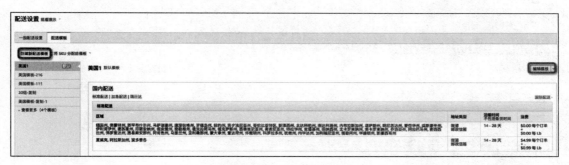

图 9-2　创建新配送模板

（3）选择运费模型。可以选择"每件商品/基于重量"（per item/weight-based）或"商品价格分段式配送"。卖家可以根据自己产品的实际情况选择一种，下面将分别示范"每件商品/基于重量"和"商品价格分段式配送"两种运费计算模式的设置。

①"每件商品/基于重量"设置运费模型如图 9-3 所示。

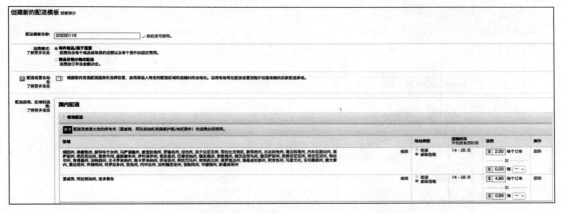

图 9-3　"每件商品/基于重量"设置运费模型

第一步，设置配送选项和地区，如图 9-4 所示。

国内配送指的是配送目的地在美国，国际配送指的是配送目的地在加拿大。标准配送地区包括美国大陆街道、阿拉斯加和夏威夷街道、美国保护国等地区，在此页面下方有区域说明，此区域说明详细解释了美国每一个地区所包括的州范围。卖家在进行地区勾选之前，可以向自己选择的物流公司确认配送地区和配送收费标准，如图 9-5 所示。服务级别也就是派送时效，分为标准配送（14～28 天）、加急配送（1～2 天）、隔日达（2 天）、当天送达（1 个工作日）。中国卖家如果从国内发货，建议选择"标准配送"。

第二步，设置运输费用。"每件商品/基于重量"设置运费有两种形式："每订单+每商品"和"每订单+每 Lb（磅）"，即按商品收费和按重量收费。

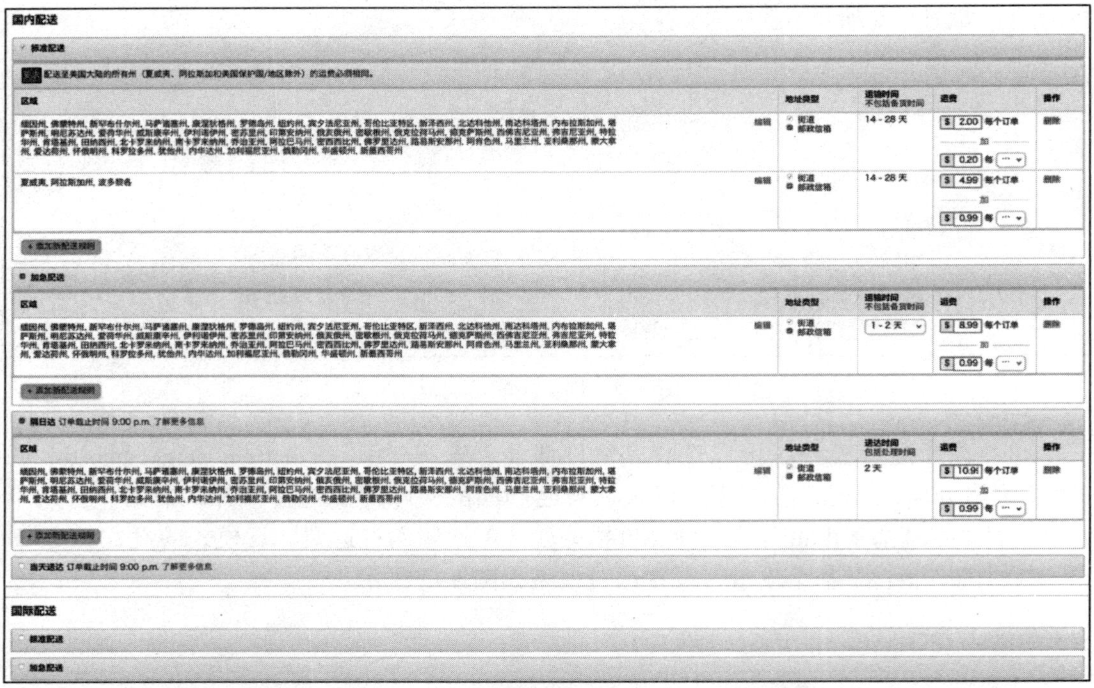

图 9-4 设置配送选项和地区

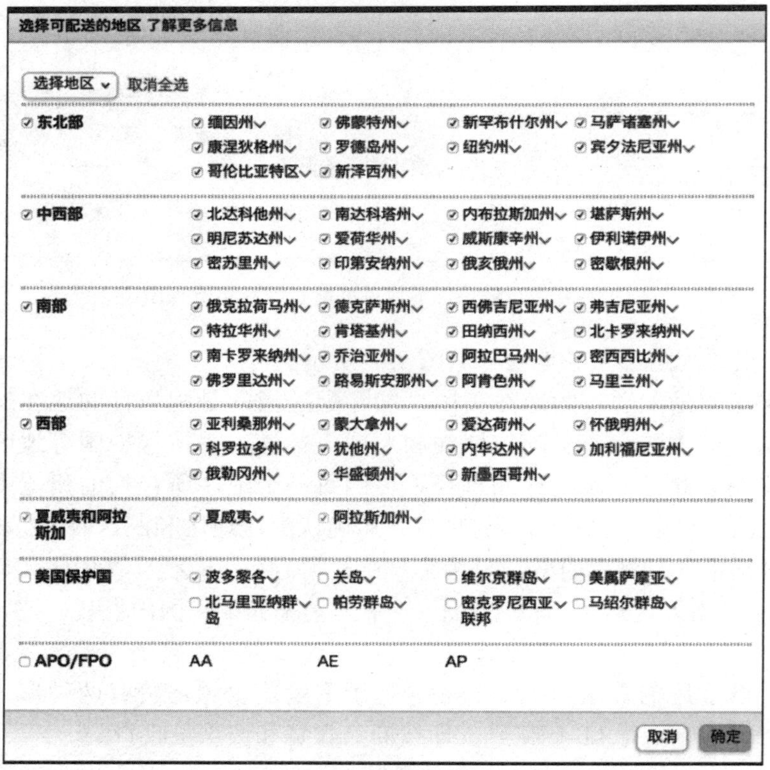

图 9-5 筛选配送区域

例如，如果卖家在此设置每个订单配送费用为 5 美元，每件商品收 1.00 美元，那么客户下 1 个订单购买 2 个产品，客户需要支付的运费为 5＋1.00×2＝7（美元），这就是按商品收费；如果卖家在此设置每个订单配送费用为 5 美元，每磅收 1.00 美元，那么客户购买的产品包裹总量为 3 磅，客户需要支付的运费为 5＋1.00×3＝8（美元），这就是按重量收费，如图 9-6 所示。

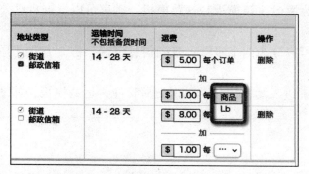

图 9-6 "每件商品／基于重量"设置运费

第三步，仔细检查配送选项、地区和运费，确认没问题后，下拉页面到底部，单击"保存"按钮，会跳回到配送设置页面，这样就完成了自发货模式下的"每件商品／基于重量"运费设置。如果选择的配送区域全部免运费，也就是包邮，那么就把所有的区域运费都设置为 0。请注意，以上的运费设置方式是针对店铺所有的商品来设置的。

② "商品价格分段式配送"设置运费模型如图 9-7 所示。

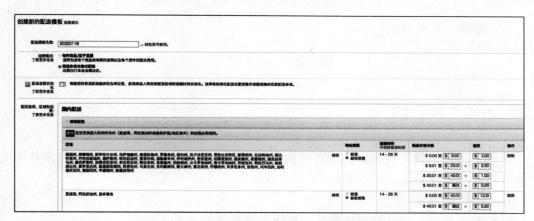

图 9-7 "商品价格分段式配送"设置运费模型

第一步，设置配送选项和地区。

第二步，设置价格分段和运费。运费是由订单总金额（包含配送运费）来决定的，在"商品价格分段"和"运费"中直接输入。

第三步，仔细检查配送选项、地区和运费，确认没问题后，下拉页面到底部，单击"保存"按钮，会跳回到配送设置页面，这样就完成了自发货模式下的"商品价格分段式配送"运费设置。

9.2 B2B 平台店铺运费模板设置——以阿里巴巴国际站为例

阿里巴巴国际站目前将产品分为 RTS（Ready to Ship）产品和定制产品。发布 RTS 产品时要求卖家在后台设置运费模板。买家在商品详情页面可以查询具体的运费金额，并可直接下单，从而提高订单成交率。运费模板分为快递/小包模板和多式联运模板。多式联运模板又分为海运拼箱模板和铁路模板。卖家可以根据自己公司产品的物流特点设置不同的运费模板。

运费模板设置可以分为四个步骤：基础信息设置、物流方式选择、填写运费详情和提交运费模板。

单击 My Alibaba 进入卖家后台，单击交易管理–运费模板，如图 9-8 所示。

图 9-8 卖家后台运费模板设置

进入"新建运费"模板，弹出"选择发货地"，发货地只有中国内地，目前暂不支持海外仓发货，开始设置运费模板。

1. 基础信息设置

设置模板名称，填写发货地邮编，如图 9-9 所示。

首先进行商品类型选择，商品类型包括带电、普货、大件重货、美容个护和眼镜。物流解决方案中带电解决方案适用于手表、蓝牙耳机、智能穿戴设备、美容仪器、家用小电器等，电池和功率要求仅支持内置电池和配套电池，功率≤100 Wh（大功率不适用）；普货解决方案适用于服装、流行配饰、鞋帽、箱包、礼品工艺品、运动户外用品、包装&印刷、宠物用品等行业中的普货商品；大件重货DDP[完税后交货，指卖方要负责将货物从启运地一直运到合同规定的进口国（地区）内的指定目的地]解决方案适用于家具、机械、汽摩配、灯具等；美容个护解决方案适用于口红、眼影、玻尿

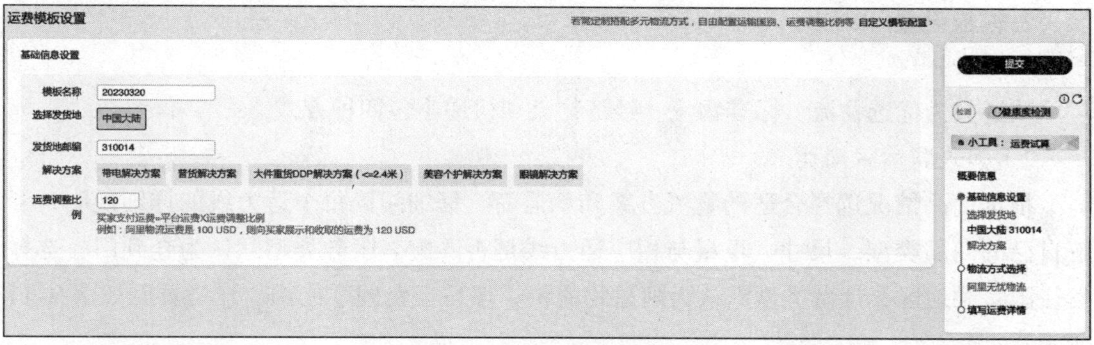

第 9 章 跨境电商平台店铺物流综合业务操作 181

图 9-9 基础信息设置

酸、沐浴露、洗发水、肥皂、墨水、笔类、香薰蜡烛等不含酒精类的产品；眼镜解决方案适用于眼镜。买家支付运费 = 平台运费 × 运费调整比例，例如：阿里物流运费是 100 美元，则向买家展示和收取的运费为 120 美元。

物流方式分为快递、多式联运 – 海运和多式联运 – 陆运三种，如图 9-10 所示。选择方式时务必关注各运力线的承运限制说明。不同商品类型配置不同运费模板，如带电产品运费模板勾选可承运带电的运力线，不要配置普货运力线，避免错误配置买家选择下单后无法出运。另外，运费模板中配置阿里巴巴国际站物流方案，买家选择该方案，卖家必须严肃化履约、使用阿里巴巴国际站物流方案完成发货，不可使用商家自有线下渠道完成发货。

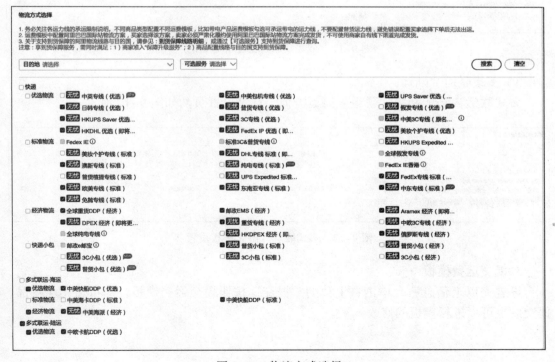

图 9-10 物流方式选择

2. 模板设置

1）快递

快递分为优选物流、标准物流、经济物流和快递小包四种方式。

2）多式联运 – 海运

根据商品情况选择合适的物流方案和承运商。仔细阅读每个运力线的详细说明，了解自己的商品类型、尺寸、重量与相应运力线是否匹配。服务类型默认为仓到门，选择发往国家和地区，计费类型默认为阿里物流价，填写运费调整比例，详情页面如图 9–11 所示。

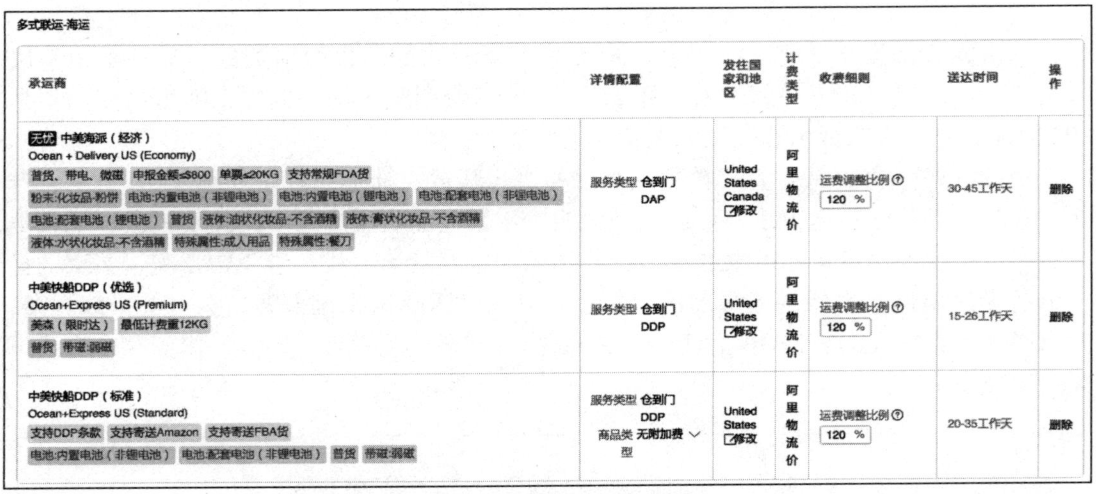

多式联运-海运

承运商	详情配置	发往国家和地区	计费类型	收费细则	送达时间	操作
无忧 中美海派（经济） Ocean + Delivery US (Economy) 普货、带电、微磁 申报金额≤$800 单票≤20KG 支持常规FDA货 粉末:化妆品-粉饼 电池:内置电池（非锂电池） 电池:内置电池（锂电池） 电池:配套电池（非锂电池） 电池:配套电池（锂电池） 普货 液体:油状化妆品-不含酒精 液体:膏状化妆品-不含酒精 液体:水状化妆品-不含酒精 特殊属性:成人用品 特殊属性:餐刀	服务类型 仓到门 DAP	United States Canada 修改	阿里物流价	运费调整比例 120 %	30-45工作天	删除
中美快船DDP（优选） Ocean+Express US (Premium) 美森（限时达） 最低计费重12KG 普货 带磁:弱磁	服务类型 仓到门 DDP	United States 修改	阿里物流价	运费调整比例 120 %	15-26工作天	删除
中美快船DDP（标准） Ocean+Express US (Standard) 支持DDP条款 支持寄送Amazon 支持寄送FBA货 电池:内置电池（非锂电池） 电池:配套电池（非锂电池） 普货 带磁:弱磁	服务类型 仓到门 DDP 商品类型 无附加费	United States 修改	阿里物流价	运费调整比例 120 %	20-35工作天	删除

图 9–11 多式联运 – 海运模板设置

3）多式联运 – 陆运

多式联运 – 陆运和多式联运 – 海运类似，详情设置页面如图 9–12 所示。

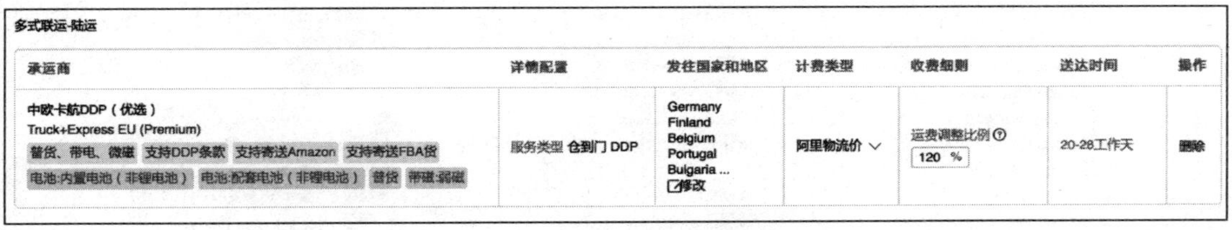

多式联运-陆运

承运商	详情配置	发往国家和地区	计费类型	收费细则	送达时间	操作
中欧卡航DDP（优选） Truck+Express EU (Premium) 普货、带电、微磁 支持DDP条款 支持寄送Amazon 支持寄送FBA货 电池:内置电池（非锂电池） 电池:配套电池（非锂电池） 普货 带磁:弱磁	服务类型 仓到门 DDP	Germany Finland Belgium Portugal Bulgaria ... 修改	阿里物流价	运费调整比例 120 %	20-28工作天	删除

图 9–12 多式联运 – 陆运模板设置

3. 提交运费模板

设置完以上信息后，单击右上角的“提交”按钮提交运费模板，即可适用于产品，提交后也可以进行模板的修改。

第 9 章　跨境电商平台店铺物流综合业务操作

—— 即测即练 ——

教师服务

感谢您选用清华大学出版社的教材！为了更好地服务教学，我们为授课教师提供本书的教学辅助资源，以及本学科重点教材信息。请您扫码获取。

》 教辅获取

本书教辅资源，授课教师扫码获取

》 样书赠送

电子商务类重点教材，教师扫码获取样书

清华大学出版社

E-mail: tupfuwu@163.com
电话：010-83470332 / 83470142
地址：北京市海淀区双清路学研大厦 B 座 509

网址：http://www.tup.com.cn/
传真：8610-83470107
邮编：100084